CONDITIONS DE VENTE

EXPÉDITIONS. — Nos marchandises voyagent aux risques et périls du destinataire, sauf son recours contre les Compagnies de Chemins de fer, Navigation et Entrepreneurs de Transports, qui seront seuls responsables.

Pour le mode d'expéditions, nous les faisons toujours aux tarifs les plus réduits et au mieux des intérêts du destinataire.

MM. les Clients sont priés de vérifier soigneusement le contenu et le poids de leurs caisses à l'arrivée, et en cas d'avarie ou manquant d'adresser leurs réclamations par lettre recommandée dans les trois jours qui suivent la réception de l'envoi à la Compagnie de transports, cette dernière étant seule responsable.

Le port et l'emballage sont toujours à la charge du client.

COMMANDES. — Nous prions MM. les Clients lorsqu'ils nous passent commande d'employer autant que possible les mêmes termes que ceux du tarif ainsi que les mêmes numéros et dimensions, pour éviter les retards de demandes de renseignements.

PRIX. — Tous les Articles de Cuisine en cuivre au poids étant susceptibles de varier de prix selon les cours des métaux, nous prions MM. les Clients de nous demander ces prix que nous enverrons par courrier.

STOCK. — Nous avons en magasin tous les articles de ce tarif, qui composent les Cuisines, Pâtisseries, Glaceries et les divers services d'alimentation et qui sont prêts à livrer à la demande des clients.

CHAUDRONNERIE

MENUISERIE

RÉCAPITULATION

des

Articles contenus dans ce Catalogue

ARTICLES POUR CUISINE . . . . Pages 1 à 38

ARTICLES POUR OFFICE . . . .
ARTICLES DIVERS POUR HOTELS . . . . Pages 39 à 49

PAPIERS POUR CUISINE ET PATISSERIE . . . . . . Pages 50 et 51

ARTICLES POUR CAFETERIE . . . .
ARTICLES POUR LAIT, CHOCOLAT, THÉ, etc. . . . . . Pages 52 à 59

ARTICLES POUR PATISSERIE ET CONFISERIE . . . . Pages 60 à 101

ARTICLES POUR GLACERIE . . . . Pages 102 à 112

ARTICLES BI-MÉTAL, ARGENT ET CUIVRE . . . . . . Pages 113 à 116

ARGENTERIE . . . . Pages 117 à 127

COUTELLERIE DE TABLE . . . . Pages 128 et 129

ARTICLES DE CAVES . . . . Pages 130 à 132

POTERIE FAIENCE ET TERRE A FEU . . . . Pages 133 à 137

81, Faubourg Saint-Denis, PARIS (Xᵉ Arrᵗ)

ARTICLES

pour

CUISINE

Coupes de Pièces de Cuisine en Cuivre faisant voir les fonds que nous fabriquons beaucoup plus forts que les hausses pour éviter de brûler sous l'action du feu et que nous préconisons pour toutes les cuisines.

Notre batterie de cuisine est fabriquée entièrement au marteau à la main

Notre batterie de cuisine est fabriquée de toutes les épaisseurs avec toutes proportions gardées pour les fonds toujours plus forts.

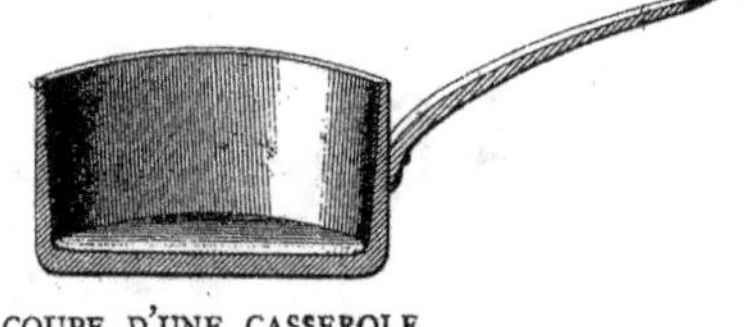

COUPE D'UNE CASSEROLE

COUPE D'UNE MARMITE

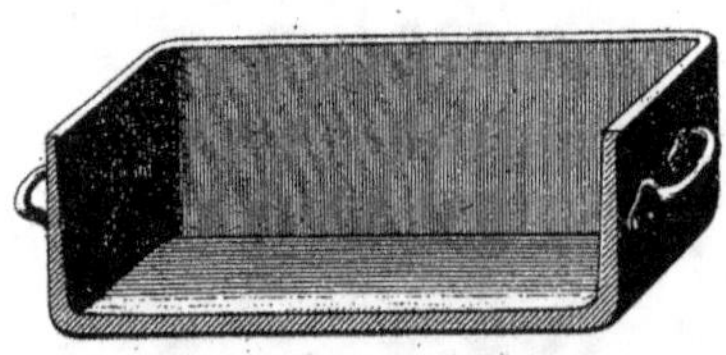

COUPE D'UNE BRAISIÈRE

Casserole cuivre martelé à la main
½ forte, forte et extra-forte

Fig. 1

Diamètres	Contenance	Diamètres	Contenance
10⅝	0 lit. 46	24⅝	6 lit. 51
11—	0 — 62	25—	7 — 35
12—	0 — 82	26—	8 — 27
13—	1 — 03	27—	9 — 27
14—	1 — 29	28—	10 — 34
15—	1 — 59	29—	11 — 49
16—	1 — 92	30—	12 — 70
17 -	2 — 30	31—	14 — 44
18—	2 — 74	32—	15 — 44
19—	3 — 23	34—	18 — 50
20—	3 — 76	36—	21 — 96
21—	4 — 35	38—	25 — 85
22—	5 — 00	40—	30 — 14
23—	5 — 75	42—	34 — 90

Prix du Kilogramme

Casserole à jus
cuivre martelé à la main, à queue et à poignée
½ forte, forte et extra-forte

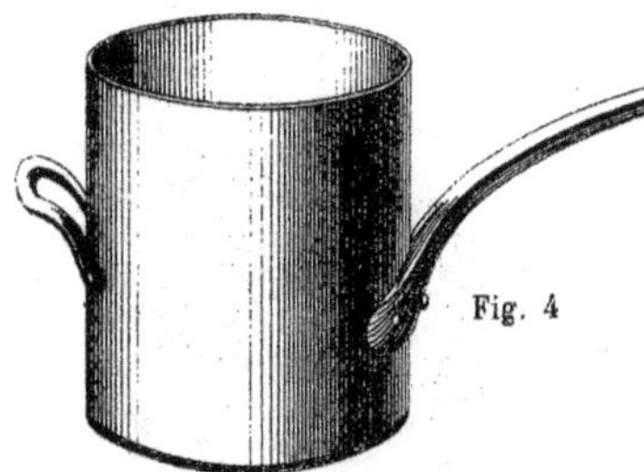

Fig. 4

Prix du Kilogramme

Casserole cuivre à glacer
avec couvercle à queue ou couvercle à poignée dessus
½ forte, forte et extra-forte

Fig. 6

de 16⅝ à 40⅝ de diamètre par 2⅝
Prix du Kilogramme

Casserole Russe, cuivre martelé à la main
½ forte, forte et extra-forte

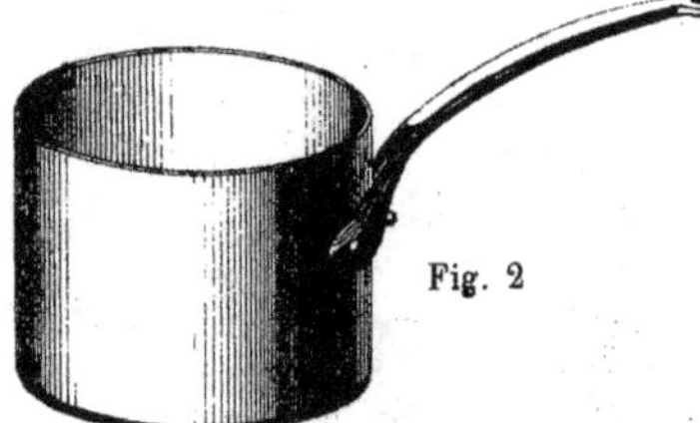

Fig. 2

de 12⅝ à 46⅝ de diamètre par 2⅝

Prix du Kilogramme

Sauteuse évasée, cuivre martelé à la main
½ forte, forte et extra-forte

Fig. 3

Diamètres : 10-12-13-14-15-16-17-18-19-20-21⅝
22-23-24-25-26-27-28-29-30-32-34⅝

Prix du Kilogramme

Plat à sauter
cuivre martelé à la main

Fig. 5

Diamètres	Contenance	Diamètres	Contenance
16⅝	0 lit. 94	28⅝	4 lit. 61
17—	1 — 13	29—	5 — 15
18—	1 — 34	30—	5 — 72
19—	1 — 55	32—	6 — 91
20—	1 — 82	34—	8 — 26
21—	2 — 11	36—	9 — 87
22—	2 — 39	38—	11 — 56
23—	2 — 74	40—	13 — 57
24—	3 — 07	42—	15 — 65
25—	3 — 38	44—	19 — 00
26—	3 — 71	46—	22 — 50
27—	4 — 17		

Prix du Kilogramme

Casserole, cuivre martelé à la main
avec couvercle formant *Plat à sauter*
et queues droites
½ forte, forte et extra-forte

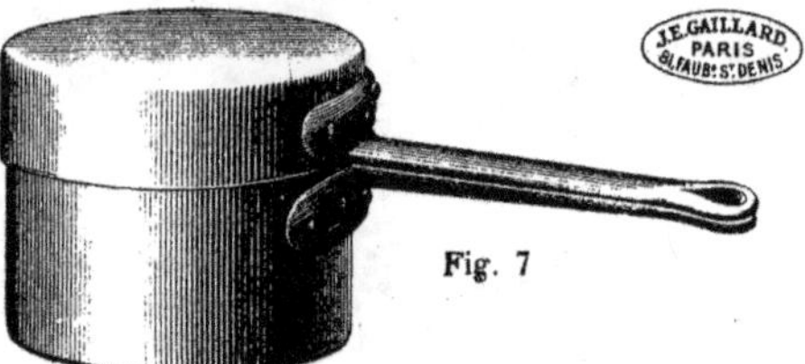

Fig. 7

de 10½ à 42½ de diamètre par 2½
PRIX DU KILOGRAMME

Casserole, cuivre martelé à la main
avec couvercle formant *Plat à sauter*
et queues inclinées
½ forte, forte et extra-forte

Fig. 8

de 10½ à 42½ de diamètre par 2½
PRIX DU KILOGRAMME

Poêle à frire, cuivre martelé et polie

Fig. 11

DIAM.	PRIX	DIAM.	PRIX	DIAM.	PRIX
16½	4.80	22½	8.40	28½	15.40
18—	6.20	24—	10.95	30—	17.40
20—	7. »	26—	12.90	32—	19.35

Casserole Pomme-Anna
cuivre martelé, avec couvercle et queue

Fig. 12

DIAM.	PRIX	DIAM.	PRIX	DIAM.	PRIX
10½	6.20	16½	14. »	22½	21.85
12—	7.60	18—	16.25	24—	24.65
14—	10.65	20—	19.35		

Couvercle, cuivre plat, à queue
½ fort, fort   et extra-fort

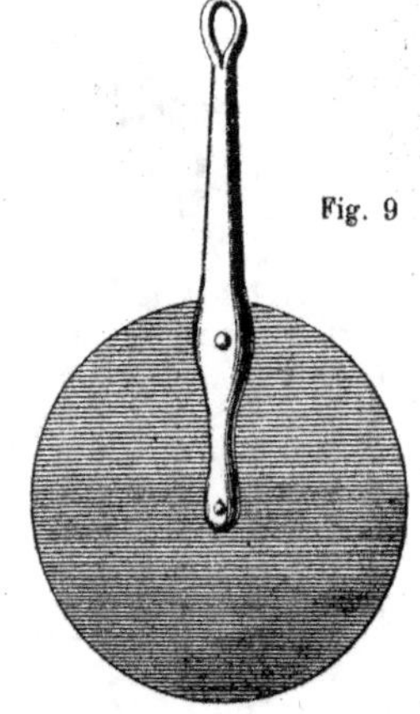

Fig. 9

de 10½ à 43½ de diamètre par 1 ½
PRIX DU KILOGRAMME

Couvercle, cuivre, à degré
½ fort, fort   et extra-fort

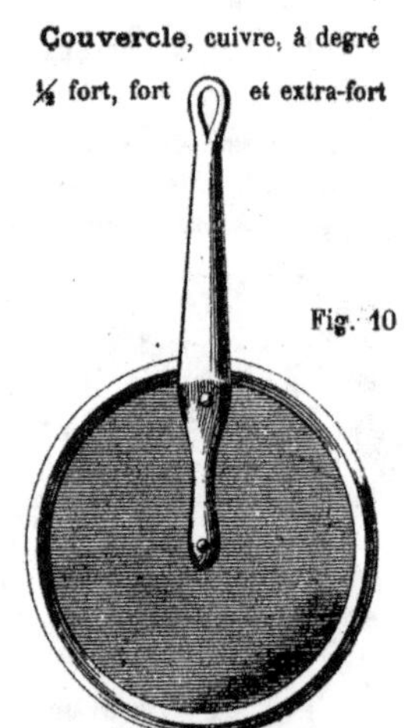

Fig. 10

de 10½ à 43½ de diamètre par 1½
PRIX DU KILOGRAMME

Casserole Pomme-Anna
cuivre martelé, à oreillons fondus
et couvercle

Fig. 13

Diamètres : 10-12-14-16-18-20-22-24½
Même prix que celle à queue

Marmite, cuivre martelé à la main, avec ou sans couvercle, forte et extra-forte

DIAM.	CONT.	DIAM.	CONT.	DIAM.	CONT.	DIAM.	CONT.
16‰	2 l. 21	28‰	17 l. 23	40‰	50 l. 24	50‰	98 lit.
18—	4—57	30—	21—19	42—	58—15	52—	125 —
20—	6—28	32—	25—71	44—	71—00	54—	130 —
22—	8—35	34—	30—85	46—	76—00	56—	142 —
24—	10—84	36—	36—62	48—	92—00	58—	153 —
26—	13—79	38—	43—07				

PRIX DU KILOGRAMME

Marmite, fer étamé, avec couvercle, renforcée

DIAM.	PRIX	DIAM.	PRIX	DIAM.	PRIX	DIAM.	PRIX
18‰	2.75	28‰	7.10	38—	14.90	46‰	21.20
20—	3.55	30—	8.65	40—	16.50	48—	22.75
22—	3.95	32—	10.20	42—	18.05	50—	24.70
24—	4.70	34—	11.80	44—	19.60	52—	28.60
26—	5.90	36—	13.35				

Marmite, cuivre martelé
avec ou sans couvercle
½ forte et forte

Fig. 15

de 16‰ à 44‰ de diam. par 2‰
PRIX DU KILOGRAMME

Marmite, cuivre martelé
avec couvercle à emboîtage
½ forte, forte et extra-forte

Fig. 16

de 16‰ à 44‰ de diamètre par 2‰
PRIX DU KILOGRAMME

Marmite, cuivre martelé
avec ou sans couvercle
à robinet et grille spéciale à coulisses
à l'intérieur

Fig. 17

de 28‰ à 58‰ de diam. par 2‰
Prix du robinet selon la grandeur
PRIX DU KILOGRAMME

Marmite, cuivre martelé
avec couvercle formant *Plat à sauter*

Fig. 18

de 20‰ à 58‰ de diamètre par 2‰
PRIX DU KILOGRAMME

Bassine à ragoût, cuivre martelé
avec ou sans couvercle

Fig. 19

DIAMÈTRES	CONTENANCE	DIAMÈTRES	CONTENANCE
20‰	3 lit. 14	38‰	21 lit. 53
22—	4 — 17	40—	25 — 12
24—	5 — 42	42—	29 — 07
26—	6 — 89	44—	35 — 00
28—	8 — 61	46—	39 — 00
30—	10 — 59	48—	44 — 00
32—	12 — 85	50—	49 — 00
34—	15 — 42	52—	54 — 00
36—	18 — 31		

PRIX DU KILOGRAMME

Marmite à pommes de terre
cuivre martelé
avec double marmite intérieure perforée

Fig. 20

Diamètres : 18-20-22-24-26-28-30 %
PRIX DU KILOGRAMME

Marmite à pommes de terre
fer renforcé étamé
avec double marmite intérieure perforée

DIAM.	PRIX	DIAM.	PRIX
18 %	9.45	32 %	31.40
20—	12.55	34—	35.30
22—	15.70	36—	39.20
24—	18.85	38—	43.15
26—	21.95	40	47 05
28—	25.10	42—	51. »
30—	28.35		

Braisière, cuivre martelé
ovale avec couvercle
½ forte, forte et extra-forte

Fig. 25

LONGUEUR	LARGEUR	HAUTEUR
22 %	13 %	14 %
24—	15—	14—
26—	16—	15—
28—	17—	16—
30—	18—	17—
32—	19—	18—
34—	20—	19—
36—	21—	20—
38—	22—	20—
40—	23—	22—
45—	25—	24—
50—	28—	27—

Ces braisières se font aussi avec couvercle formant *Plaque à rôtir.*
PRIX DU KILOGRAMME

Marmite à pommes de terre
cuivre martelé
avec grille intérieure

Fig. 21

Diamèt. : 18-20-22-24-26-28-30-32 %
PRIX DU KILOGRAMME

Braisière ronde, cuivre martelé
avec couvercle formant *plat à sauter*
forte et extra-forte

Fig. 23

Diam. : 20-22-24-26-28-30-32-34-36 %
38-40-42-44-46-48-50-52-54 %
PRIX DU KILOGRAMME

Braisière longue à filets
cuivre martelé, avec grille
½ forte, forte et extra-forte

Fig. 26

de 24 % à 60 % de longueur par 2 %
PRIX DU KILOGRAMME

Marmite à pommes de terre
fer étamé avec partie emboîtante dessus, perforée.

Fig. 22

DIAM.	PRIX	DIAM.	PRIX
16 %	6.30	24 %	10.60
18—	7.05	26—	12.55
20—	7.85	28—	15.30
22—	9.05		

Ces marmites se font également en cuivre

Plat à sauter, cuivre martelé
à poignées
avec couvercle à emboîtage

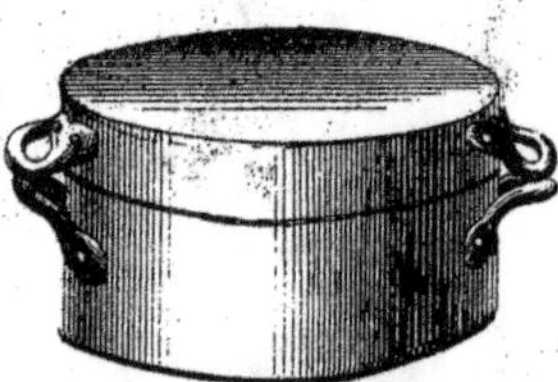

Fig. 24

de 24 % à 54 % de diamètre par 2 %
PRIX DU KILOGRAMME

Braisière rectangulaire
cuivre martelé
avec couvercle à emboîtage formant *Plaque à rôtir*

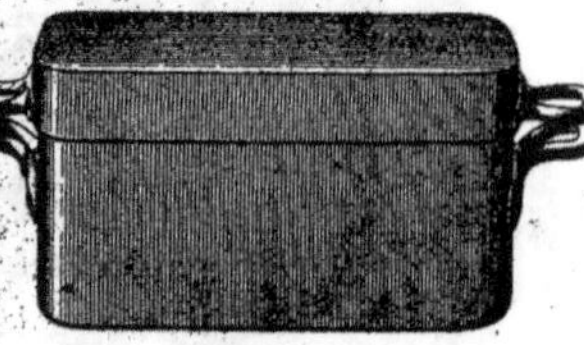

Fig. 27

de 24 % à 60 % de longueur
PRIX DU KILOGRAMME

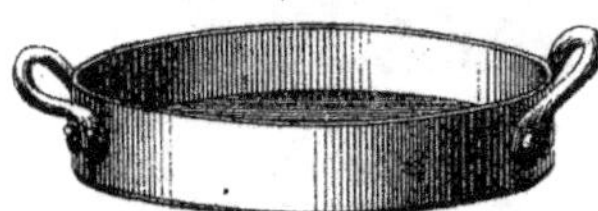

Plat à sauter, cuivre martelé
à poignées
½ fort, fort et extra-fort

Fig. 28

De 24½ à 50½ de diamètre par 2½
PRIX DU KILOGRAMME

Pot à cuillères,
cuivre martelé

Fig. 29

Diamètres : 14-16-18-20-22-24-26½
PRIX DU KILOGRAMME

**Couvercle de marmite
et de bassine**, cuivre martelé
½ fort, fort et extra-fort
à toutes les mesures de marmites

Fig. 30

Se fait aussi à emboîtage
PRIX DU KILOGRAMME

Plaque à rôtir, cuivre martelé
rectangulaire et carrée
½ forte, forte et extra-forte

Fig. 31

De 30½ à 90½ de longueur par 2½
PRIX DU KILOGRAMME

Plat ovale, cuivre martelé, à anneau
½ fort, fort et extra-fort

Fig. 32

Longueurs : 22-24-26-28-30-32-34-36-38
40-42-44-46-48-50-52-54 ½
PRIX DU KILOGRAMME

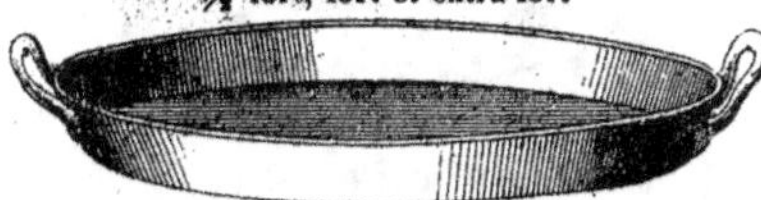

Plat ovale, cuivre martelé à poignées
½ fort, fort et extra-fort

Fig. 33
Longueurs : 22-24-26-28-30-32-34-36-38
40-42-44-46-48-50-52-54½
PRIX DU KILOGRAMME
Ces plats se font aussi en cuivre poli

Plat rond, cuivre martelé, à poignées
½ fort, fort et extra-fort

Fig. 34
de 10½ à 42½ de diamètre par 2½
PRIX DU KILOGRAMME

Plat rond, cuivre martelé, à anneaux
½ fort, fort et extra-fort

Fig. 35
de 10½ à 42½ de diamètre par 2½
PRIX DU KILOGRAMME

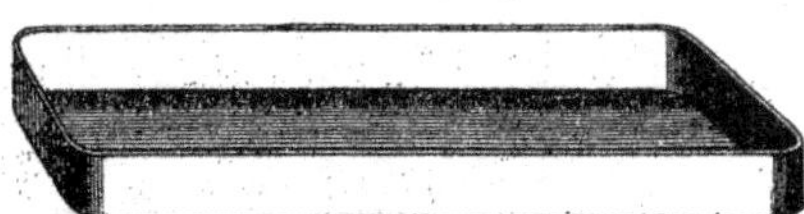

Caisse à génoises, cuivre martelé
forte et extra-forte

Fig. 36
De 26½ à 52½ de longueur par 2½
PRIX DU KILOGRAMME

Plaque à rôtir, tôle d'acier brasée autogène
rectangulaire, étamée, extra-forte

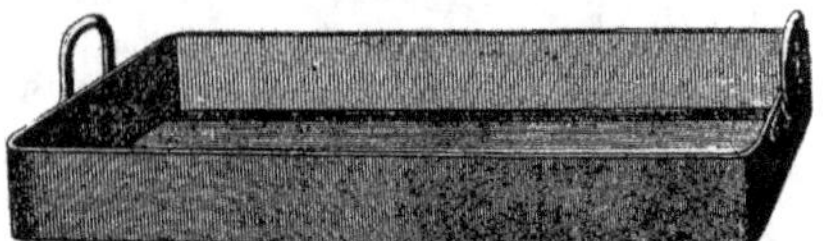

Fig. 37

Dimensions	Prix	Dimensions	Prix
30×25	4.80	55×40	18.20
35×30	6.20	60×45	22.15
40×35	8.70	65×50	26.35
45×35	11.80	70×50	29.15
50×40	16. »		

Ces plaques se font aussi sur mesures spéciales

Plaque à débarrasser, tôle d'acier étamée
brasée autogène, forme évasée, extra-forte

Fig. 38

Dimensions	Prix	Dimensions	Prix
20×14	1.70	36×30	4.40
24×17	2.15	40×30	4.95
27×22	2.70	45×34	5.50
30×25	3.10	46×36	6.20
33×27	3.65	48×38	7.30
35×28	4.05		

Plaque à débarrasser étamée bordée
avec ou sans poignées, évasée

Fig. 39

Dimensions	Prix	Dimensions	Prix
20×14	1.40	36×30	3.25
24×18	1.70	40×30	3.75
27×22	2.10	45×34	4.40
30×25	2.55	46×36	5.05
33×27	2.80	48×38	5.45
35×28	3.05		

Plat rond à débarrasser et à crème
étamé, renforcé

Fig. 40

Diamètres	Prix	Diamètres	Prix
20 %	1. »	30 %	2.10
22—	1.30	32—	2.20
24—	1.45	34—	2.55
26—	1.65	36—	3.10
28—	1.80		

Ces plats se font aussi en émaillé

Chaudron à blanchir, cuivre martelé
avec ou sans couvercle
fort et extra-fort

Fig. 41

Diamètres : 34-36-38-40-42-44-46-48-50-52 %

Prix du Kilogramme

Turbotière, cuivre martelé avec grille
forte et extra-forte

Fig. 42

Longueurs : 40-45-50-55-60-65-70-75-80-85-90 %
Prix du Kilogramme

Turbotière, fer étamé, avec grille, extra-forte

Longueurs	Prix	Longueurs	Prix
40 %	7.05	65 %	21.20
45—	9.40	70—	26.35
50—	11.80	75—	34.50
55—	14.90	80—	42.35
60—	17.65		

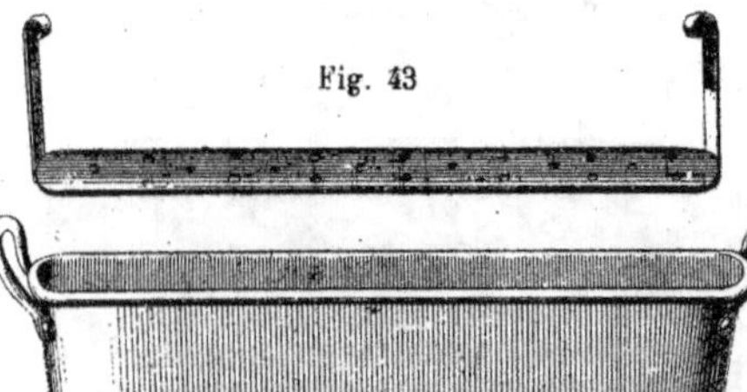

Fig. 43

Poissonnière, cuivre martelé, avec grille
forte et extra-forte
Longueurs : 40-45-50-55-60-65-70-75-80-85-90-100 %
Prix du Kilogramme

Poissonnière, fer étamé, extra-forte, avec grille

Longueurs	Prix	Longueurs	Prix
40 %	3.95	70 %	10.60
45—	4.35	75—	11.80
50—	5.50	80—	13.35
55—	6.30	85—	16.50
60—	7.45	90—	18.85
65—	9.05	100—	25.10

Poissonnières pour truite et poisson

au bleu avec grille se surélevant à volonté dans la poissonnière

et avec couvercle

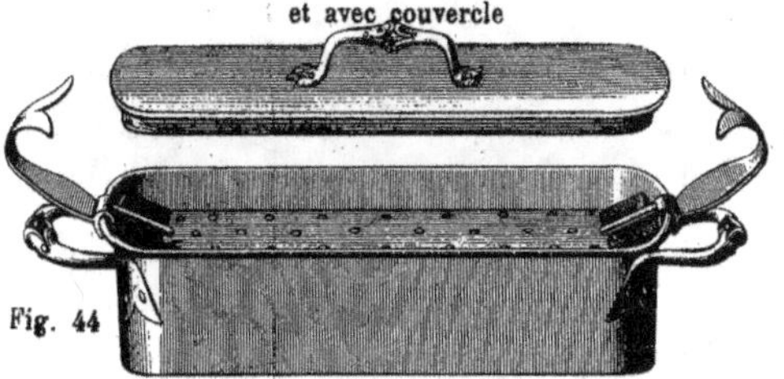

Fig. 44

Longueurs : 25-30-35-40-45-50 %

Se font en cuivre poli fin

en nickel pur

en bi-métal argent et cuivre

Porte-manger
cuivre martelé, à 3 pièces
Modèle Assistance Publique

Porte-bouillon
cuivre,
avec couvercle
*Modèle
Assistance Publique*

Porte-manger
de veilleur,
cuivre martelé
*Modèle
Assistance Publique*

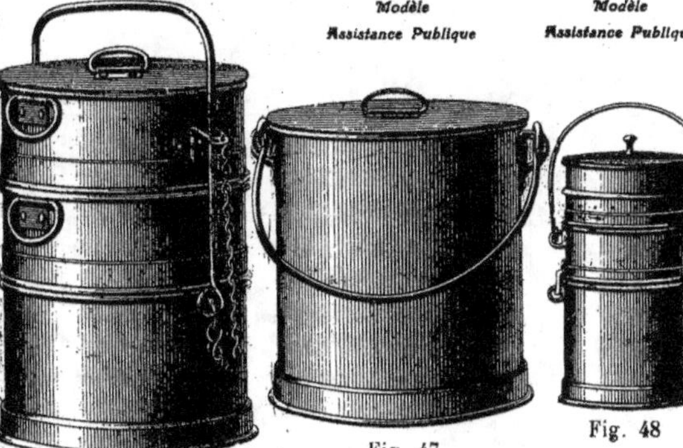

Fig. 46

Fig. 47

Fig. 48

6 litres	8 litres		6 litres	8 litres		à 3 pièces
40.35	**43.70**		**26.90**	**31.40**		PRIX. **43.70**

Caisse à bain-marie à potage, cerclée ou bordée en haut
poignées tombantes bronze, cuivre martelé

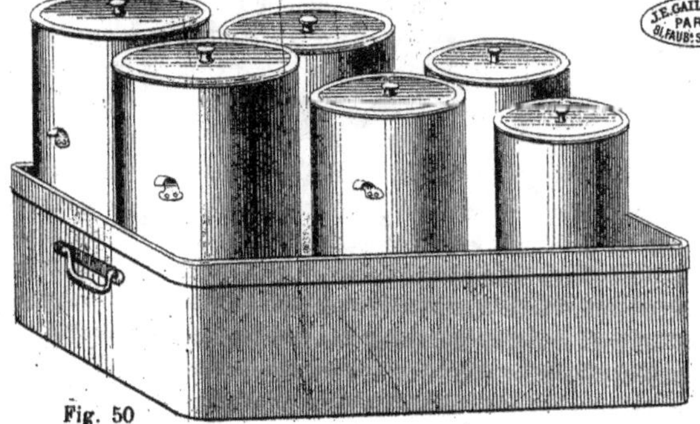

Fig. 50

de 40 % à 120 % de longueur par 5 %

PRIX DU KILOGRAMME

Bahut, fer étamé d'une pièce, fort

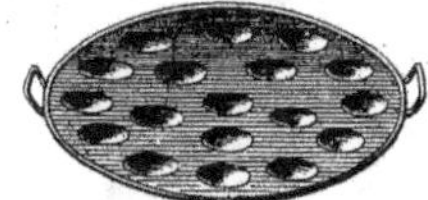

Fig. 45

DIAMÈTRE	PRIX	DIAMÈTRE	PRIX
12 %	1.45	24 %	3.25
14—	1.70	26—	3.90
16—	2. »	28—	4.45
18—	2.15	30—	5.40
20—	2.60	32—	5.85
22—	3. »		

Ces babuts se font en émaillé avec une augmentation de **0.25** par bahut.

Bahuts, fer étamé, brasés autogène
renforcés de toutes dimensions
PRIX DU KILOGR. 3.25

Plat à escargots
fort, étamé

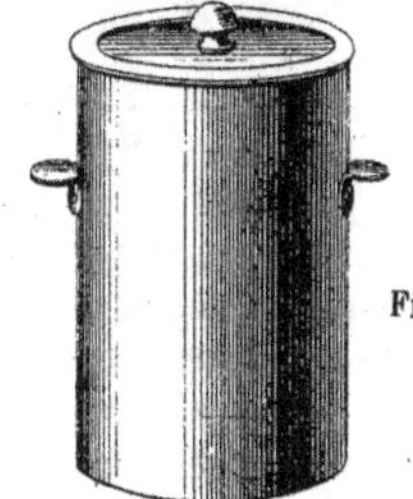

Fig. 49

NOMBRE DE PLACES	PRIX
6	0.70
12	1.25
18	1.70
24	2.15

Bain-marie à potage, cuivre martelé
avec oreilles ou à poignées, fort et extra-fort

Fig. 51

DIAMÈTRES	HAUTEURS	CONTENANCE
14 %	19 %	2 lit. 80
15—	20—	3 — 60
16—	21—	4 — 22
17—	22—	5 — 00
18—	23—	5 — 85
19—	24—	6 — 80
20—	25—	7 — 85
21—	26—	9 — 00
22—	27—	10 — 26
23—	28—	11 — 63
24—	29—	13 — 11
25—	30—	14 — 72
26—	31—	16 — 45
27—	32—	18 — 32
28—	33—	20 — 35
29—	34—	22 — 46
30—	35—	24 — 73

PRIX DU KILOGRAMME

Jambonnière, forme violon, fer étamé
extra-forte

Fig. 52

LONGUEUR	PRIX	LONGUEUR	PRIX
35½	13.35	45½	18.85
40—	15.70	50—	21.95

Jambonnière, ovale, fer étamé
extra-forte

Fig. 53

LONGUEUR	PRIX	LONGUEUR	PRIX
30½	7.05	45½	11.80
35—	8.65	50—	13.35
40—	10.20		

Boîte à asperges, cuivre martelé
forte et extra-forte

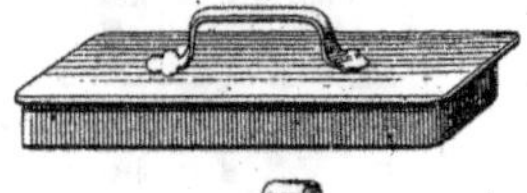

Fig. 54

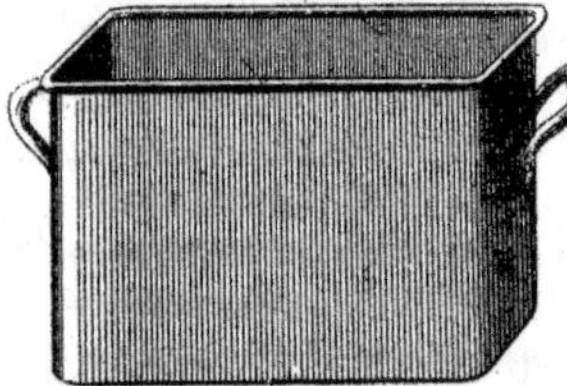

24-26-28-30-32-34½
PRIX DU KILOGRAMME

Ces *Boîtes à asperges* se font aussi en cuivre poli

Boîte à asperges, fer étamé, extra-forte

LONGUEUR	PRIX	LONGUEUR	PRIX
24½	3.65	28½	6.45
25—	4.20	30—	8.30
26—	5.35	32—	9.55

Cloche, forte, étamée polie, ovale

Fig. 55

LONGUEUR	PRIX	LONGUEUR	PRIX
26½	2.20	38½	4.10
28—	2.55	40—	4.35
30—	2.75	42—	4.70
32—	3.15	44	5.05
34—	3.55	46—	5.35
36—	3.95	48—	5.90

Ces *Cloches* se font aussi en cuivre nickelé
et en nickel pur

Passoire, cuivre martelé, à poignées
forte et extra-forte

Fig. 57

de 28½ à 50½ de diamètre
PRIX DU KILOGRAMME

Passoire, fer étamé, à poignées, extra-forte

DIAMÈTRE	PRIX	DIAMÈTRE	PRIX
30½	7.60	42½	17.25
32—	9.40	44—	18.85
34—	10.95	46—	19.30
36—	12.55	48—	21. »
38—	14.15	50—	21.95
40—	15.70		

Cloche forte, étamée polie, ronde

Fig. 56

DIAMÈTRE	PRIX	DIAMÈTRE	PRIX
18½	1.45	28½	2.70
20—	1.70	30—	3.25
22—	2. »	32—	3.95
24—	2.15	34—	4.40
26—	2.35	36—	5.05

Par quantités prix spéciaux
Ces *Cloches* se font aussi en cuivre nickelé
et en nickel pur

Passoire, fer étamé, à pieds, extra-forte

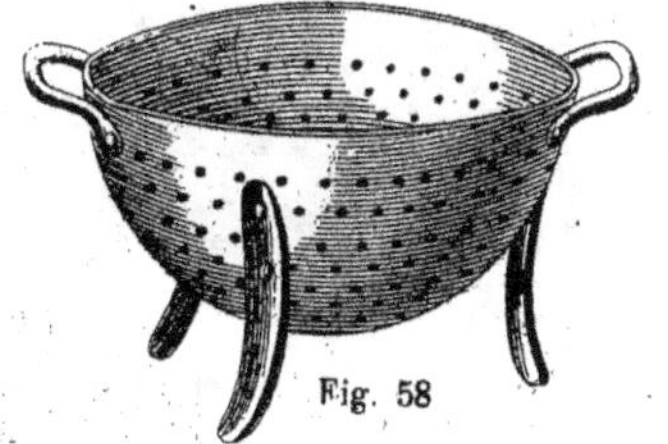

Fig. 58

Diamètres	Prix	Diamètres	Prix
20½	4.70	28½	9.40
22—	5.50	30—	12.55
24—	6.30	32—	14.85
26—	7.05	34—	17.10

Passoire, cuivre martelé, forte et extra-forte

Fig. 59

de 18½ à 32½ de diamètre
PRIX DU KILOGRAMME

Passoire, fer étamé, cerclée, queue fonte, forte

Diamètres	Prix	Diamètres	Prix
20½	2.80	28½	5.85
22—	3.65	30—	6.30
24 —	4.20	32—	7. »
26—	5.05		

Passe-bouillon, fer étamé, fort, cerclé, queue fonte

Fig. 60

Diamètres	Prix	Diamètres	Prix
20½	2.95	28½	5.95
22—	3.75	30—	6.40
24—	4.40	32—	7.20
26—	5.15		

Chinois, passe-sauce, cerclé, bout rivé

Fig. 61

Diamètres	Prix	Diamètres	Prix
13½	2.55	19½	3.95
14—	2.70	20—	4.20
15—	2.95	21—	4.60
16—	3.25	22—	5.05
17—	3.40	24—	5.50
18—	3.60	26—	6.20

Chinois, fond plat,

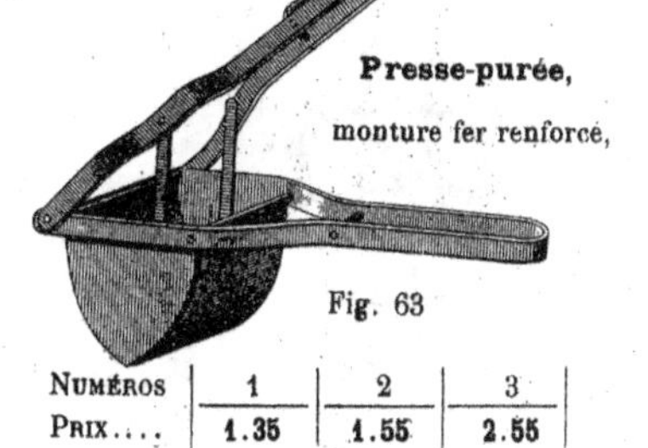

Fig. 62

même prix que le n° 61

Presse-purée, monture fer renforcé,

Fig. 63

Numéros	1	2	3
Prix....	1.35	1.55	2.55

Râpe, extra-forte, montée sur cercle feuillard

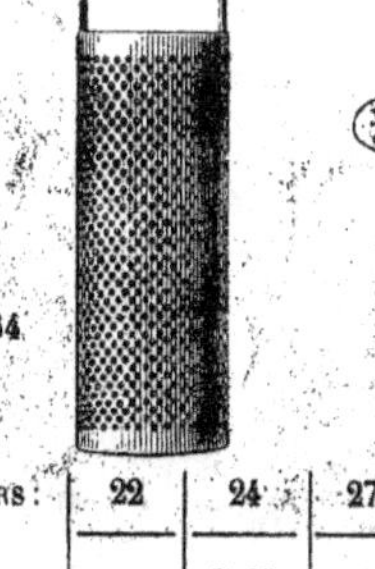

Fig. 64

Longueurs :	22	24	27
Prix...	2. »	2.45	2.55

Entonnoir étamé, fort

Fig. 65

Diam.	Prix	Diam.	Prix
8½	0.40	14½	0.80
9—	0.45	15—	0.90
10—	0.50	16—	1. »
11—	0.60	18—	1.25
12—	0.70	20—	1.45
13—	0.75		

Bassine à friture, tôle d'acier brasée autogène, ovale

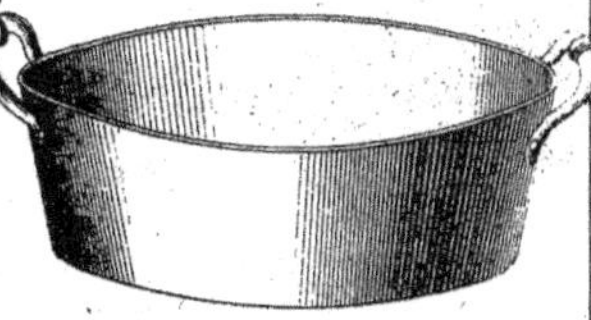

Fig. 66

LONGUEURS 35-40-45-50-55-60½

PRIX DU KILOGRAMME 2.55

Bassine à friture, tôle d'acier, brasée autogène, ronde

Fig. 67

Diamètres : 30-35-40-45-50-55
Prix du Kilogramme **2.55**

Intérieur de bassine à friture, extra-fort fil de fer ovale et rond

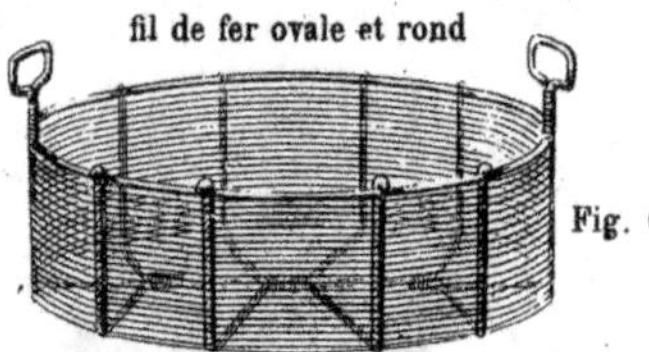

Fig. 68

Diam.	Ronds	Ovales	Diam.	Ronds	Ovales
30%	7.60	8.40	50%	11.20	15.15
35—	8.40	10.10	55—	12.60	16.80
40—	9.25	11.80	60—	16. »	18.50
45—	10.10	13.45			

Grille plate, à 2 montants, ovale et ronde grillagée

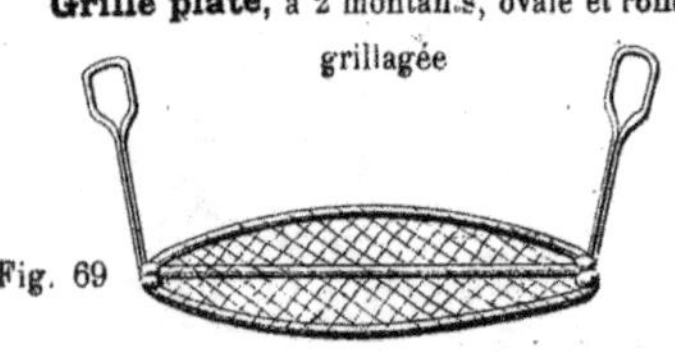

Fig. 69

Diamètres	Prix	Diamètres	Prix
30%	3.40	50%	5.35
35—	3.80	55—	5.90
40—	4.20	60—	6.45
45—	4.80		

Panier à friture, grillagé, à queue, extra-fort

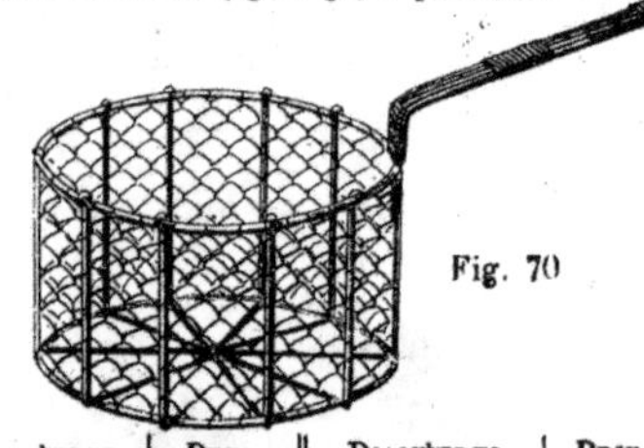

Fig. 70

Diamètres	Prix	Diamètres	Prix
18%	3.60	26%	6.35
20 —	4.20	28—	7. »
22—	4.60	30—	8.40
24—	5.35	32—	9.25

Panier à friture, fil tourné, extra-fort

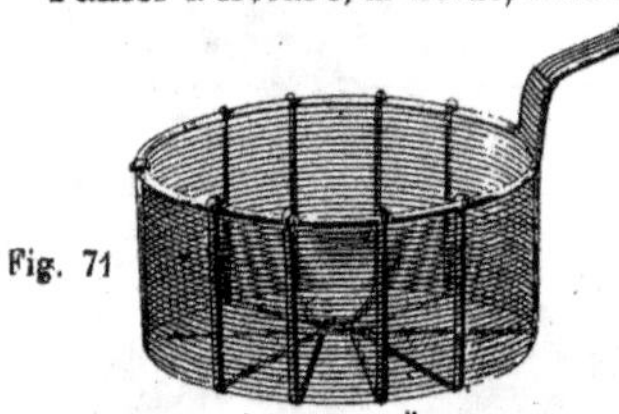

Fig. 71

Diamètres	Prix	Diamètres	Prix
18%	2.15	26%	4.40
20—	2.80	28—	5.35
22—	3.10	30—	6.20
24—	3.65	32—	6.75

Ecumoire à friture, grillagée avec renfort

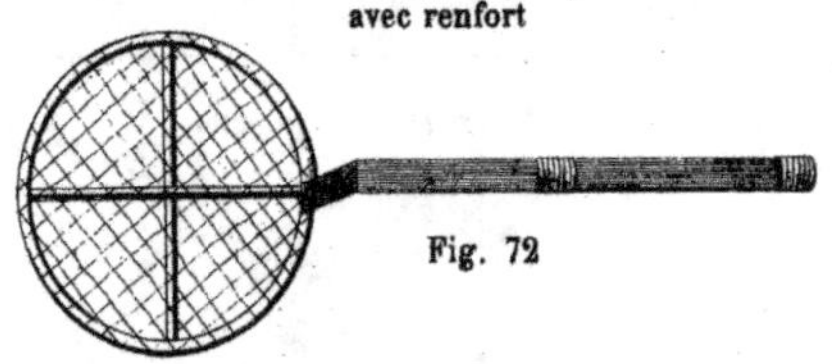

Fig. 72

Diamètres	Prix	Diamètres	Prix
12%	1.70	20%	3.40
14—	2. »	22—	3.70
16—	2.55	24—	4.05
18—	2.95	26—	5.05

Ecumoire à friture, fil tourné avec renfort

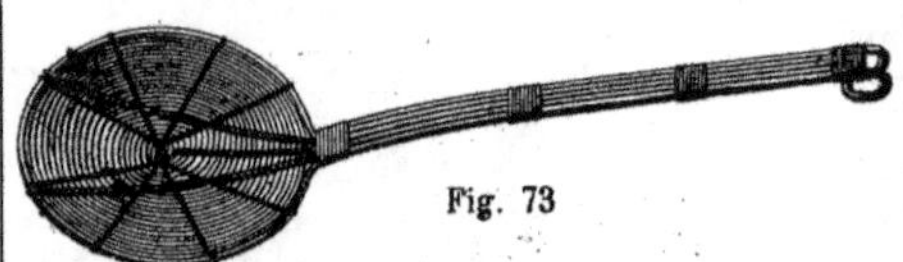

Fig. 73

Diamètres	Prix	Diamètres	Prix
12%	1. »	20%	2.10
14—	1.25	22—	2.50
16	1.45	24—	2.95
18—	1.80	26—	3.65

Panier à laver l'argenterie fil de fer grillagé rectangulaire et en tôle perforée

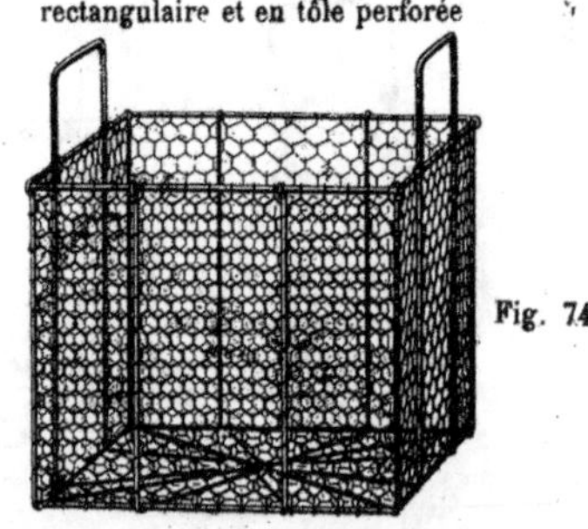

Fig. 74

(Se fait à la mesure demandée)

Panier à salade, fil de fer extra-fort

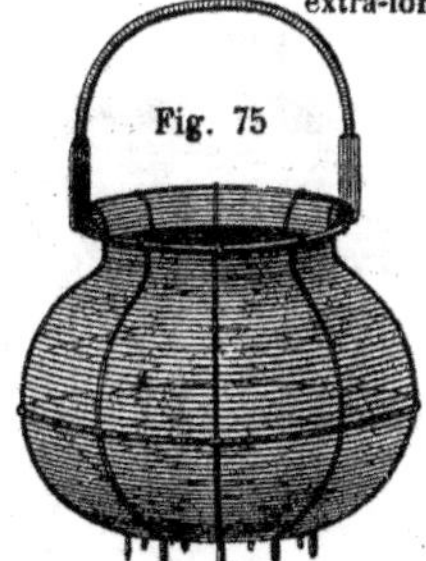

Fig. 75

Diam.	Prix	Diam.	Prix
20½	2.75	30½	5.15
23—	3.10	32—	5.90
25—	3.50	34—	7. »
26—	3.80	36—	8.70
28—	4.20		

Grilles, fil de fer pour plats ovales, avec encoche

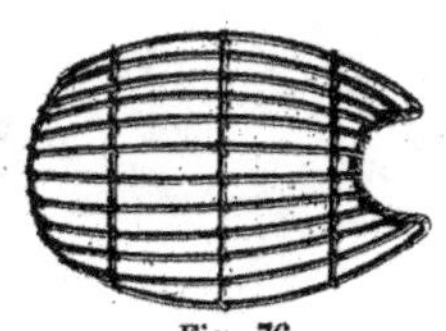

Fig. 76

Longrs	Prix	Longrs	Prix
22½	0.65	38½	2. »
24—	0.70	40—	2.15
26—	0.80	42—	2.55
28—	0.90	44—	3.10
30—	1. »	46—	3.40
32—	1.25	48—	3.80
34—	1.40	50—	4.80
36—	1.60		

Ces *Grilles* se font aussi en fer forgé

Panier à nid pour pommes paille à deux cuillères

Fig. 77

Diam.	Prix	Diam.	Prix
8½	2.80	16½	4.20
10—	3.05	18—	5.15
12—	3.40	20—	5.90
14—	3.80		

Panier à nid pour pommes paille avec couvercle

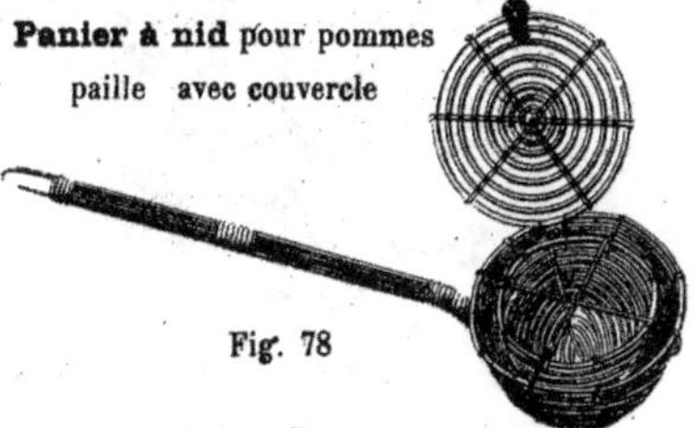

Fig. 78

Diamètres	Prix	Diamètres	Prix
8½	2.70	16½	3.95
10—	2.95	18—	4.95
12—	3.20	20—	5.50
14—	3.65		

=== **NOTRE NOUVEAU MODÈLE** ===

Poêle à frire, acier, queue ronde extra-forte avec les fonds renforcés plus forts que les hausses ne brûlant pas à l'action du feu

Fig. 79

Diamètres : 16-18-20-22-24-26-28
30-32-34-36-38-40-42½
Prix du Kilogramme   2. »

Poêle à frire, martelée, forte queue plate

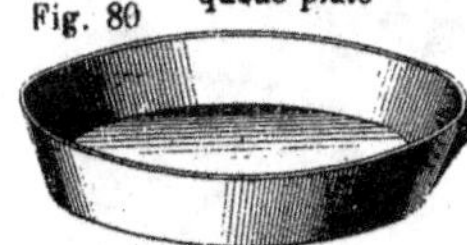

Fig. 80

Diam.	Prix	Diam.	Prix
16½	0.70	30½	2.15
18—	0.80	32—	2.55
20—	0.90	34—	2.80
22—	1.10	36—	3.05
24—	1.25	38—	3.40
26—	1.45	40—	4.20
28—	1.70	42—	4.95

Poêle à pannequets, acier

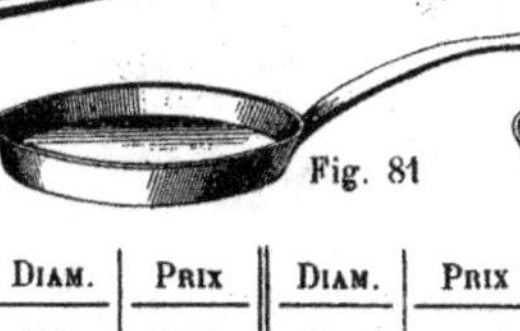

Fig. 81

Diam.	Prix	Diam.	Prix
16½	2.55	22½	3.95
18—	2.95	24—	4.80
20—	3.65		

Poêle à truite, ovale, forgée queue en bout

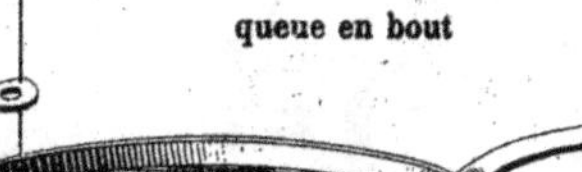

Fig. 82

Longueurs : 22-24-26-28-30-32-34
36-38-40-42-44-46-48½
Prix du Kilogramme

Poêle à truite, même modèle, queue en flanc

Fig. 83

Mêmes dimensions
Prix du Kilogramme

Gril forgé à queue, extra fort

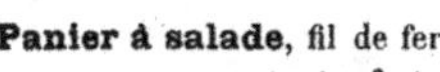

Fig. 84

Barres	Prix	Barres	Prix
5	0.70	9	1.70
6	0.85	10	2. »
7	1. »	12	2.55
8	1.25		

Bassine à **légumes** et à **vaisselle**, étamée forte

Fig. 85

Gril forgé pour grillade avec poignée

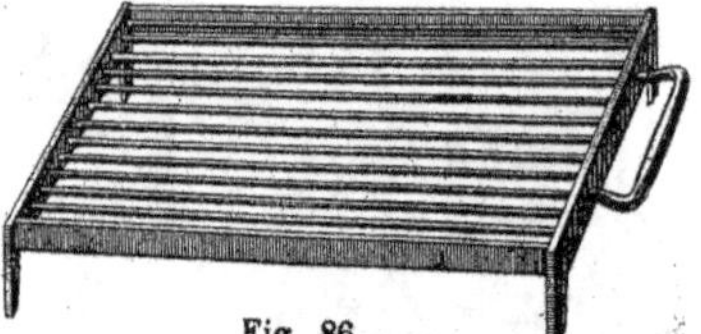

Fig. 86

Ces *Grils* se font aux mesures demandées

Diam.	Prix	Diam.	Prix	Diam.	Prix
14¾	0.75	26¾	2.35	38¾	5.35
16—	0.85	28—	2.55	40—	5.90
18—	1.»	30—	2.75	44—	6.70
20—	1.35	32—	3.55	48—	7.85
22—	1.60	34—	3.95	50—	9.25
24—	2.»	36—	4.70		

Ces *Bassines* se font aussi en émaillé

Bassine à légumes et à **vaisselle**
étamée, extra-forte

Diam.	Prix	Diam.	Prix	Diam.	Prix
30¾	3.55	40¾	6.70	52¾	14.30
32—	3.95	42—	7.45	54—	16.55
34—	4.70	44—	7.85	56—	18.50
36—	5.50	48—	9.80	58—	20.75
38—	6.30	50—	11.50	60—	22.15

Bassine, acier brasée autogène étamée
avec ou sans couvercle

Fig. 87

Se fait aux dimensions demandées.

Tamis, toile quenelle venise
bois double

Fig. 88

Diamètres	Prix	Diamètres	Prix
28¾	3.25	40¾	4.80
30—	3.60	45—	7.»
35—	3.80		

Tamis, toile étamée, bois double
toutes grosseurs de toile

Fig. 89

Diamètres	Prix	Diamètres	Prix
28¾	2.70	40¾	4.15
30—	3.05	45—	5.15
35	3.60	50—	6.20

Tamis, cuivre martelé avec montures à
pression, pour le remplacement des toiles

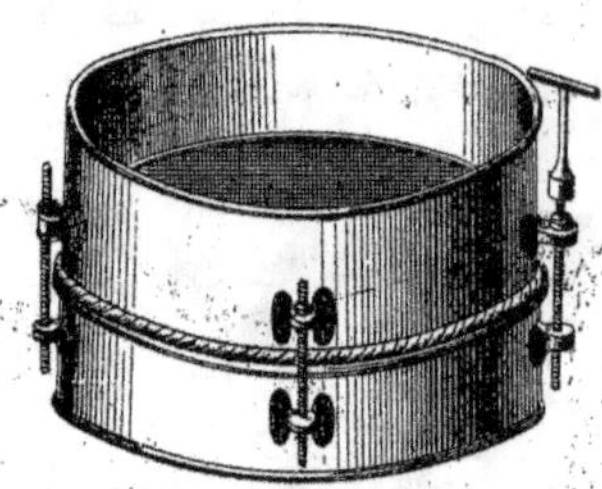

Fig. 90

Diamètres.	30	35	40¾
Prix. . .	39.20	45.95	53.80

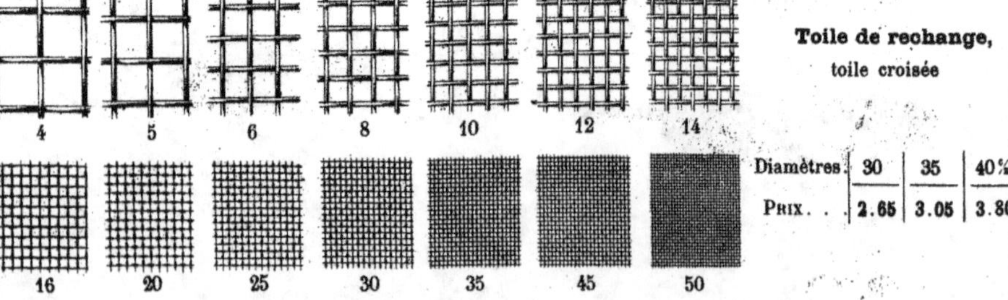

Toile de rechange,
toile croisée

Diamètres.	30	35	40¾
Prix. . .	2.65	3.05	3.80

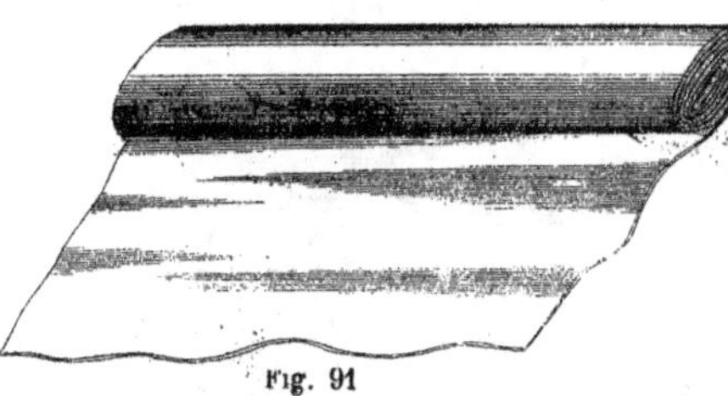

Fig. 91

Étamine, en pièce ou séparée

	Coton	Fil	Laine
PRIX : le mètre	1. »	1.15	1.20

Mousseline. PRIX : le mètre   0.40

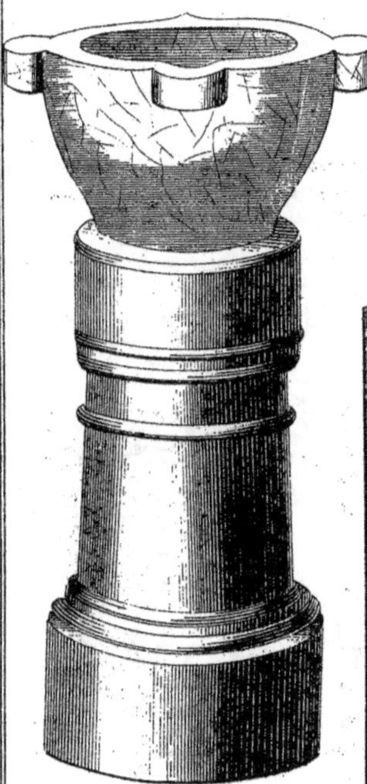

Fig. 92

Mortier, marbre noir, 1re qualité

DIAMÈTRES INTÉRIEURS	PRIX	DIAMÈTRES INTÉRIEURS	PRIX	DIAMÈTRES INTÉRIEURS	PRIX
12%	9.40	24%	22.35	34%	53.20
14—	11. »	26—	28.60	36—	61.05
16—	12.55	28—	34.75	38—	71.15
18—	14.15	30—	37.55	40—	75.35
20—	15.30	32—	45.40	42—	87.40
22—	20.40				

Mortier, marbre blanc, 1re qualité

DIAMÈTRES INTÉRIEURS	PRIX	DIAMÈTRES INTÉRIEURS	PRIX	DIAMÈTRES INTÉRIEURS	PRIX
12%	13.75	22%	38.65	30%	84. »
14—	18.20	24—	42.30	32—	95.20
16—	22.35	26—	51 25	34—	106.40
18—	26.60	28—	70.60	36—	120.20
20—	30.55				

Billot pour mortier, orme tourné
4 grandeurs
allant sur les mortiers du tarif

Numéros	1	2	3	4
PRIX . .	21.85	24.65	26.90	31.40

Pilon pour mortier, à 2 têtes en buis et en gaïac. fig. 94

LONGUEURS	BUIS	GAÏAC	LONGUEURS	BUIS	GAÏAC
35%	3.80	5.15	50%	9.55	10.50
40 —	5.35	6.60	55—	10.95	13.45
45—	6.60	8.15	60—	14. »	16. »

Pilon pour mortier, à une tête long manche, buis et gaïac
4 grandeurs Fig. 95

Numéros	1	2	3	4
PRIX . .	5.35	7. »	9.25	10.95

Fig. 94   Fig. 95

Boîte à ordures, rectangulaire, galvanisée
avec fers demi-ronds en dessous ou cerclée forte

Fig. 96

Longueurs	Contenance	Prix
60 %	60 litres	12.60
65 —	80 —	13.75
70 —	100 —	15.15
75 —	120 —	17.10

Boîte, rectangulaire, extra-forte
Se fait de toutes les forces et de toutes les grandeurs
PRIX DU KILOGRAMME 1. »

Boîte à ordures, ronde galvanisée, forte

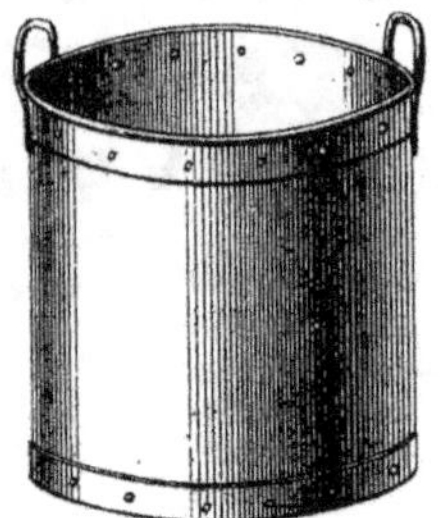

Fig. 97

Diamètres	Contenance	Prix
40 %	50 litres	8.40
45 —	80 —	10.65
50 —	100 —	12.60
55 —	120 —	14. »
60 —	140 —	15.15

Boîte à ordures, ronde, extra-forte
Se fait de toutes les forces et de toutes les grandeurs
PRIX DU KILOGRAMME 1. »

Fig. 98

98   **Seau de cuisine**, tôle galvanisée,
extra-fort, évasé

Diamètres	Prix	Diamètres	Prix
24 %	1.42	30 %	2.55
26 —	1.80	32 —	2.80
28 —	2. »	34 —	3.10

99   **Seau de cuisine**, tôle galvanisée,
extra-fort, droit

Diamètres	Prix	Diamètres	Prix
24 %	1.80	30 %	2.70
26 —	2. »	32 —	2.95
28 —	2.35	34 —	3.20

Fig. 99

Fig. 100

100   **Pelle** dite **Chauffeur**
pour charger les fourneaux

Numéros	1	2	3	4
Prix . .	3.80	4.40	5.05	6.20

101 **Pelle** dite **Angoulême** pour charger les fourneaux
étroite du bout

Numéros	1	2	3	4
Prix . .	2.55	3.65	4.15	4.40

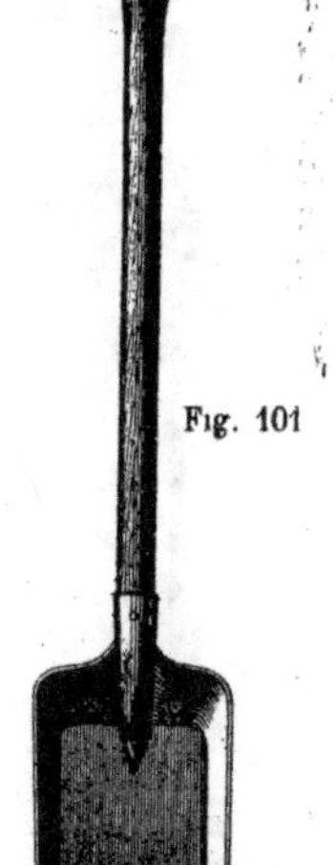

Fig. 101

Pelle à charbon à main forte plate

Fig 102

Numéros	1	2	3
Prix..	0.70	0.90	1.10

Pelle à charbon à main forte ronde

Fig. 103

Numéros	1	2	3
Prix..	0.65	0.85	1. »

Pelle à feu, forte

Fig. 104

Longueur	Prix	Longueur	Prix
40 ‰	0.90	55 ‰	1.35
45—	1. »	60—	1.70
50—	1.10		

Pincette de fourneau, forte

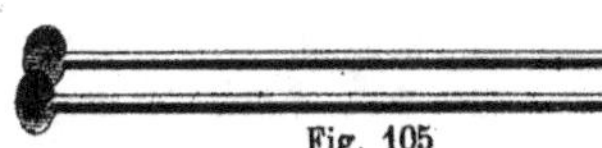

Fig. 105

Longueurs	Prix	Longueurs	Prix
40 ‰	0.90	55 ‰	1.35
45—	1. »	60—	1.70
50—	1.10		

Tissonnier et Pique-feu, fer forgé extra-forts

Fig. 106

Longueurs	Prix	Longueurs	Prix
50 ‰	0.45	70 ‰	1.25
55—	0.70	.80—	1.40
60—	0.90	90—	1.80
65—	1. »	100—	2.05

Cylindre à vaisselle, rectangulaire et carré, cuivre martelé

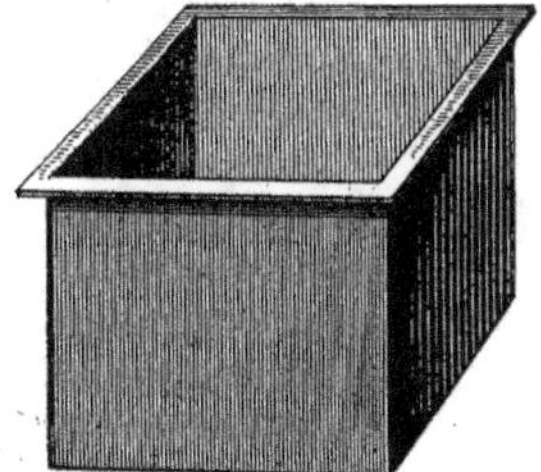

Fig. 107

Se fait de toutes dimensions

Prix du Kilogramme

Ces *Cylindres* se font aussi en tôle galvanisée.

Cylindre à vaisselle, rond cuivre martelé de toutes grandeurs

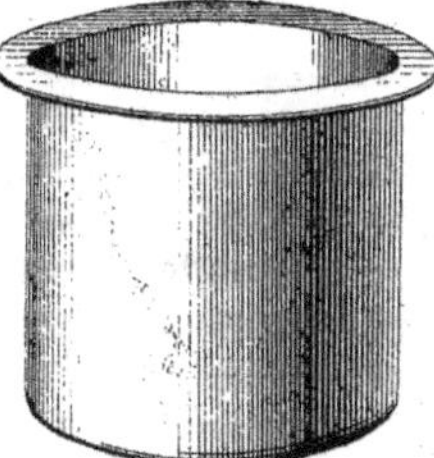

Fig. 108

Prix du Kilogramme

Bain-marie de fourneau, cuivre martelé avec couvercle et panache de toutes grandeurs

Fig. 109

Prix du Kilogramme

Fig. 110

Chaudière de fourneau

cuivre martelé de toutes grandeurs

Prix du Kilogramme

J. & E. GAILLARD

Egouttoir de cuisine, extra-fort

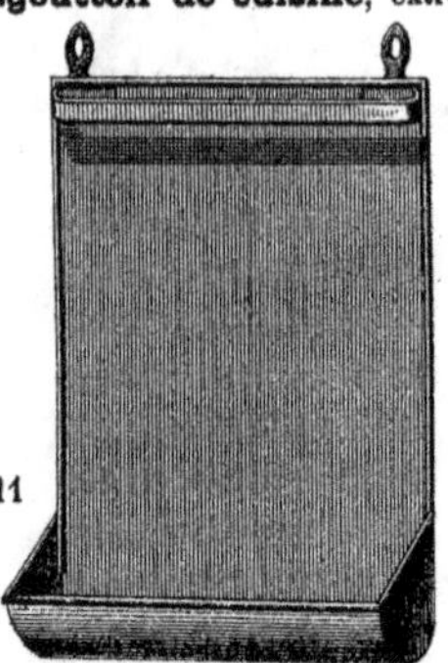

Fig. 111

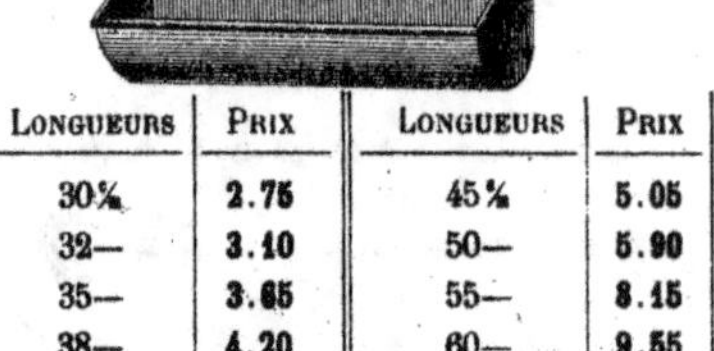

Longueurs	Prix	Longueurs	Prix
30½	2.75	45½	5.05
32—	3.10	50—	5.90
35—	3.65	55—	8.15
38—	4.20	60—	9.55
40—	4.80		

Boîte carrée avec couvercle
pour épices et économat, renforcée

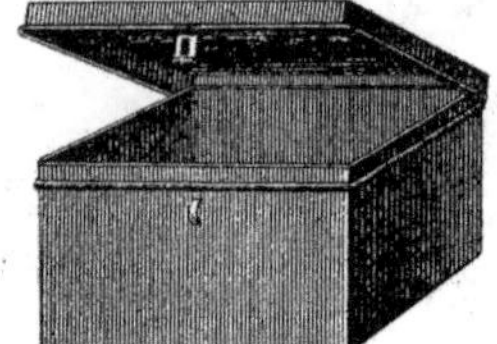

Fig. 112

Longueurs	Prix	Longueurs	Prix
16½	2.80	32½	5.50
19—	3.10	35—	6.60
22—	3.65	38—	8.15
24—	3.95	40—	9.55
27—	4.40	45—	11.75
30—	5.05		

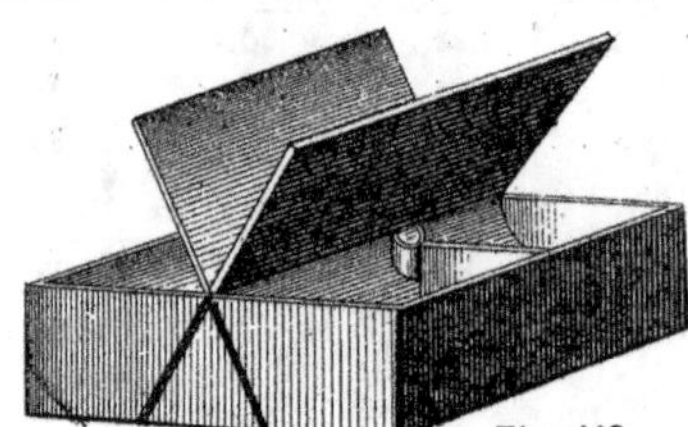

Fig. 113

Boîte à épices, à compartiments sur table
avec ou sans couvercle

Longueurs	Prix	Longueurs	Prix
18½	2.55	24½	4.40
20—	3.30	26—	4.70
22—	4.20	28—	5.35

Lampe à flamber la volaille
à l'alcool, en cuivre étamé, forte

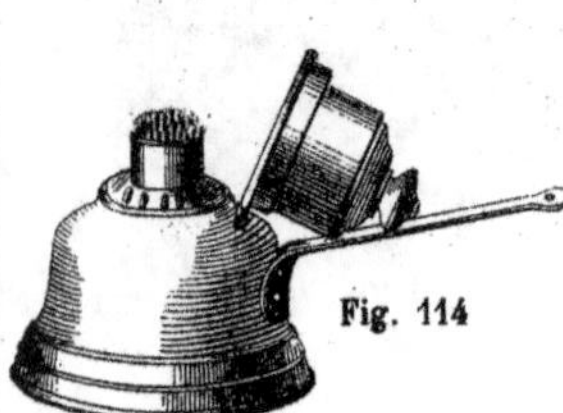

Fig. 114

Prix. . 12.30

Lampe à flamber la volaille
au gaz, avec raccord cuivre

Fig. 115

Prix. . 10.95

Boîte à ficelle
avec couteau

fer étamé

Fig. 116

Prix. . 3.10

Boîte à ficelle, sans couteau
fer étamé

Fig. 117

Prix. . 2.55

Boîte à ficelle, fonte

Fig. 118

Numéros	1	2	3
Prix. .	1. »	1.35	1.70

Glacière à baïonnette
forte étamée

Fig. 119

Numéros	1	2
Prix. .	0.85	1. »

Fig. 120

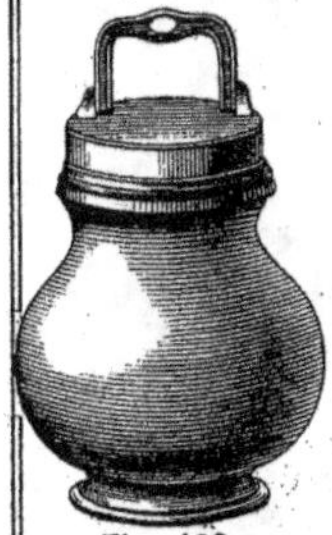

Boule à bifti, porcelaine

Numéros	Contenance	Prix
1	0k400	3.80
2	0k500	4 40
3	1k000	5.05
4	1k500	6.05
5	2k000	7.30

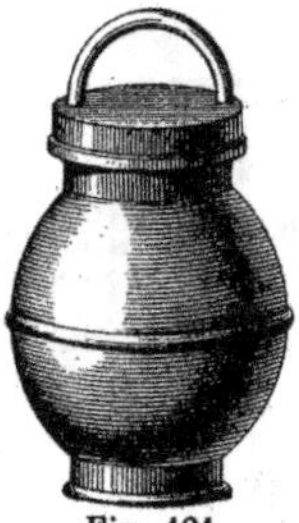
Fig. 121

Boule à bifti, étain

Numéros	Contenance	Prix
1	0k400	7.60
2	0k500	9.25
3	1k000	10.95
4	1k500	12.60
5	2k000	16.80

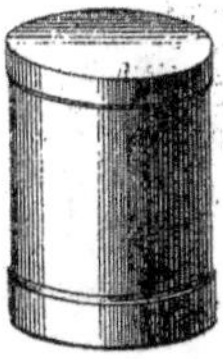
Fig. 122

Galon en bois pour les épices

Contce lit.	Prix	Contce lit.	Prix
1	1.35	9	3.25
2	1.55	10	3.75
8	1.70	11	4.05
4	2.10	12	5.05
5	2.55	15	5.90
6	2.65	20	6.60
7	2.80	25	7.60
8	2.95		

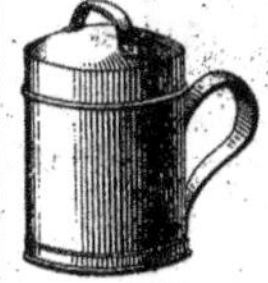

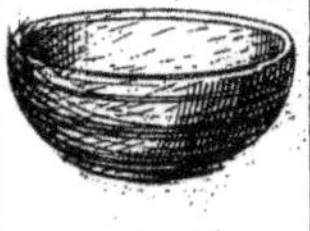
Fig. 123

Sébille, bois fumé

Diamètres	Prix	Diamètres	Prix
9%	0.20	28%	1.80
11—	0.25	31—	2.55
13—	0.30	33—	3.95
14—	0.40	36—	4.80
17—	0.60	39—	6.60
20—	0.75	42—	7.30
23—	1.10	45—	8.70
25—	1.35		

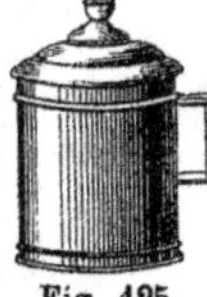

Fig. 124

Boîte de cuisine, pour épices, café, etc.

Diamètres	Prix	Diamètres	Prix
8%	0.75	14%	1.55
9—	0.85	15—	1.65
10—	1. »	16—	2. »
11—	1.20	18—	2.35
12—	1.35	20—	2.70
13—	1.40		

Fig. 125

Boîte pour café, épices, etc. en cuivre poli

Diamètres	Prix	Diamètres	Prix
8%	2.15	11%	3.95
9—	3.05	12—	4.20
10—	3.55	14—	5.05

Fig. 126

Main à denrées, fer battu

Longueurs	Prix	Longueurs	Prix	Longueurs	Prix
12%	0.35	20%	0.85	26%	1.20
14—	0.45	22—	0.90	28—	1.40
16—	0.60	24—	1. »	35—	1.70
18—	0.80				

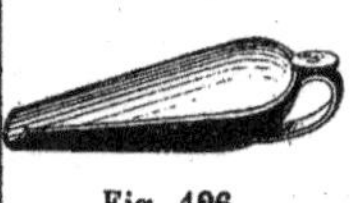

Fig. 127

J.E. GAILLARD PARIS 81, FAUBG ST DENIS

SERVICES DE TABLE, cuivre jaune ou rouge poli

Boîte à épices, avec couvercles et godets mobiles

Longueurs	22	24	26	28%
Prix.....	41.45	44.80	50.40	56. »

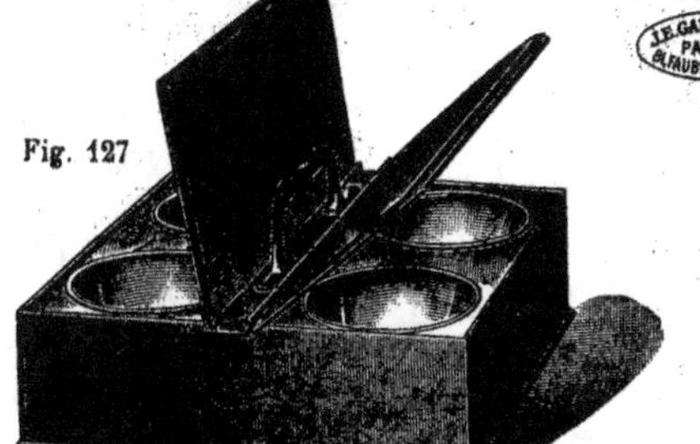

SERVICES DE TABLE (*Suite*)

Panier à beurre avec couvercles et godets mobiles

Fig. 128

PRIX. . **53.80**

Boîte à provisions
avec couvercle à charnière

Fig. 129

PRIX. . **18.50**

Boîte à ficelle
avec couvercle

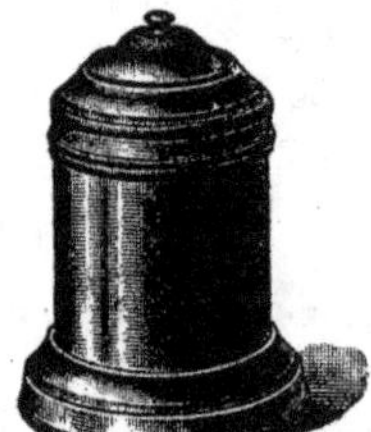

Fig. 130

PRIX. . **16.80**

Glacière à sucre

Fig. 131

PRIX. . **12.35**

Pot à persil

Fig. 132

PRIX. . **15.15**

Boîte à fusil et à pierre

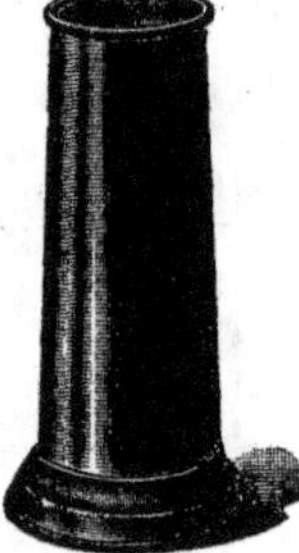

Fig. 133

PRIX. **10.10**

Cocotes pour cailles, grives, pigeons, faisans, poulets
cuivre martelé poli
poignées bronze et couvercles
argentées à l'intérieur 1er titre

Fig. 133bis

LONG.	PRIX NETS	LONG.	PRIX NETS
8½	6.75	18½	32. »
10—	9.50	20—	44. »
12—	13.25	22—	52. »
14—	17.50	24—	75. »
16—	22. »	26—	98. »

Ces Daubières, se font également étamées à l'intérieur
Nous demander les prix

Boule à légumes ronde
extra-forte, grillagée

Fig. 134

LONGr	PRIX	LONGr	PRIX
22½	5.35	30½	8.40
24—	5.90	32—	9.55
26—	6.75	34—	10.75
28—	7.60	36—	12.05

Boule à légumes, ovale
grillagée, extra-forte

DIAMÈTRE	PRIX	DIAMÈTRE	PRIX
25×30	9.25	32×40	13.45
28×35	10.95	35×45	16.80

Boule à légumes,
fer étamé

Fig. 135

DIAM.	PRIX	DIAM.	PRIX
8½	0.85	12½	1.40
9—	0.90	13—	1.55
10—	1. »	14—	1.80
11—	1.20		

Filet à légumes pour la marmite

Fig. 136

LONGrs	PRIX	LONGrs	PRIX
45½	0.70	70½	1.60
50—	0.85	80—	2. »
55—	1. »	90—	2.80
60—	1.25	100—	3.10
65—	1.40		

Cuillère à bouillon, cuivre martelé

Fig. 137

Diamètres	Prix	Diamètres	Prix
10½	5.50	14½	10.95
11—	6.45	15—	12.80
12—	7.75	16—	15.40
13—	8.70		

Pochon à jus, cuivre martelé

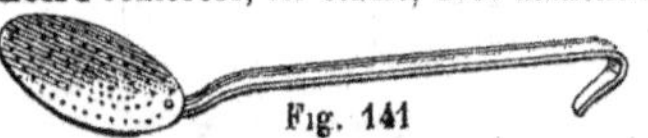

Fig. 139

Diamètres	6	7	8	9
Prix.....	3.05	3.65	4.25	4.95

Pochon à jus, fer étamé, fort

Diamètres	Prix	Diamètres	Prix
6½	0.40	12½	0.80
7—	0.45	13—	0.90
8—	0.50	14—	1. »
9—	0.65	15—	1.25
10—	0.70	16—	1.40
11—	0.75		

Ecumoire renforcée, fer étamé, avec manche forgé

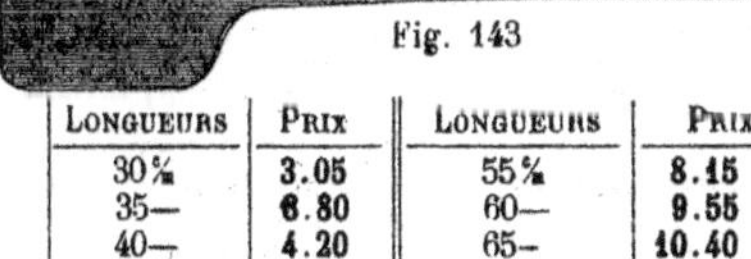

Fig. 141

Diamètres	Prix	Diamètres	Prix
6½	0.70	13½	1.45
7—	0.85	14—	1.60
8—	0.90	15—	1.85
9—	1. »	16—	2. »
10 —	1.15	18—	2.55
11—	1.25	20—	2.80
12—	1.35	22—	3.25

Ecumoire, fer étamé, forte

Diamètres	Prix	Diamètres	Prix
8½	0.50	13½	0.90
9—	0.65	14—	1. »
10—	0.70	15—	1.25
11—	0.75	16—	1.40
12—	0.80		

Spatule, cuivre martelé à réduire

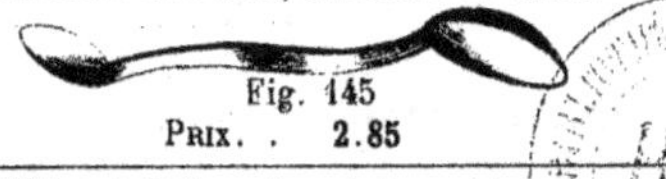

Fig. 143

Longueurs	Prix	Longueurs	Prix
30½	3.05	55½	8.15
35—	3.80	60—	9.55
40—	4.20	65—	10.40
45—	5.50	70—	12.90
50—	6.60	75—	14.85

Cuillère à 2 fins, à 2 cuillères cuivre

Fig. 145

Prix. . 2.85

Cuillère à 2 fins, à spatule percée cuivre

Fig. 147

Prix. . 2.85

Cuillère à bouillon renforcée, fer étamé avec manche forgé

Fig. 138

Diamètres	Prix	Diamètres	Prix
6½	1. »	13½	2.55
7—	1.10	14—	2.70
8—	1.45	15—	2.95
9—	1.60	16—	3.25
10—	1.80	18—	3.95
11—	2. »	20—	4.40
12—	2.35	22—	4.80

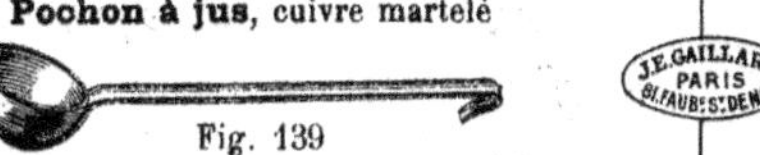

Ecumoire, cuivre martelé, ronde

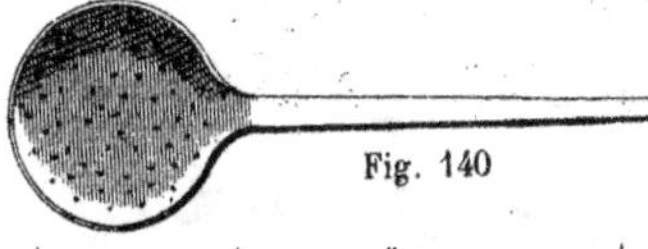

Fig. 140

Diamètres	Prix	Diamètres	Prix
8½	2.15	13½	5.50
9—	2.75	14—	6.45
10—	3.65	15—	7.40
11—	4.40	16—	8.15
12—	5.05	18—	11.10

Grappin ou fourche à bœuf, fer forgé

Fig. 142

Longueurs	A 2 dents	A 3 dents
30½	0.60	0.75
35—	0.75	1. »
40—	0.85	1.35
45—	1. »	1.60
50—	1.35	1.90
55—	1.60	2.15
60—	1.80	2.55
65—	1.90	2.80

Spatule, cuivre martelé à dresser

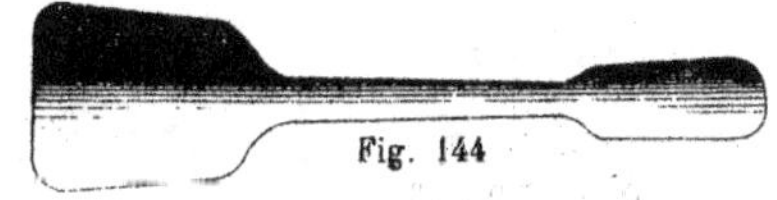

Fig. 144

Mêmes prix que les Spatules à réduire

Cuillère à 2 fins à fourchette à cuivre

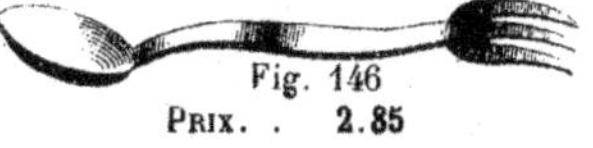

Fig. 146

Prix. . 2.85

Cuillère à 2 fins à spatule

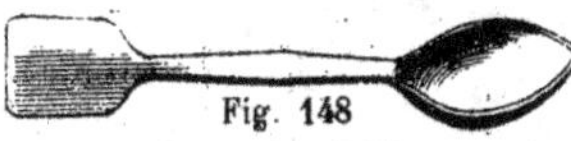

Fig. 148

Prix. . 2.85

J. & E. GAILLARD

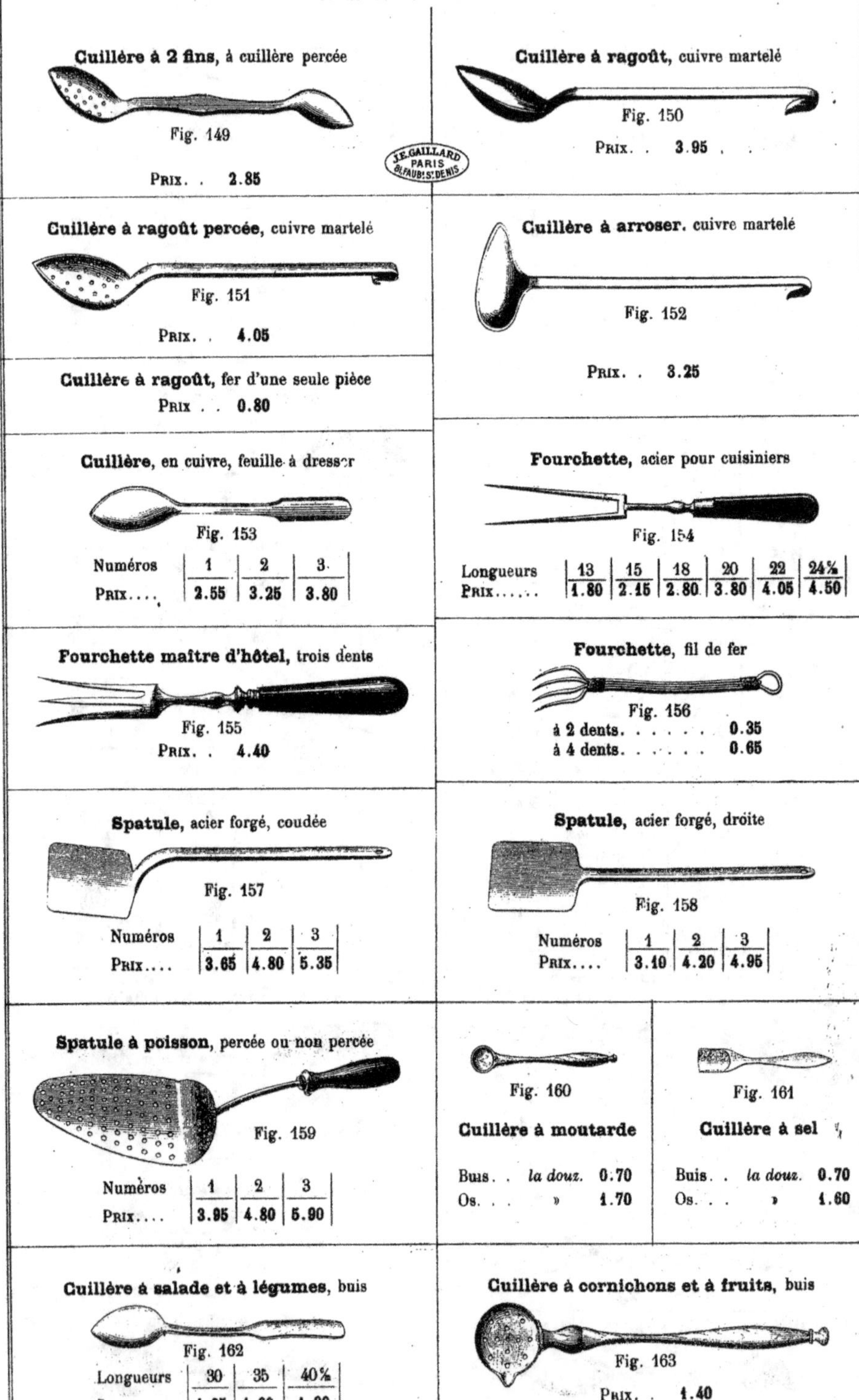

Cuillère à 2 fins, à cuillère percée

Fig. 149

PRIX. . **2.85**

Cuillère à ragoût, cuivre martelé

Fig. 150

PRIX. . **3.95** .

Cuillère à ragoût percée, cuivre martelé

Fig. 151

PRIX. . **4.05**

Cuillère à ragoût, fer d'une seule pièce
PRIX . . **0.80**

Cuillère à arroser. cuivre martelé

Fig. 152

PRIX. . **3.25**

Cuillère, en cuivre, feuille à dresser

Fig. 153

Numéros	1	2	3
PRIX....	2.55	3.25	3.80

Fourchette, acier pour cuisiniers

Fig. 154

Longueurs	13	15	18	20	22	24½
PRIX......	1.80	2.15	2.80	3.80	4.05	4.50

Fourchette maître d'hôtel, trois dents

Fig. 155
PRIX. . **4.40**

Fourchette, fil de fer

Fig. 156
à 2 dents. **0.35**
à 4 dents. **0.65**

Spatule, acier forgé, coudée

Fig. 157

Numéros	1	2	3
PRIX....	3.65	4.80	5.35

Spatule, acier forgé, droite

Fig. 158

Numéros	1	2	3
PRIX....	3.10	4.20	4.95

Spatule à poisson, percée ou non percée

Fig. 159

Numéros	1	2	3
PRIX....	3.95	4.80	5.90

Fig. 160

Cuillère à moutarde

Buis . . *la douz.* 0.70
Os. . . » 1.70

Fig. 161

Cuillère à sel

Buis . . *la douz.* 0.70
Os. . . » 1.60

Cuillère à salade et à légumes, buis

Fig. 162

Longueurs	30	35	40½
PRIX......	1.25	1.60	1.80

Cuillère à cornichons et à fruits, buis

Fig. 163

PRIX. . **1.40**

Cuillère à étamine

Fig. 164

Longueurs	65	70	75 ‰
Prix	0.80	1. »	1.25

Cuillère, hêtre bout carré

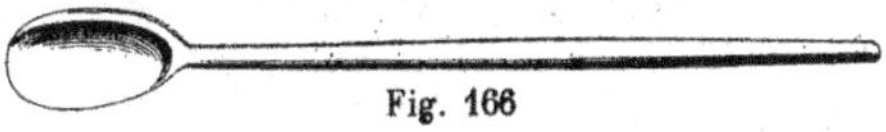

Fig. 166

Longueurs	Prix	Longueurs	Prix
20 ‰	0.20	55 ‰	0.45
25—	0.25	60—	0.50
30—	0.30	65—	0.50
35—	0.30	70—	0.60
40—	0.35	80—	0.80
45—	0.35	90—	0.90
50—	0.40		

Cuillère, hêtre, bout rond

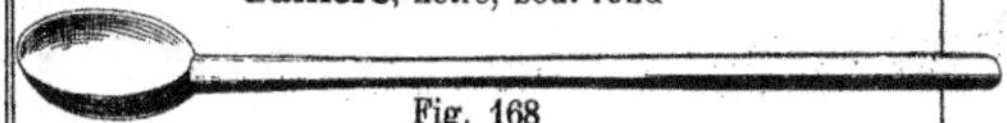

Fig. 168

Mêmes prix que les bouts carrés

Feuille à fendre, acier 1re qualité

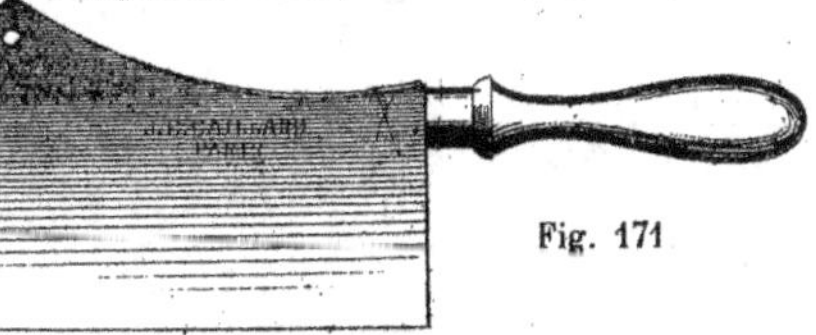

Fig. 170

Numéros..	1	2	3	4	5
Prix . . .	6.20	6.45	7. »	7.40	7.85

Couperet, acier, manche bois, série forte

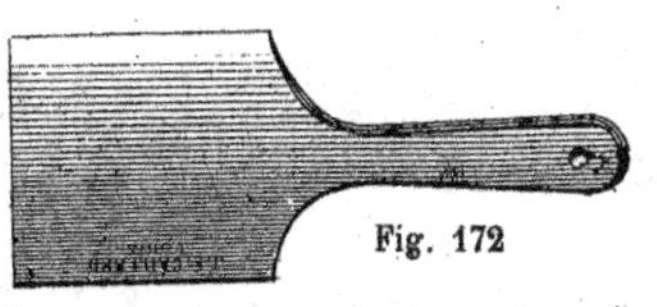

Fig. 171

Petit	Moyen	Grand
2.70	3.15	3.65

Batte à côtelette, acier forgé

Fig. 172

Petite	Moyenne	Grande
6.45	8.15	9.80

Grattoir de billot

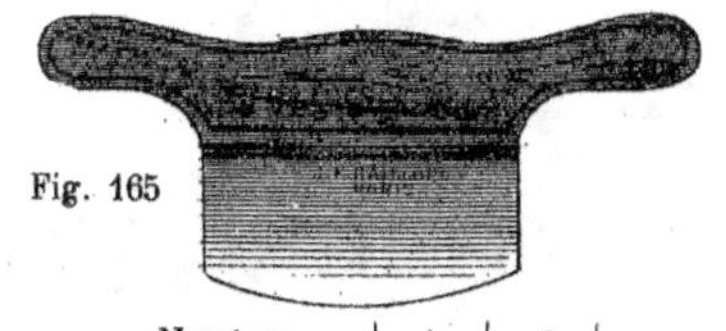

Fig. 165

Numéros.	1	2
Prix . . .	2.55	2.80

Spatule, en hêtre et en buis, forte

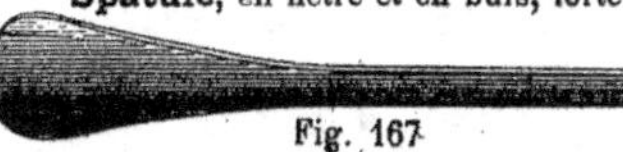

Fig. 167

Longueurs	Hêtre	Buis	Longueurs	Hêtre	Buis
15 ‰	0.15	0.20	55 ‰	0.70	1.40
20—	0.20	0.25	60—	0.75	1.80
25—	0.25	0.35	65—	0.80	2.15
30—	0.30	0.45	70—	0.95	2.55
35—	0.35	0.70	80—	1. »	2.80
40—	0.45	0.80	90—	1.35	3.25
45—	0.50	0.95	95—	1.45	3.65
50—	0.60	1.20	100-	1.70	4.20

Couperet de boucherie, tout acier forgé

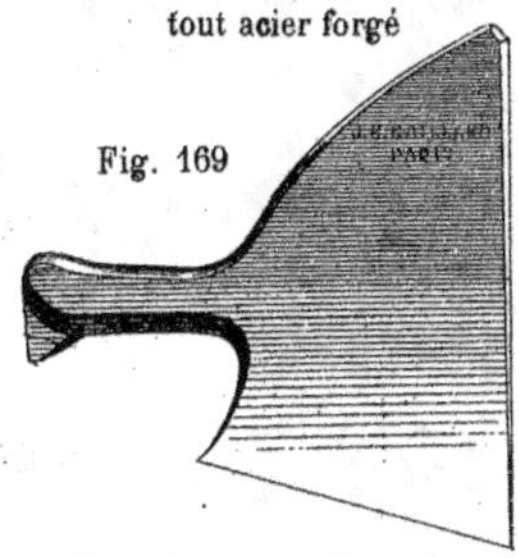

Fig. 169

Numéros.	1	2	3	4	5	6
Prix . . .	7. »	7.50	8.40	8.40	9.25	9.80

Fig. 173

Hachoir fort à plusieurs lames acier

Longrs	1 lame	2 lames	3 lames	4 lames
24 ‰	2.15	5.05	7. »	
27—	2.25	5.50	7.40	9.50
30—	2.70	5.90	7.75	9.95
33—	2.95	6.20	8.15	10.65
36—	3.15	6.60	8.70	11.50
40—	3.50	7. »	9.40	12.05

Hachoir renforcé à plusieurs lames, modèle spécial

Longueurs	3 lames	4 lames
20 ‰	13.45	16.25
25—	17. »	20.20
30—	20.20	23.55
35—	23.55	28. »
40—	26.90	31.40
45—	30.80	38.10

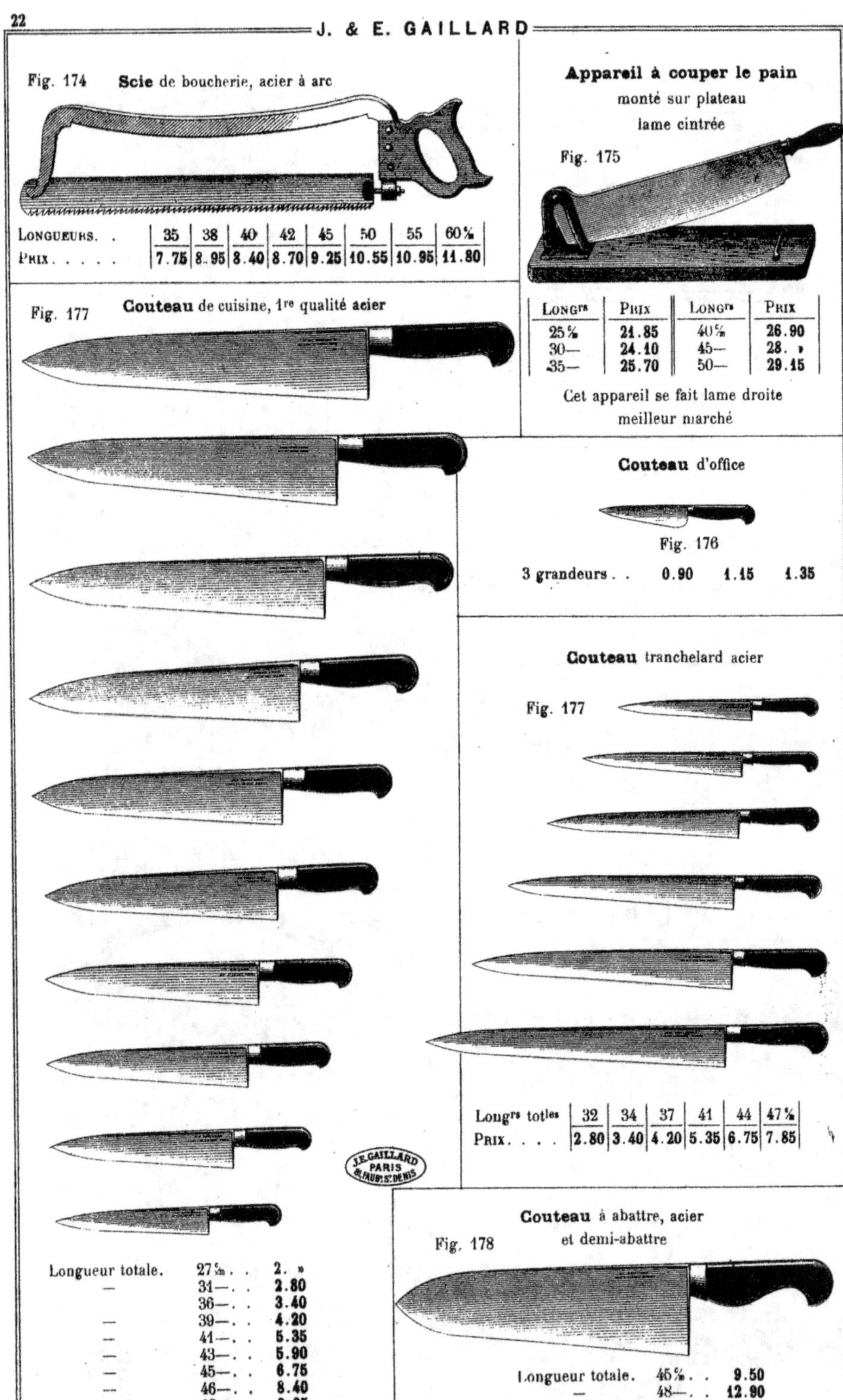

Fig. 174   **Scie** de boucherie, acier à arc

LONGUEURS. .	35	38	40	42	45	50	55	60 %
PRIX	7.75	8.95	8.40	8.70	9.25	10.55	10.95	11.80

Appareil à couper le pain
monté sur plateau
lame cintrée

Fig. 175

LONGrs	PRIX	LONGrs	PRIX
25 %	21.85	40 %	26.90
30 —	24.10	45 —	28. »
35 —	25.70	50 —	29.15

Cet appareil se fait lame droite
meilleur marché

Fig. 177   **Couteau** de cuisine, 1re qualité acier

Couteau d'office

Fig. 176

3 grandeurs . .   0.90   1.15   1.35

Couteau tranchelard acier

Fig. 177

Longrs totles	32	34	37	41	44	47 %
PRIX	2.80	3.40	4.20	5.35	6.75	7.85

Longueur totale.	27 ½m . .	2. »
—	31 — . .	2.80
—	36 — . .	3.40
—	39 — . .	4.20
—	41 — . .	5.35
—	43 — . .	5.90
—	45 — . .	6.75
—	46 — . .	8.40
—	48 — . .	9.25
—	51 — . .	12.05

Couteau à abattre, acier
et demi-abattre

Fig. 178

Longueur totale.	45 % . .	9.50
—	48 — . .	12.90
—	51 — . .	14. »

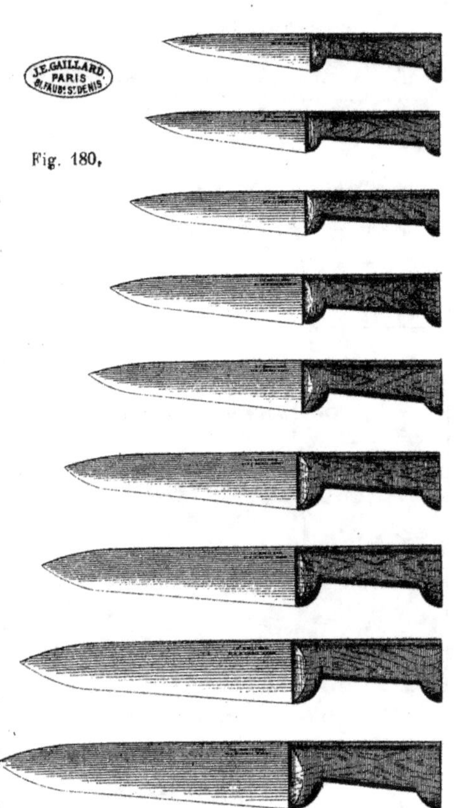

Fig. 180,

Couteau de boucher et à dépouiller

manche cochenille, 1re qualité

Longueur totale .	22%	1 . »
—	27%	1 35
—	30—	1.70
—	33—	2 . »
—	36—	2.55
—	39—	2.80
—	42—	3.40
—	45—	4.20
—	48—	4.50

Ces *Couteaux* se font avec manches

plus ordinaires

Fig. 181

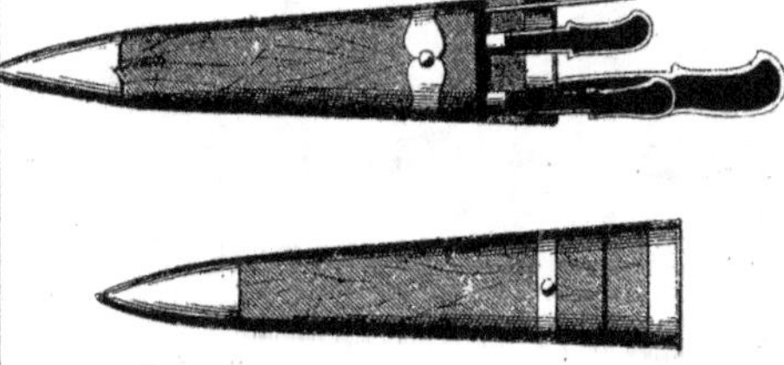

Gaine de cuisiniers

Avec garnitures	SANS COUTEAUX	COMPLÈTE
Cuivre poli	8.15	19. »
Cuivre nickelé . . .	9.50	20.75
Maillechort poli . .	10.40	22.15
Argentées unies . .	19.60	34.75
Argentées ciselées .	29.15	42.10

Fig. 182

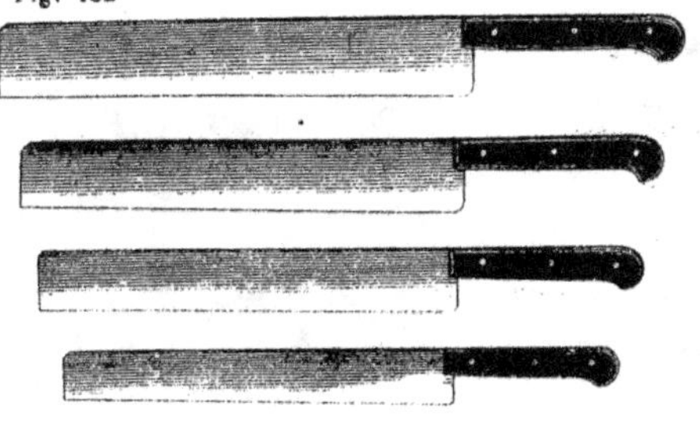

Couteau à fromage

Longueur totale .	37%	3.40
—	40—	4.20
—	43—	4.50
—	46— . .	5.35

Palette ou Spatule acier

Fig. 183

Longᵗˢ totales	Prix	Longᵗˢ totales	Prix
25 ½	1.70	38 ½	4.20
28 —	2.05	41 —	4.50
32 —	2.80	44 —	5.25
35 —	3.40	47 —	5.90

Couteau-Jambon, lame ronde

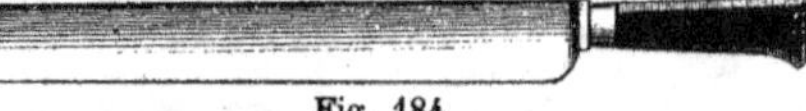

Fig. 184

Longueurs totales	45 ½	52 ½
Prix	10.65	13.45

Couteau-Jambon et à dépecer

lame pointue

Fig. 185

Longᵗˢ totales	Prix	Longᵗˢ totales	Prix
28 ½	4.20	38 ½	8.15
32 —	5.35	41 —	9.50
35 —	6.75		

Ouvre-boîte lancette, acier

Fig. 186

Prix. . . 1.60

Couteau à huitre

Fig. 187

Prix. . 0.95 1.15 1.40

Ouvre-boîte, acier à scie

Fig. 188

Prix. . . 0.95

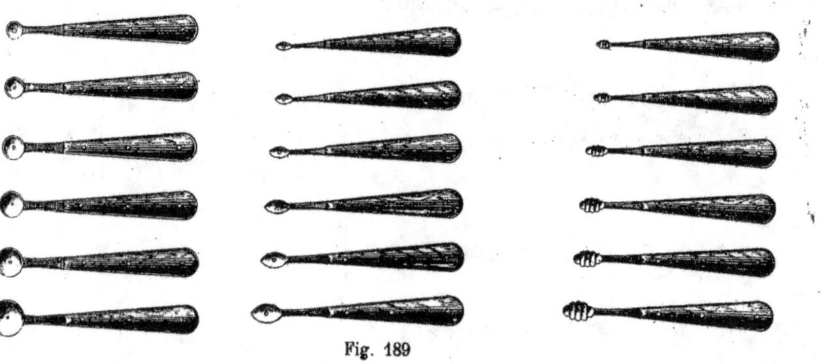

Fig. 189

Cuillères à légumes, acier à semelle, manche cochenille, nouveaux modèles

rondes unies, ovales unies et cannelées

Prix . . . . 1. »

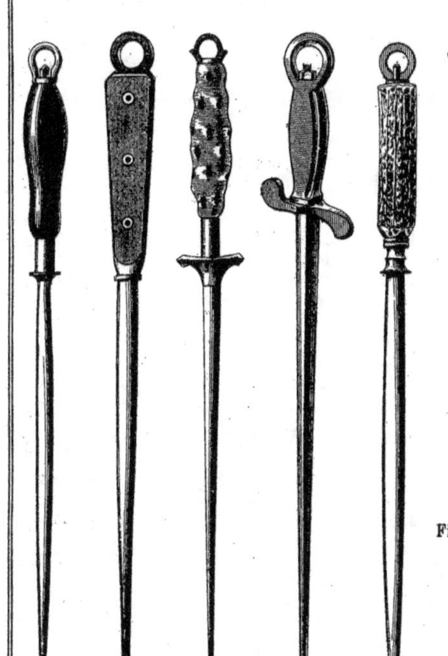

Fusils à aiguiser

1re Qualité

Nos 190 — Manche rond . . . . . Prix	7. »
191 — — plat à semelle . —	6.45
192 — — corne . . . . . —	9.80
193 — — avec garde. . . —	7.60
194 — — cerf. . . . . . —	12.90
195 — — de table, ébène. —	5. »

Fig. 195

Fig. 190   Fig. 191   Fig. 192   Fig. 193   Fig. 194

Chaînes de Fusils

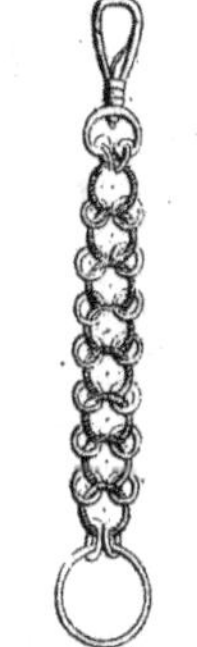

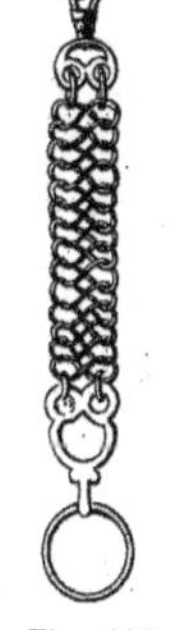

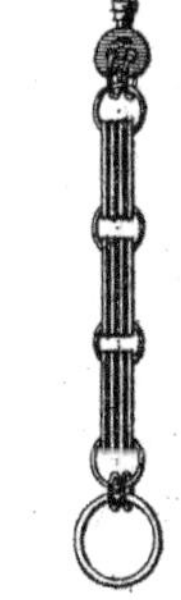

Fig. 196   Fig. 197   Fig. 198   Fig. 199   Fig. 200   Fig. 201   Fig. 202   Fig. 203

Nos 196 — Gourmette. . . . . Prix 2.80			Nos 200 — Acier nickelé . . . . Prix 2.25
197 — Acier nickelé . . . . — 2.25			201 — — . . . . — 2.25
198 — En cuir. . . . . — 1.90			202 — — . . . . — 2.25
199 — Gourmette. . . . . — 2.80			203 — — . . . . — 2.25

Etui avec **Lardoires** et **Aiguilles**

Complet

PRIX . . . 4.20

Fig. 204

Lardoires, acier, à manche bois

Fig. 205

Longueur des lames.	19	22	24	27	30	33	35	38	40	43	45 %
PRIX	1.35	1.35	1.45	1.60	1.70	1.80	1.90	2.05	2.15	2.35	2.55

Aiguilles à brider, acier

Fig. 206

Longueurs	12	14	16	19	22	24	27	30	33 %
PRIX . .	0.15	0.15	0.15	0.15	0.20	0.20	0.25	0.30	0.40

Brochette à rognons à anneau

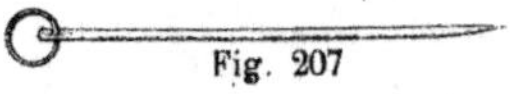

Fig. 207

Longueurs. . . .	14	16	19	22	24	27	30	33	35	38	40 %
Acier poli . . . PRIX.	0.15	0.20	0.20	0.25	0.30	0.30	0.35	0.40	0.45	0.60	0.75
Métal argenté . . —	0.40	0.45	0.50	0.60	0.65	0.70	0.75	0.80	0.90	1.15	1.40

Crochet de boucherie
avec manche

Fig. 208

NUMÉROS	PRIX	NUMÉROS	PRIX
1	2.80	3	3.95
2	3.15	4	5.10

Crochet de boucherie
double avec manche

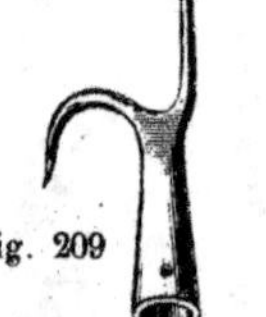

Fig. 209

NUMÉROS	PRIX	NUMÉROS	PRIX
1	3.10	3	4.50
2	3.65	4	5.90

Couvert de cuisine
fer étamé renforcé

Fig. 210

Le couvert. . . 0.35

Couteau à éplucher
mécanique

Fig. 211

PRIX 1.50

Couteau à éplucher
" ECONOME "

Fig. 212

PRIX 0 45

Ciseaux de cuisine, acier

Fig. 213

LONGUEURS	ACIER FIN	ACIER EXTRA-FIN
15 %	2.25	3.10
17 —	2.55	3.95
19 - -	3.10	4.80
20 —	4.20	5 90

Triangle bois vissé

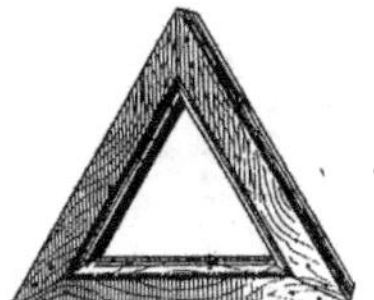

Fig. 214

LONGUEURS	PRIX
20 %	0 70
22—	0 95
24—	1 »

Allonges de Boucherie

Fig. 215

Fig. 216

Fig. 217

Fig. 218

	PRIX		
Nº 215 — A 3 trous. . . .	0.25	Nº 217 — A mouton à 2 trous	0.45
A 4 —	0.30	— à 3 —	0.40
Nº 216 — Double à 2 trous. .	0 35	Nº 218 — Forme S	
Double à 3 trous.	0.40	0.20 0.25 0.30 0.35	

Cassin renforcé à crochet

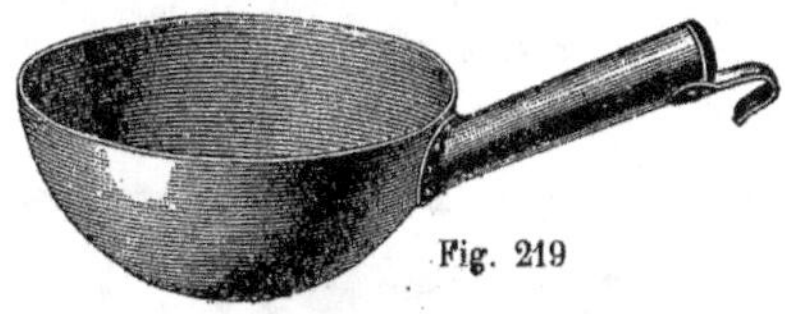

Fig. 219

LONGUEURS	PRIX	LONGUEURS	PRIX
20 %	5.35	24 %	6.75
22—	5.90	26—	7.60

Cassin renforcé, douille forgée

Fig. 220

LONGUEURS	PRIX	LONGUEURS	PRIX
20 %	7.60	24 %	9.50
22—	8.40	26—	10.40

Panier à os extra-fort, grillagé

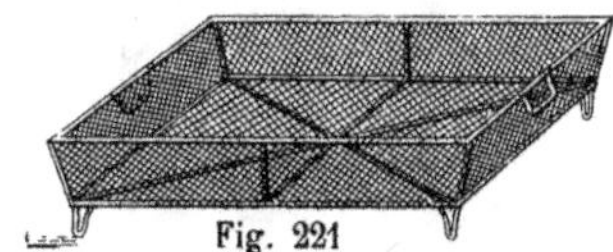

Fig. 221

LONGUEURS	PRIX	LONGUEURS	PRIX
40 %	7.60	55 %	10.10
45—	8.40	60—	11.10
50—	9.25		

Hachette à marteau, pour le charbon, acier

Fig. 222

NUMÉROS	PRIX	NUMÉROS	PRIX
1	1. »	4	2. »
2	1.40	5	2.55
3	1.70	6	3.95

Champignon, d'une seule pièce

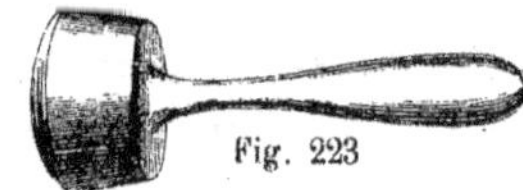

Fig. 223

NUMÉROS	HÊTRE	BUIS
1	0.70	1 35
2	0.90	1.80

Fouet de cuisine, manche fer renforcé

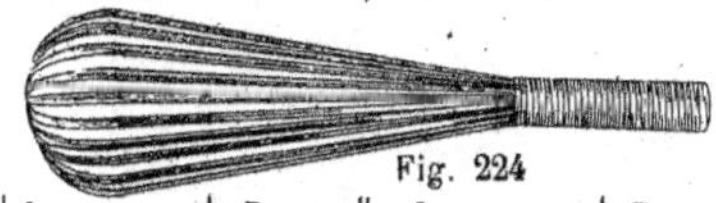

Fig. 224

LONGUEURS	PRIX	LONGUEURS	PRIX
22 %	0.50	35 %	0.90
25—	0.50	38—	1. »
27—	0.60	40—	1.35
30—	0.75	45—	1.90
33—	0.85		

Fouet à sauce

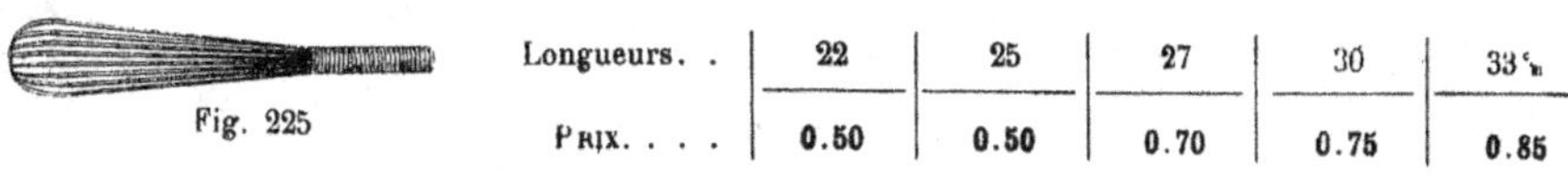

Fig. 225

Longueurs. .	22	25	27	30	33 %
PRIX. . . .	0.50	0.50	0.70	0.75	0.85

Table de Cuisine forte, boulonnée pieds carrés à T
plancher dans le bas
avec tiroir à coquilles en 8⅝ d'épaisseur
(Se fait aussi en 7, 6, 5¾ épaisseur)

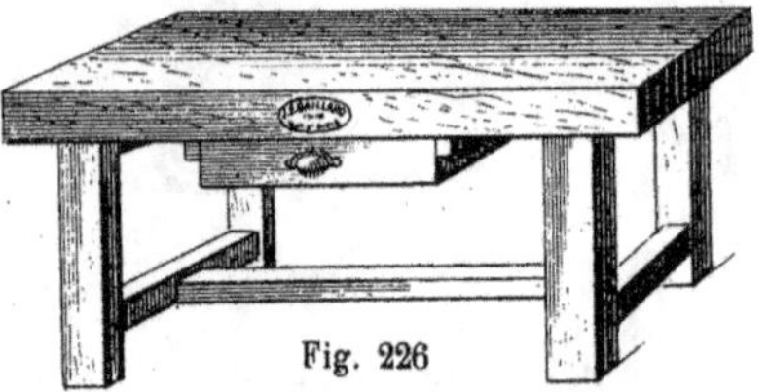

Fig. 226

Longueurs	Prix	Longueurs	Prix
150‰	65. »	180‰	103.05
160—	80.65	190—	107.55
170—	89.60	200—	117.60

Ces Tables se font sur toutes dimensions
et dispositions en demande

Billot à découper, rond en bois debout
cerclé fer

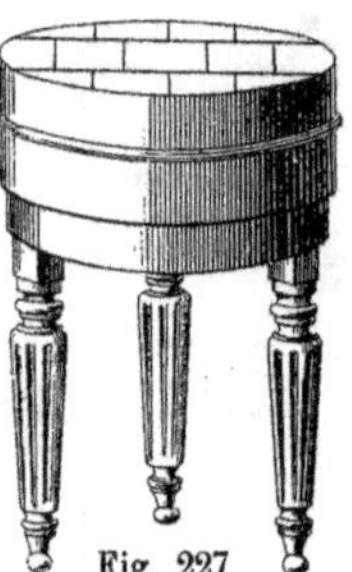

Fig. 227

Diamètres	Prix	Diamètres	Prix
40‰	79.55	60‰	95.20
50—	87.40		

Billot à découper, rond d'un bloc

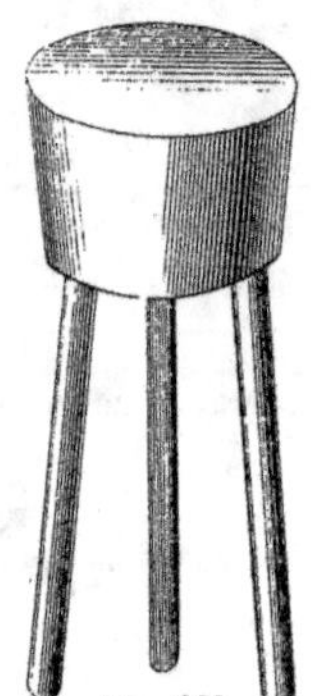
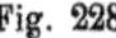

Fig. 228

Diamètres	Prix	Diamètres	Prix
36‰	12.35	45‰	16.25
40—	14. »	50—	18.20

Petit Etal carré, en bois debout, pieds carrés

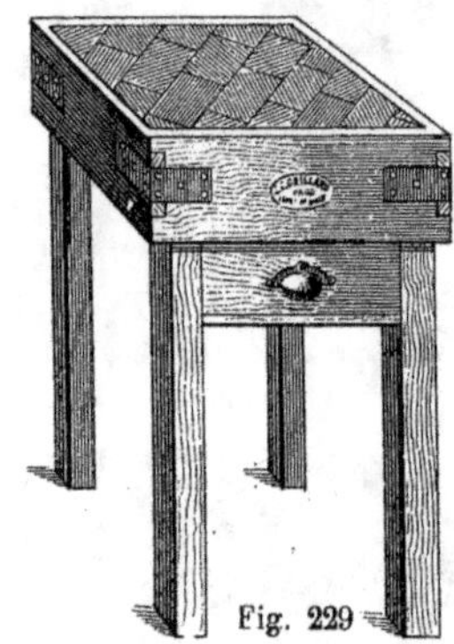

Fig. 229

Dimensions	Prix	Dimensions	Prix
40×40	40.05	55×55	58.25
45×45	43.15	60×60	65.55
50×50	51. »		

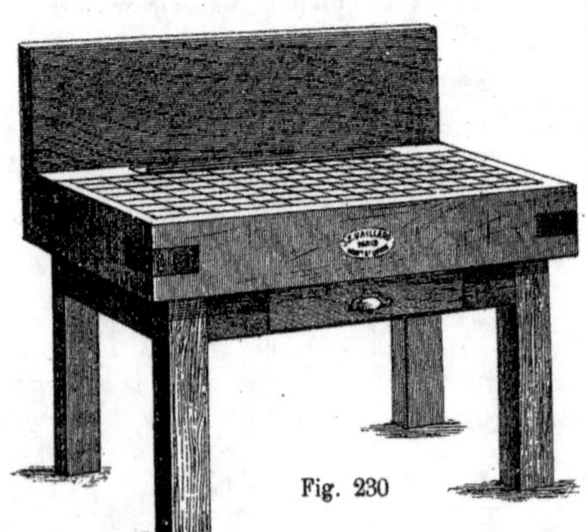

Fig. 230

Etal de Boucherie et Garde-Manger

En bois debout avec dossier, alaise pour couteaux
pieds carrés, tiroir à suif

Longueurs	Prix	Longueurs	Prix
70‰	91.85	140‰	151.20
80—	99.70	150—	162.40
90—	107.55	160—	170.25
100—	117.60	170—	179.20
110—	128.80	180—	184.80
120—	135.55	190—	197.15
130—	143.40	200—	206.10

Tabouret de cuisine
pieds carrés, en hêtre

Fig. 231

Hauteurs	Prix	Hauteurs	Prix
50 %	4.20	60 %	4.75
55 —	4.50	65 —	5.10

Egouttoir de cuisine
pour batterie

avec dossier et grille intérieure

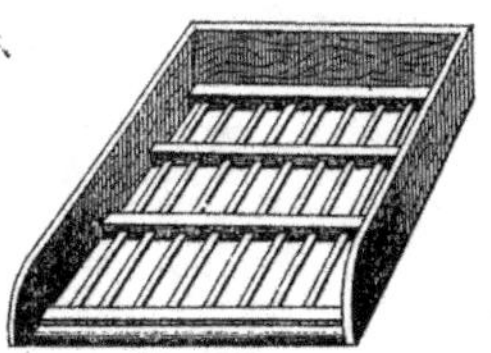

Fig. 232

Se font :

en hêtre garni zinc à l'intérieur

en tôle galvanisée

Egouttoir à vaisseile
adossé au mur

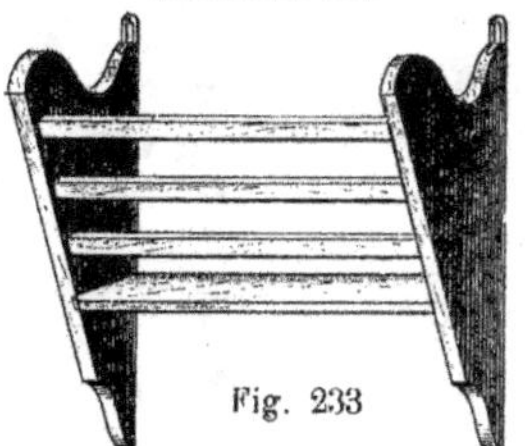

Fig. 233

Longrs	Prix	Longrs	Prix
45 %	2.80	70 %	4.20
50 —	3.10	75 —	4.50
55 —	3.40	80 —	4.85
60 —	3.65	85 —	5.10
65 —	3.95		

Planche à découper, vissée, hêtre

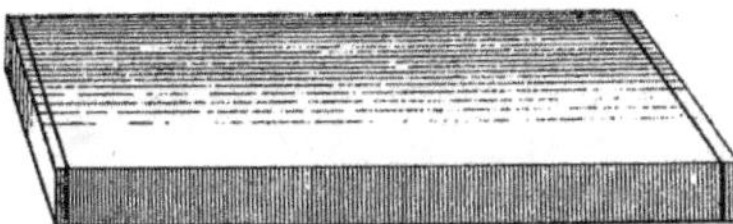

Fig. 234

Dimensions	Prix	Dimensions	Prix
50×35	8.15	65×50	14. »
55×40	9.80	70×55	16. »
60×45	11.80	75×60	18.20

Planche à découper, hêtre, ovale
avec rigole

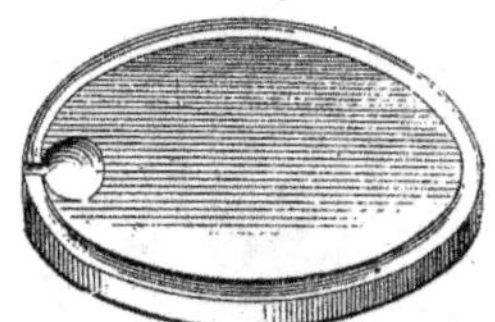

Fig. 235

Longueurs	Prix	Longueurs	Prix
40 %	7. »	55 %	9.25
45 —	7.75	60 —	10.95
50 —	8.70		

Boîte à pain, avec ou sans couvercle

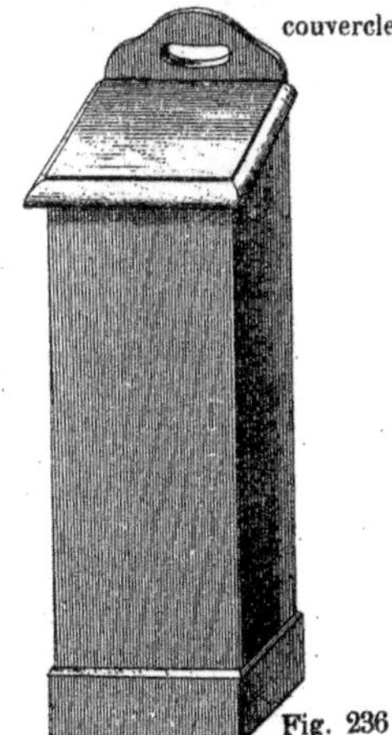

Fig. 236

Hauteur 1 mètre

Sapin	Prix	5.10
Hêtre	—	7.60
Chêne ciré	—	16.25

Tabouret à gelée

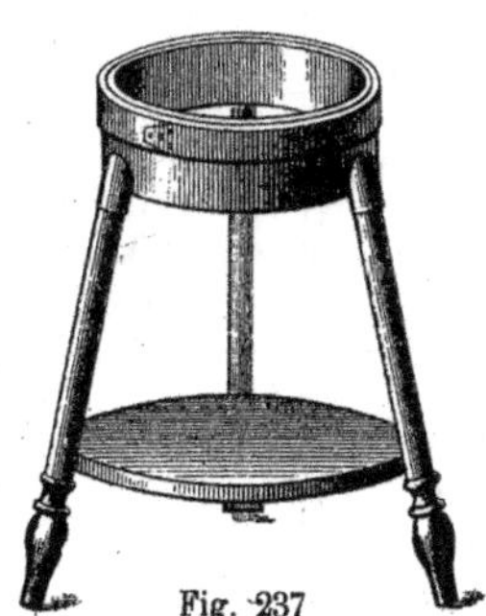

Fig. 237

Hauteur 35 %

Prix 11.80

Poche molleton

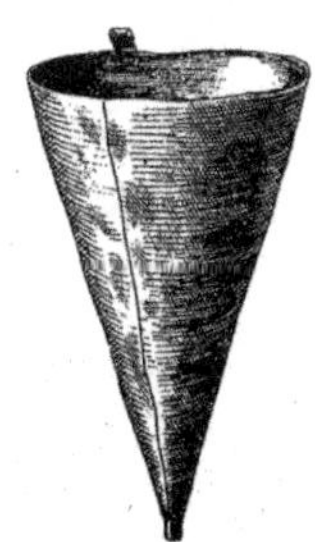

Fig. 238

Numéros	Prix	Numéros	Prix
1	3.10	4	7.30
2	4.20	5	8.40
3	5.35	6	9.80

Diable extra-fort, roues fonte

Fig. 239

Longueurs . . .	110	120	130%
Prix	24.65	30.25	34.75

Roues caoutchoutées : **15.70** la pièce

Chariot fer, avec ferrures forgées

coffre bois

pour le trausport dans les couloirs

Fig. 240

Prix . . . . **84. »**

Roues caoutchoutées : **28. »** la pièce

Évier en grès émaillé

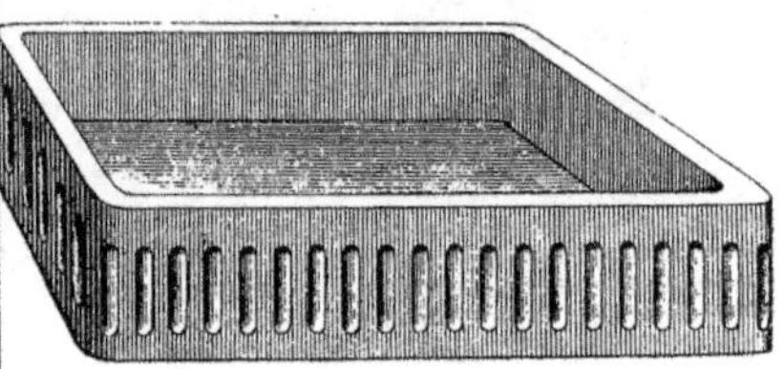

Fig. 241

Se fait à la mesure des emplacements

Évier, fonte émaillée, rectangulaire

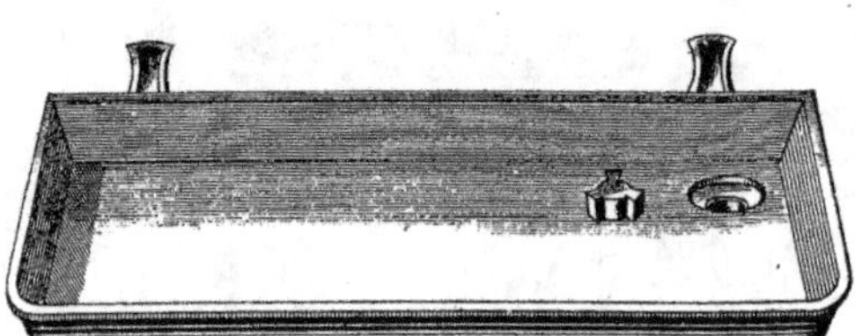

Fig. 242

Dimensions	Prix	Dimensions	Prix
45×35	7.60	75×48	16. »
50×38	8.70	80×48	17.10
55×42	10.95	85×48	19.60
60×44	11 80	90×50	21.85
65×46	14.30	100×52	25. »
70×46	15.15		

Évier, fonte émaillée, d'angle

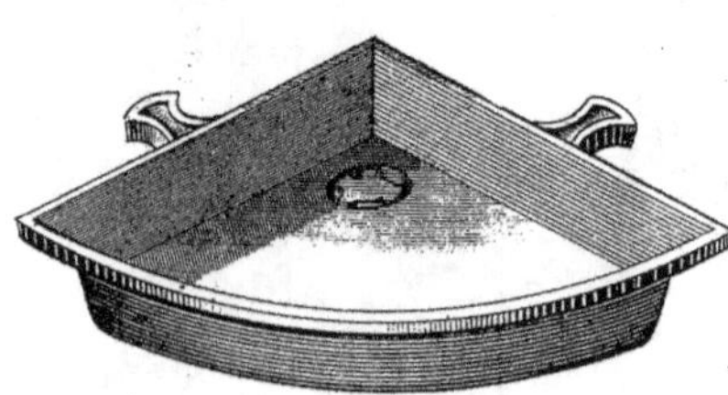

Fig. 243

Numéros . .	1	2	3
Prix . . .	10.40	12.60	14.85

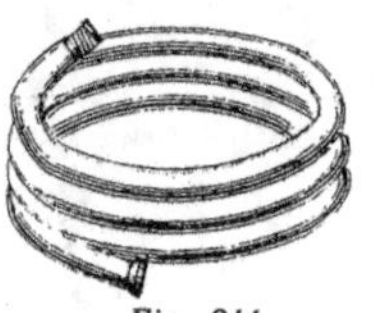

Fig. 244

Fig. 245

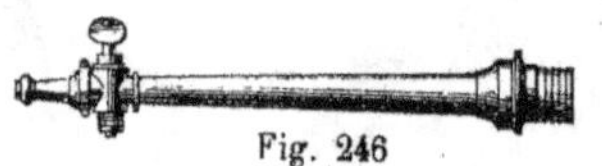

Fig. 246

N° 244 — **Tuyau d'arrosage**, caoutchouc toilé à plusieurs toiles 1re qualité. Prix suivant les grosseurs.

N° 245 — **Raccords** de tous modèles.

N° 246 — **Lance d'arrosage**, cuivre, à robinet.

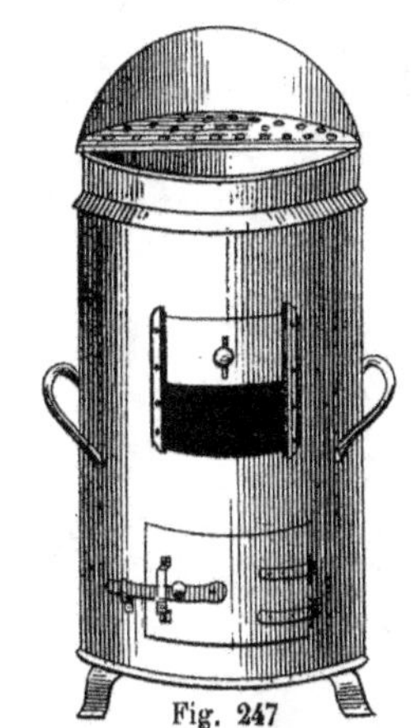

Fig. 247

Fourneau à friture, avec bassine à friture

et égouttoir complet

Diamètres. . . .	32	36	40	45%
Prix.	37.55	40.35	44.25	49.85

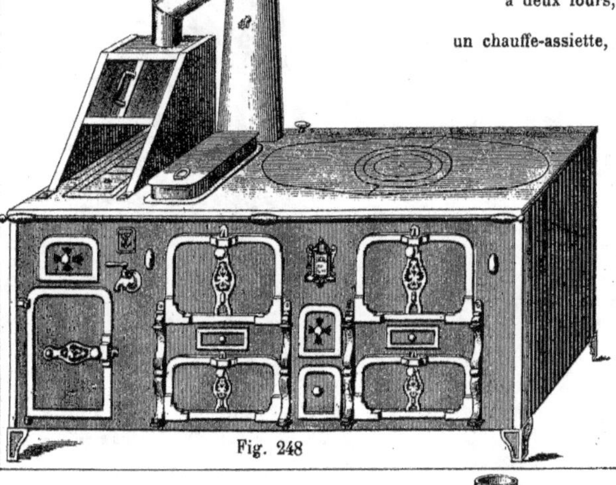

Fig. 248

Fourneau de cuisine, modèle extra-fort

à deux fours, deux étuves,

un chauffe-assiette, grillade, bain-marie

Longueurs	Prix
150%	248.65
160—	268.80
170—	296.80
180—	322.60
190—	336. »
200—	358.40
220—	431.20
250—	504. »

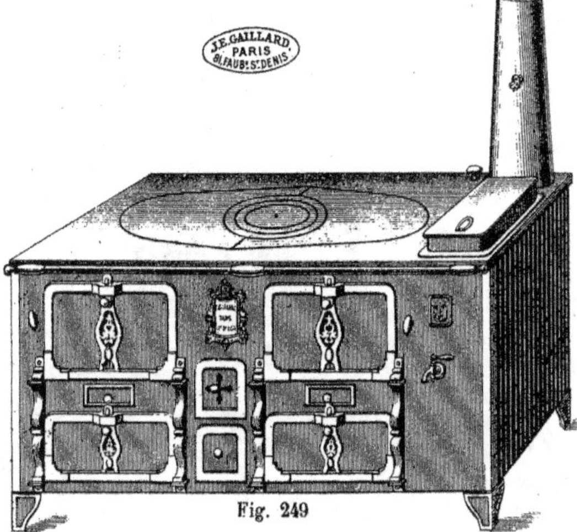

Fig. 249

Fourneau de cuisine, à deux fours

deux étuves, bain-marie

Modèle extra-fort

Longueurs	Prix	Longueurs	Prix
110%	182.60	150%	259.85
120—	201.60	160—	283.30
130—	221.80	180—	330.40
140—	240.80	200—	397.60

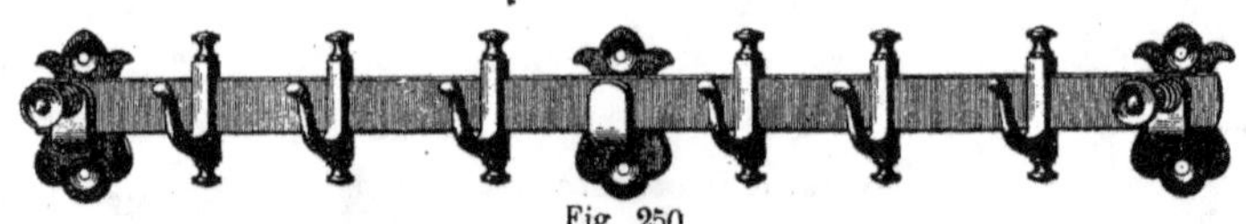

Nᵒ 250

Barre à casseroles

Cuivre jaune poli

Le mètre . . . **3.30**

Fig. 250

Nᵒ 251 — **Crochet**. . . . . PRIX   0.65

Nᵒ 252 — **Supports** de millieu . . . . .   —   1.25

Nᵒ 253 — **Supports** d'extrémité . . . .   —   1.40

Ces barres se font en cuivre nickelé

Fig. 251   Fig. 252   Fig. 253

Moulin à râper le fromage
"LE ROBUSTE"

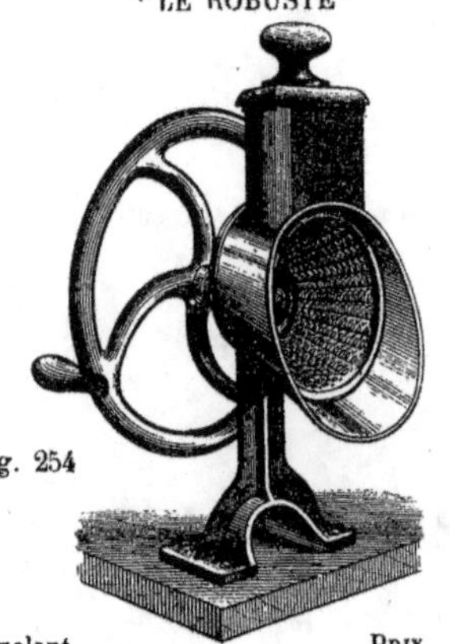

Fig. 254

A volant . . . . PRIX   **15.15**

A manivelle . . . .   —   **13.75**

Moulin à râper le fromage, renforcé

Fig. 255

NUMÉROS	PRIX	NUMÉROS	PRIX
0	3.65	3	9.80
1	4.95	4	17.10
2	6.20		

Machine à peler les pommes
Modèle spécial à pieds hauts

Fig. 256

Contenance	5	8	30 litres
PRIX . .	178.10	224. »	252. »

Machine à peler les pommes
à volant

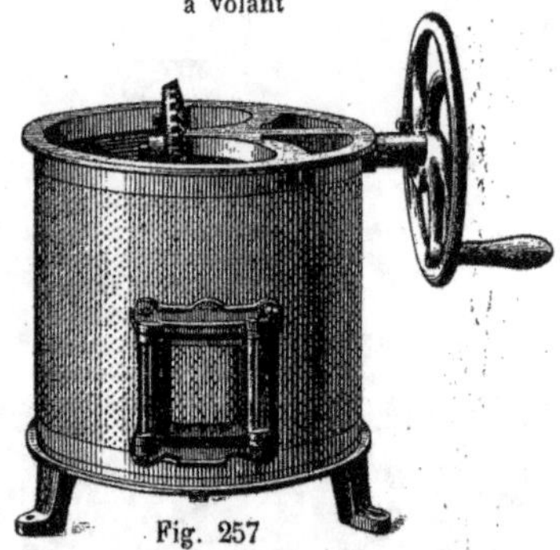

Fig. 257

DIAMÈTRES	PRIX SANS PORTE	PRIX AVEC PORTE
20 ½	27.45	33.05
30 —	46.20	51.25
40 —	54.25	63. »

Presse à graisse
viande, fruits
entreprise étamée

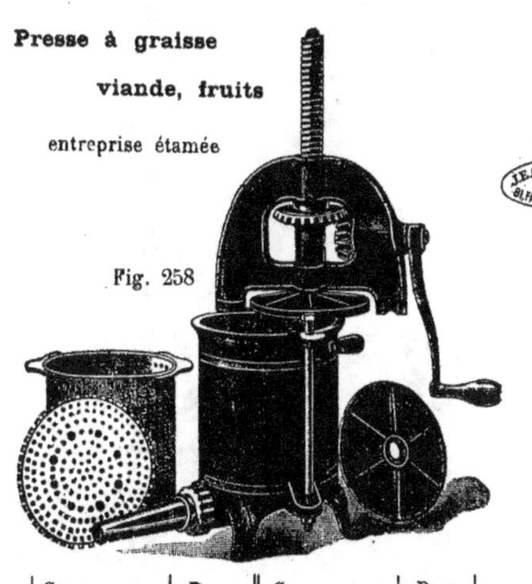

Fig. 258

Contenance	Prix	Contenance	Prix
2 litr. ½	37. »	6 litr. ½	60.55
4 — ½	58. »	9 —	78.15

Presse à graisse renforcée, article spécial

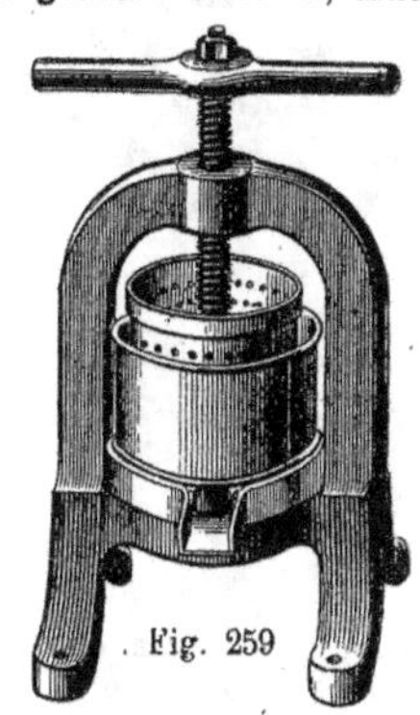

Fig. 259

Contenance	Prix	Contenance	Prix
½ litre	15.70	3 litres	50.40
1 —	23.55	5 —	84. »
2 —	35.85	8 —	123.20

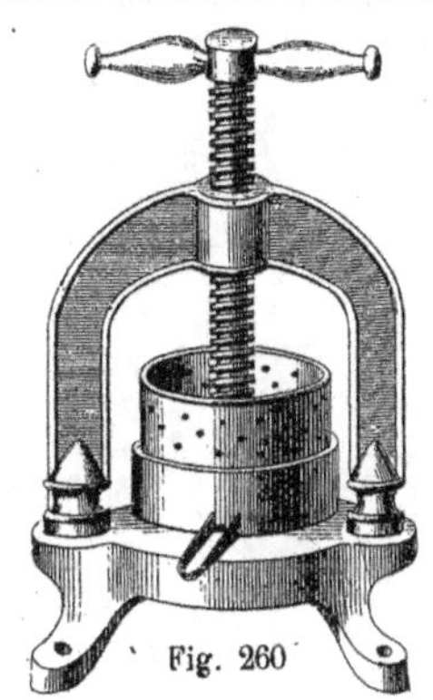

Fig. 260

Presse à jus ordinaire, à volant ou à poignée

Contenance	Cuvette étamée	Cuvette émaillée	Contenance	Cuvette étamée	Cuvette émaillée
½ litre	5.60	6.30	1 litre	7.95	9.65
¾ —	6.30	7.80	2 —	10.95	13. »

Presse à jus renforcée, à volant ou à poignée

Contenance	Cuvette étamée	Cuvette émaillée	Contenance	Cuvette étamée	Cuvette émaillée
½ litre	7.15	8.10	4 litres	23.55	31.50
¾ —	7.75	9.25	5 —	49.15	
1 —	9.65	10.95	10 —	78.15	
2 —	12.60	14.45	15 —	110.35	
3 —	19.75	23.15			

Presse à volaille nickelée
avec enveloppe et volant

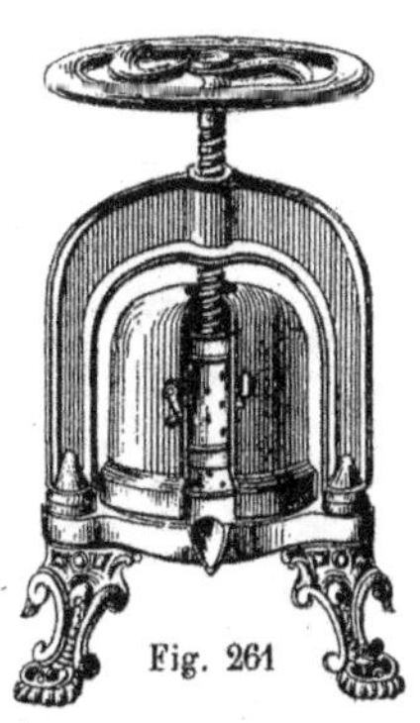

Fig. 261

Prix. . . . 94.65

Machine à tailler
le pain, avec lames acier
circulaires

Modèle pour visser
sur table. Prix 140. »

Grand modèle
à pieds

Nº 1 Prix 204.60

Nº 2 — 291.20

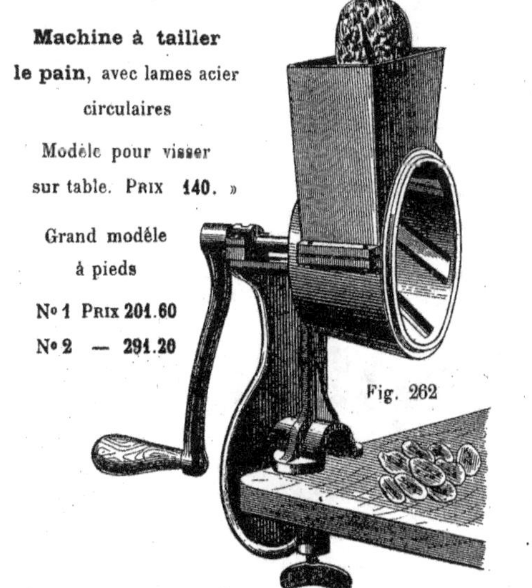

Fig. 262

Machine à couper
les pommes frites

en carré, nouveau modèle,
à levier acier

Fig. 263

Prix, la pièce. . . . . . 42. »

Machine à couper les pommes et légumes

lames acier, obus

Fig. 264

PRIX. 89.60

Plateaux supplémentaires pour couper
pommes, julienne, oignon, fromage
La pièce. . . . .   **28. »**

Machine à peler les légumes et fruits
et à couper en tranches

Fig. 265

PRIX. **72.80**

Fig. 266

Machine à passer les potages à l'étamine

avec foiloir et accessoires

Numéros	1	2
PRIX	**54.90**	**72.80**

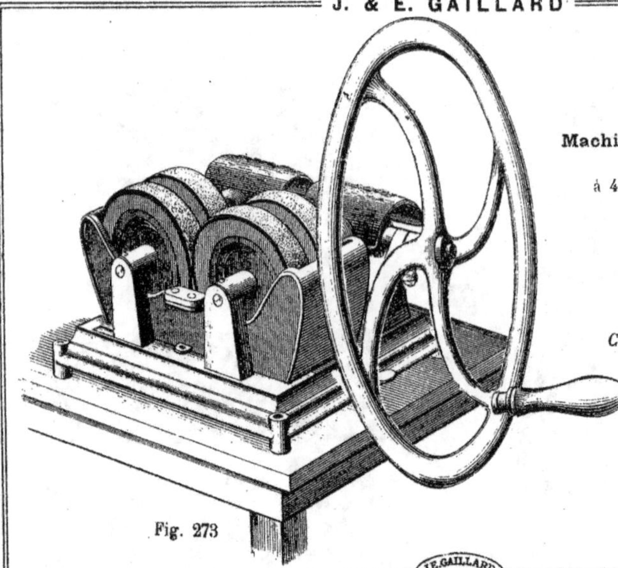

Fig. 273

Machine à nettoyer les couteaux

à 4 roues, coussinets démontables

et volant

Prix 95.20

Cette machine se fait sur pied

Fig. 274

Machine à nettoyer les couteaux

à manivelle

	A 2 ROUES	A 2 ROUES	A 4 ROUES
	105 ᵐ/ₘ	125 ᵐ/ₘ	
Prix.	44. »	55.45	72.80

Machine à nettoyer les couteaux
" LA PRATIQUE "

Fig. 275

Prix 26.90

Poudre à polir les couteaux
par boites

Fig. 276

	150 gr.	500 gr.	1 kilo
Prix.	0.50	0.90	1.45

Machine à hacher
avec lames circulaires et volant

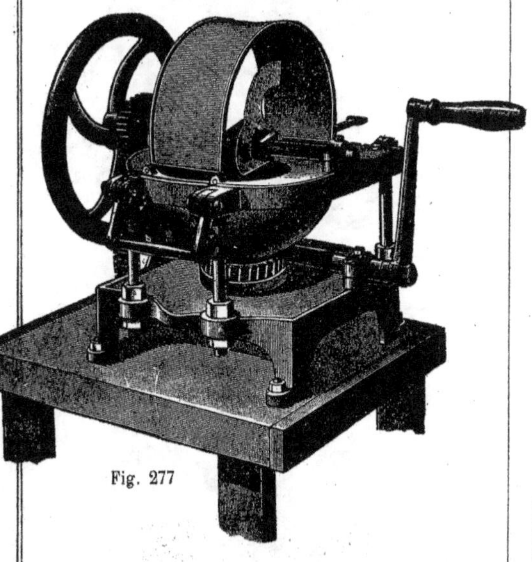

Fig. 277

Pour hacher	3	7	10	14	16 kil.
Prix . . .	140. »	263.20	358.40	386.40	425.60

Cette machine se fait également marchant
au moteur

Machine à hacher
à manivelle ou volant

Fig. 278

Numéros	Quantité de viande hachée par minute	Prix
1	1k360	12.15
2	1k800	18.85
3	2k270	26.90
4	2k700	76.45

Machine à hacher
Universelle Nouvelle

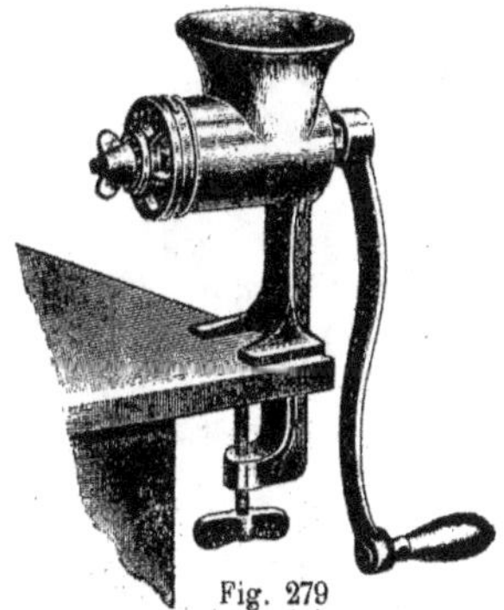

Fig. 279

Numéros	Quantité de viande hachée par minute	Prix
0	0k750	5.35
1	1k000	6.30
2	1k250	7.20
3	1k500	11.80

Machine à hacher, *Alexandre*, émaillée
à manivelle et à volant

Fig. 280

Modèle **A A** à manivelle. . . . . Prix **25.80**
— **A B** à volant . . . . — **69.45**
— **A B N** à volant . . . . — **78.40**

Cette machine se fait également marchant au moteur

Bascule romaine, bois et fer, renforcée

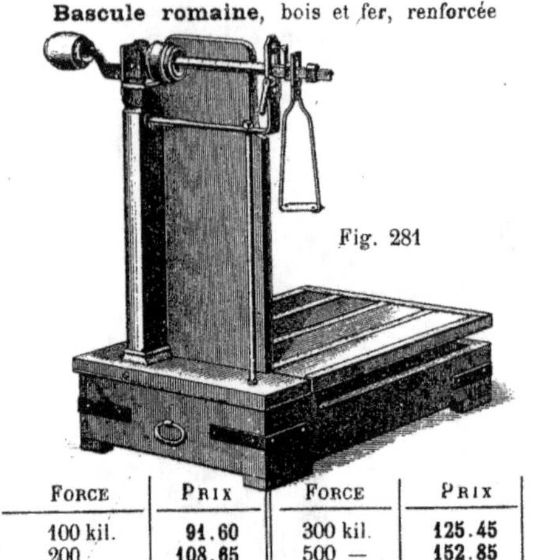
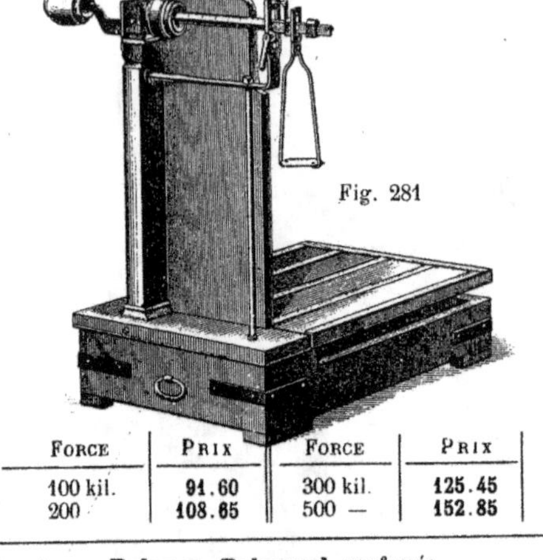

Fig. 281

FORCE	PRIX	FORCE	PRIX
100 kil.	91.60	300 kil.	125.45
200	108.65	500 —	152.85

Balance Roberval renforcée

Fig. 283

FORCE	PRIX	FORCE	PRIX
½ kil.	7.60	15 kil.	20.20
1 —	8.40	20 —	23.55
2 —	10.10	25 —	26.90
5 —	13.45	30 —	31.95
10 —	16. »		

Balance Roberval ordinaire

FORCE	5	10	15 kil.
PRIX..	9 25	10.95	12.60

Poids à peser en fonte

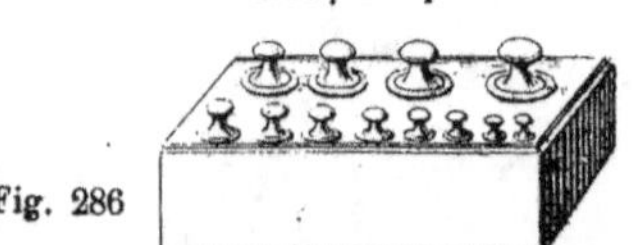

Fig. 285

POIDS	PRIX	POIDS	PRIX	POIDS	PRIX
50 gr.	0.20	½ kil.	0.45	5 kil.	2.55
100 —	0.25	1 —	0.60	10 —	4.05
200 —	0.35	2 —	1. »		

Poids à peser en cuivre, en série
avec porte-poids

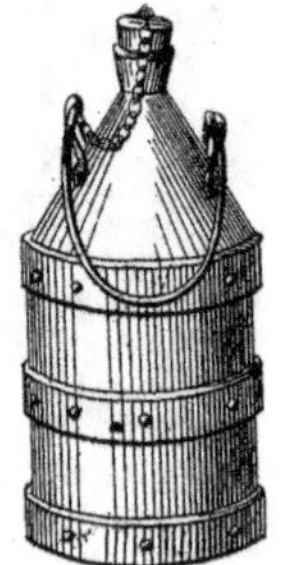

Fig. 286

POIDS	PRIX	POIDS	PRIX	POIDS	PRIX
½ kil.	3.40	2 kil.	8.40	4 kil.	14.85
1 —	5.05	3 —	11.85	5 —	18.50

Bascule romaine pour comptoir, chêne

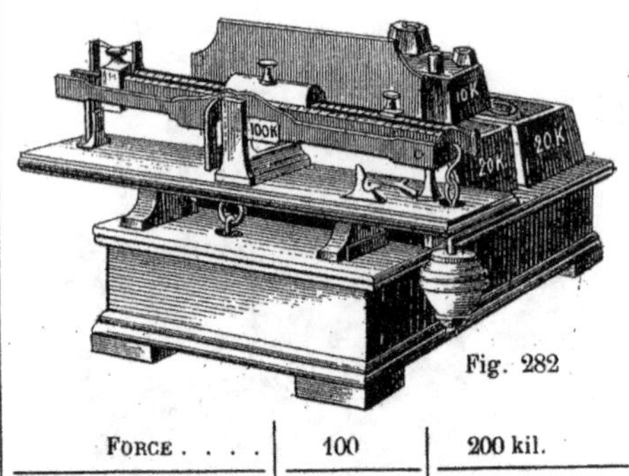

Fig. 282

FORCE	100	200 kil.
PRIX	84. »	106.40

Balance, dessus marbre, plateaux cuivre

Fig. 284

FORCE	PRIX	FORCE	PRIX
2" kil.	27.45	20 kil.	52.10
5 —	33.60	25 —	58.80
10 —	38.10	30 —	66.10
15 —	46.50		

Bidon à huile, cerclé partout

Fig. 287

CONTENANCE	PRIX	CONTENANCE	PRIX
2 litres	2.55	12 litres	5.05
5 —	2.95	15 —	5.50
6 —	3.25	20 —	8.15
8 —	3.80	25 —	9.25
10 —	4.20		

ARTICLES

pour OFFICES

et

ARTICLES DIVERS

d'HOTELS

Plateaux de service, chêne

Fig. 288

Dimensions	Prix	Dimensions	Prix
27×18	3.20	48×32	6.50
32×21	3.60	55×37	7.70
36×24	4.15	60×42	8.55
42×28	5.25	65×46	10.90

Plateaux, avec poignées, façon bambou
montures nickelées

Fig. 289

Dimensions	Prix	Dimensions	Prix
38×24	6.05	54×38	9.90
46×30	7.60	60×40	11.55

Plateaux rectangulaires, tôle vernie
étoilés ou filets or

Fig. 290

Longueurs	Prix	Longueurs	Prix
25 ‰	1.25	48 ‰	3.70
30—	1.45	52—	4.40
35—	2. »	60—	6.20
40—	2.65	67—	7.60
45—	3.30	73—	8.55

Ces Plateaux se font dans tous les décors

Plateaux de service, en papier maché
rectangulaires

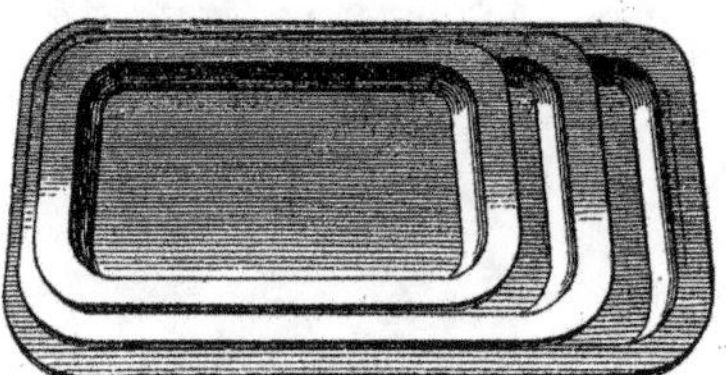

Fig. 291

Longueurs	Prix	Longueurs	Prix
55 ‰	5.80	70 ‰	10.75
65—	9.10	75—	12.65

Plateaux de service, ronds, en tôle vernie
étoilés ou filets or

Fig. 292

Diamètres	Prix	Diamètres	Prix
25 ‰	1.50	35 ‰	2.20
30—	1.80	40—	3.20

Plateaux de service, rectangulaires
en cuir bouilli noir.

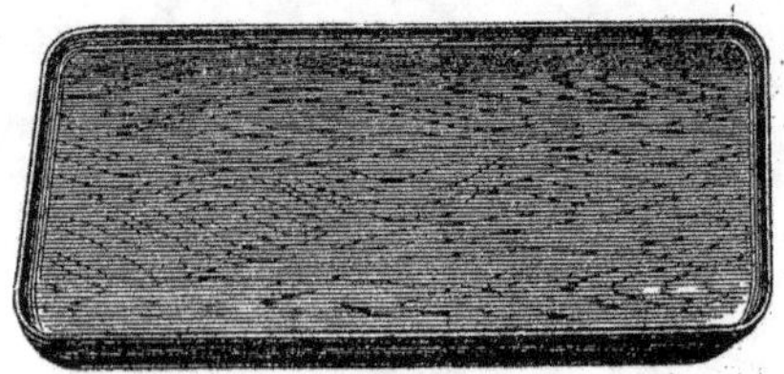

Fig. 293

Longueurs	Prix	Longueurs	Prix
20 ‰	0.55	45 ‰	2.55
25—	0.80	50—	3.20
30—	1.25	60—	5.25
35—	1.65	70—	8. »
40—	2.10		

Broc. anglais

Fig. 294

Contenance	Zinc nick.	Cuivre poli	Cuiv. nick.
2 lit. ½	9.10	13.60	15.40
4 — ½	10.30	15.10	18.15
6 —	10.95	18.15	19.80
8 —	12.80	19.80	21 30

Broc. cuivre conique

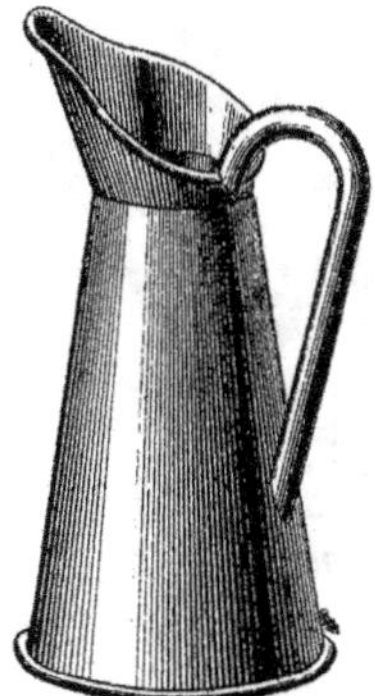

Fig. 295

Contenance	Cuivre poli	Cuivre nickelé
2 litres	9.10	10.10
3 —	10.35	12.40
4 —	11.85	14.05
5 —	13.10	16.10
6 —	16.10	18.15

Garniture Seau et Broc, émaillée, pour chambre ordinaire

Fig. 296

Bleu clair.. . . La garniture 5.95   Blanc filets bleus La garniture 6.90
Marbré . . . . — 6.50

Garniture Seau et Broc, émaillée, supérieur   296

Bleu clair.. . . La garniture 7.15   Marbré vienne. La garniture 9.40
Blanc bord bleu — 8.20   Blanc filets bleus — 9.50

Garniture seau et broc, faïence

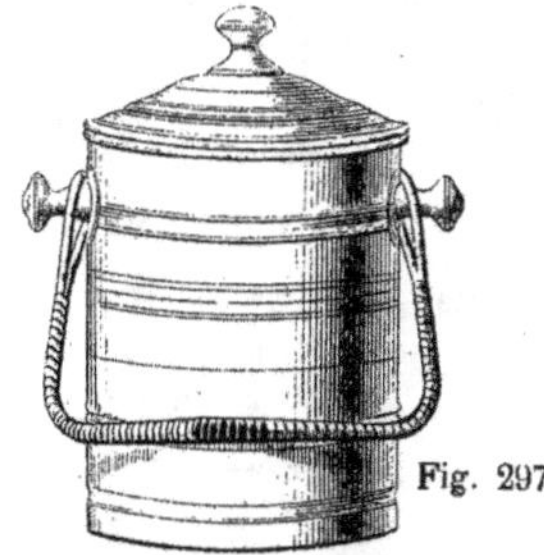

Fig. 297

Seau et Couvercle

Nos	1	2	3
Prix	4.90	5.95	7.45

Broc. Nos	1	2	3
Prix.	5.25	5.80	7.15

Garniture de toilette

cuvette et cruche, émaillée

Fig. 298

Marbré vienne . . La garniture 8. »

Blanc à filets bleus — 8.55

Garniture de toilette

émaillée, supérieur

Fig. 299

Marbré vienne . . La garniture 10.75

Blanc à filets bleus — 11.30

Décor riche. . . . — 12 80

Pot à lait émaillé

Fig. 300

Contenance	Marbré vienne	Blanc filets bleus
¾ lit.	2.35	2.45
1 —	2.50	2.65
1 — ½	2.90	3.05
2 —	3.20	3.45
2 — ½	3.45	3.65
3 —	4. »	4.15

Bain de siège, zinc fort, fauteuil

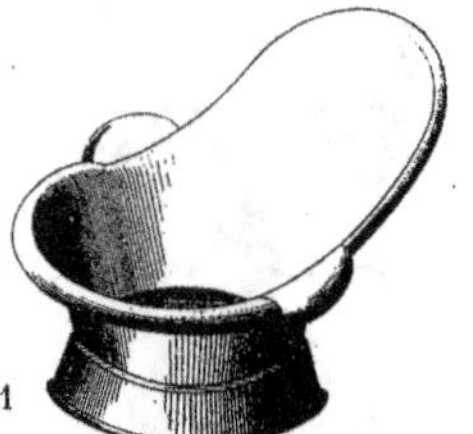

Fig. 301

NUMÉROS	PRIX	NUMÉROS	PRIX
1	13.75	3	17.05
2	14.85	4	20.65

Bassin anglais pour douche, poli

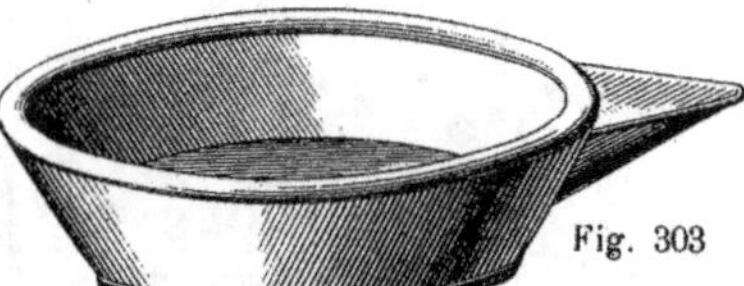

Fig. 303

DIAMÈTRES	PRIX	DIAMÈTRES	PRIX
60 %	8.25	90 %	14.30
70—	9.90	100—	17.35
80—	11.95	110—	19.80

Bidet à gorge, cuvette porcelaine
avec pied fer caoutchouté

Fig. 304

Numéros	1	2	3
PRIX..	14.60	17.35	19.40

Ces bidets { Avec cuvette cuivre nickelé
se font { — nickel pur.

Baignoire zinc, à 2 têtes droites, forte

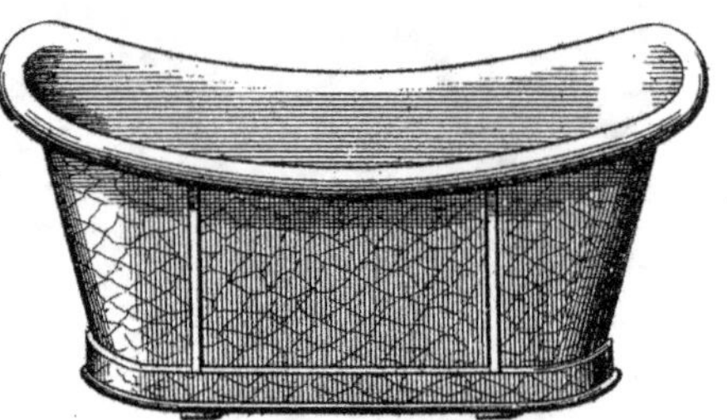

Fig. 302

	PEINTE	NON PEINTE
Longueur 1m60.	90.20	82.50

Baignoire, à 1 tête, dossier renversé

	PEINTE	NON PEINTE
Longueur 1m60.	105.60	93.50

Baignoire, à 2 têtes, forme bateau

	PEINTE	NON PEINTE
Longueur 1m60.	115.50	105.60
— 1m68.	143. »	121. »

Baignoire cuivre

Sur demande   grès et stuck

—   fonte émaillée

Baquet ovale, tôle galvanisée, extra-fort

Fig. 305

LONGUEURS	PRIX	LONGUEURS	PRIX	LONGUEURS	PRIX
35 %	3.70	45 %	5.35	55 %	8. »
40—	4.15	50—	7.45	60—	9.65

Baquet ovale, émaillé

LONGUEURS	MARBRÉ VIENNÉ	BLANC, FILETS BLEUS
28 %	4.30	4.55
30—	4.55	4.85
32—	5.25	5.40
34—	5.80	6.20
36—	5.95	6.50
38—	6.50	6.90
40—	6.90	7.30
44—	8.70	9.10

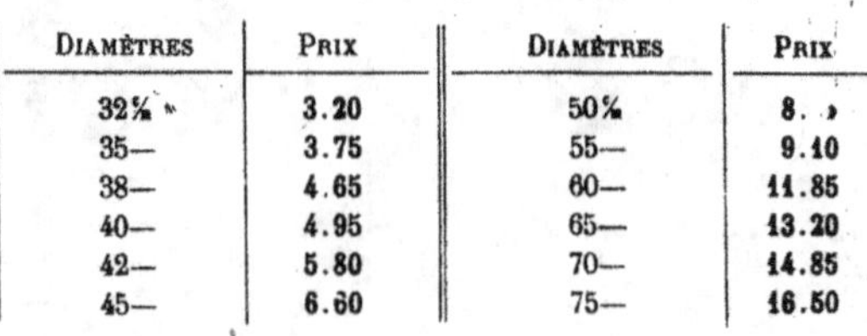

Fig. 306

Baquet rond, tôle galvanisée, extra-fort

DIAMÈTRES	PRIX	DIAMÈTRES	PRIX
32 %	3.20	50 %	8. »
35—	3.75	55—	9.10
38—	4.65	60—	11.85
40—	4.95	65—	13.20
42—	5.80	70—	14.85
45—	6.60	75—	16.50

Baquet rond, pour laver l'argenterie
fibre de bois

Fig. 307

Diamètres	Prix	Diamètres	Prix
25 ½	2.10	40 ½	6.05
30—	3.30	45—	6.60
35—	4.40	50—	9.65
37—	5.80		

Baquet ovale, fibre de bois

Longueurs	37	42	50 ½
Prix. . . .	4.15	6.05	9.10

Baquet pour laver, en cèdre, fort

Fig. 308

Diamètres	Prix	Diamètres	Prix
30 ½	3.25	45 ½	6.20
33—	3.70	50—	7.60
37—	4.35	55—	10.95
40—	4.95	60—	15.25

Boîte à papier
pour water-closet

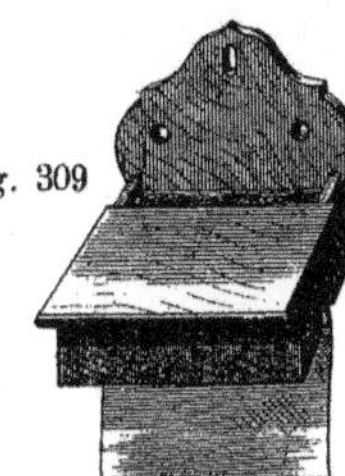

Fig. 309

Prix. **2.75**

Appareil pour water-closet
adossé au mur, vertical

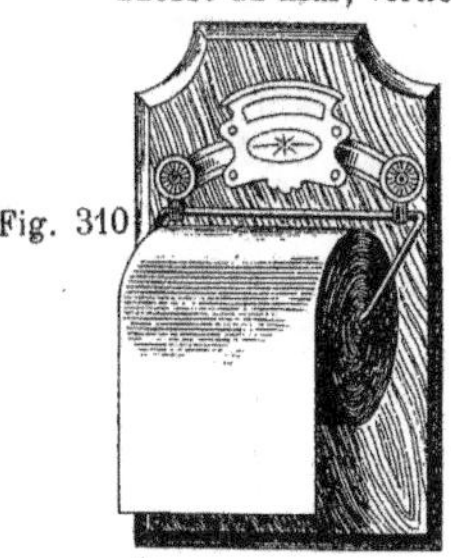

Fig. 310

Prix. . . . **2.20**

Porte-balai émaillé

Fig. 311

Blanc bord bleu . . . . . Prix	1.65
Marbré vienne. . . . . —	2. »
Blanc filets bleus. . . . —	2.05

Arrosoir, tôle galvanisée, extra-fort ovale

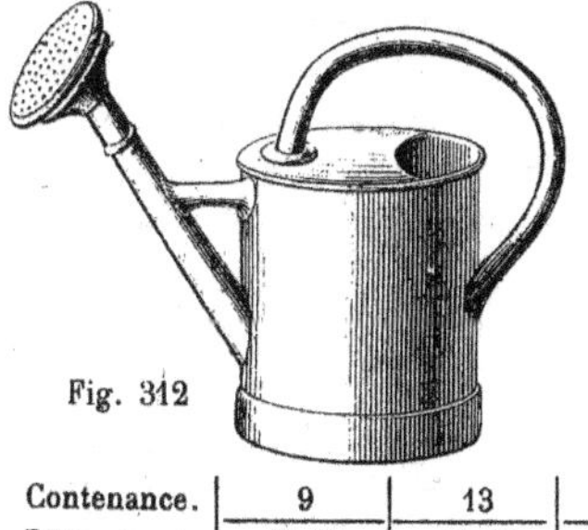

Fig. 312

Contenance.	9	13	18 litres
Prix. . . .	6.50	7.45	9.10

Tamis d'office, crin

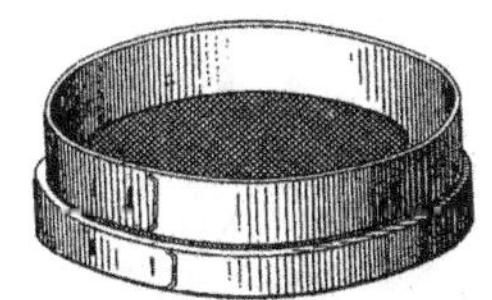

Fig. 313

Prix. **2.50**

Ramasse-couverts, en tôle étamé extra-fort

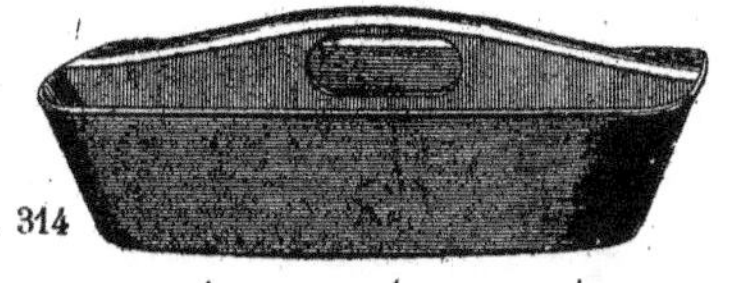

Fig. 314

Longueurs	38	42	45 ½
Prix. . .	3.60	3.85	4.70

Ramasse-couverts, en rotin

Fig. 315

Numéros	1	2	3	4
Prix .	3.20	3.60	4.30	4.95

Ces paniers se font à plusieurs séparations

Calandreuse puissante, à volant, engrenages, roulettes

Fig. 316

Longueur des rouleaux 60%

PRIX. . . 88. »

Pelle à poussière d'appartement, étamée

Fig. 319

NUMÉROS	PRIX	NUMÉROS	PRIX
1	1.50	4	2.65
2	1.65	5	3.05
3	2. »		

Boîte à ordure d'appartement, galvanisée forte et extra-forte

Fig. 320

LONGUEURS	PRIX, FORTE	PRIX, EXTRA-FORTE
35%	2.75	3.25
40—	3.60	3.75
45—	4.70	4.65
50—	5.80	5.40
55—	—	6.35
60—	—	7.05

Chauffe-plat de table, à la braise ou à l'alcool cuivre nickelé, rond

Fig. 317

DIAMÈTRES	PRIX	DIAMÈTRES	PRIX
22%	14.05	25%	15.70
23—	15.15	27—	19. »

Boule pour serviette, montée sur pied fonte

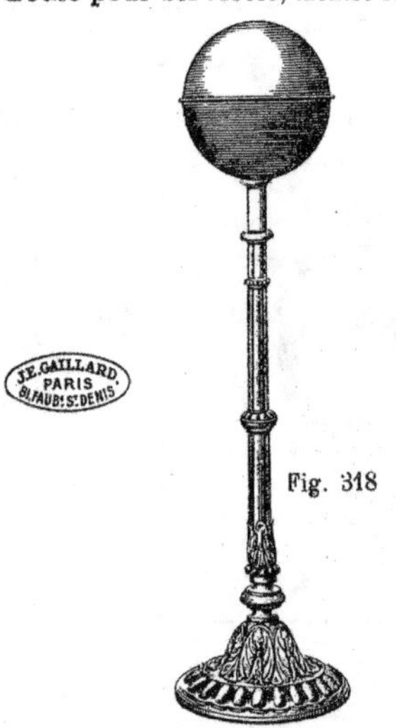

Fig. 318

	Diamètres	22%	25%
Boule seule, métal extra-blanc. PRIX		24.20	27.50
Pied de boule, colonne fer sans boule. PRIX		9.35	
— colonne fonte modèle riche		10.45	

Casier à monnaie, étamé, extra-fort

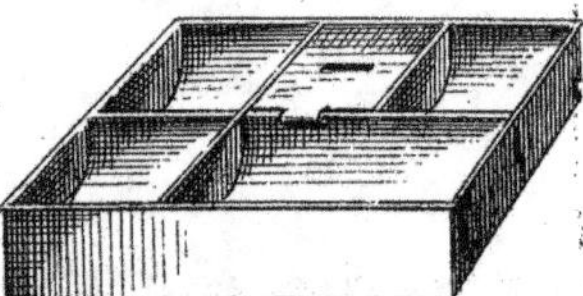

Fig. 321

DIMENSIONS	PRIX	DIMENSIONS	PRIX
20×14	2.50	30×20	3.30
24×16	2.75	34×22	3.85

Ces Casiers se font de toutes les mesures et avec sébilles cuivre

Boule à eau chaude, extra-forte

Fig. 322

Cuivre poli. . . . . Prix   7.45
— nickelé . . . .   —   9.10
— cannelé . . . .   —   9.65
Fer battu, calotte cuivre. . . .   —   3.75
—   . . . .   —   3. »

Chancelière, extra-forte à l'eau ou à briquettes

Fig. 323

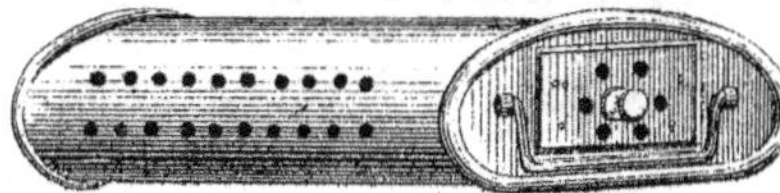

Fig. 324

Longueurs	à eau tôle étamée	cuivre poli	Tôle étamée bouts cuivre	A briquette tôle étamée
30%	6.20	29.15	10.20	9.10
40—	7.40	33.50	11.55	9.50
50—	8.65	37.15	12.65	9.80
60—	9.50	40.70	13.60	10.30
70—	—	—	14.85	11.30
80—	--	—	16.25	12. »

Ces Chancelières se font aussi garnies en moleskine

Buanderie, foyer à charbon et bois

Fig. 325

Contenance	Prix	Contenance	Prix
30 litres	30.80	85 litres	55. »
40 —	34.10	100 —	62.50
50 —	38.50	120 —	73.70
60 —	42.90	150 —	82.50
70 —	49.50		

Lessiveuse galvanisée, forte
Modèle "UNIVERSELLE"
avec et sans robinet

Fig. 326

Lessiveuse galvanisée, extra-forte, fond rétréci
permettant d'aller sur tous les fourneaux
avec robinet Fig. 326

Contenance	Prix	Contenance	Prix
45 litres	19.40	220 litres	49.50
75 —	23.65	345 —	73.15
105 —	26.95	420 —	91.15
135 —	32.20	560 —	137.50
170 —	36.30	840 —	187. »

Lessiveuse fond plat

Contenance	Prix	Contenance	Prix
16 litres	6.50	90 litres	15.70
26 —	8. »	130 —	21.45
38 —	9.35	160 —	25.30
52 —	11.30	200 —	32.45
68 —	13.50	230 —	38.50

Fig. 327

Fourneau pour lessiveuse, en fonte

brûlant du bois et du charbon

Numéros	0	1	2	3	4
Prix. .	10.20	10.75	12.65	14.85	19.70

Grille gratte-pied, fer galvanisé, sur champ

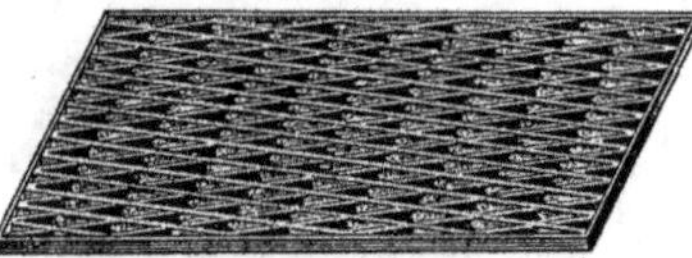

Fig. 328

Dimensions	Prix	Dimensions	Prix
50×28	2.50	80×40	4.40
60×32	3.05	90×44	5.95
70×36	3.75	100×48	8. »

Grille gratte-pied, galvanisée oudulée

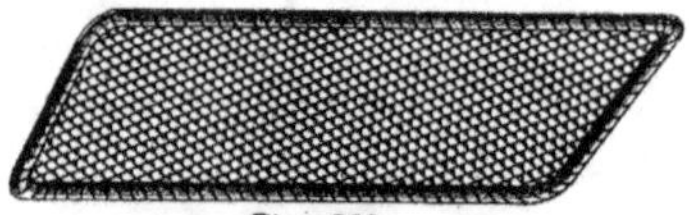

Fig. 329

Dimensions	Prix	Dimensions	Prix
50×28	3.30	100×50	10.90
60×30	4.70	110×55	13.50
70×35	6.05	120×60	15.95
80×40	7.70	130×65	17.60
90×45	9.10	140×70	20.65

Porte-chapeaux

pour salle de restaurant et de café

bois fourné

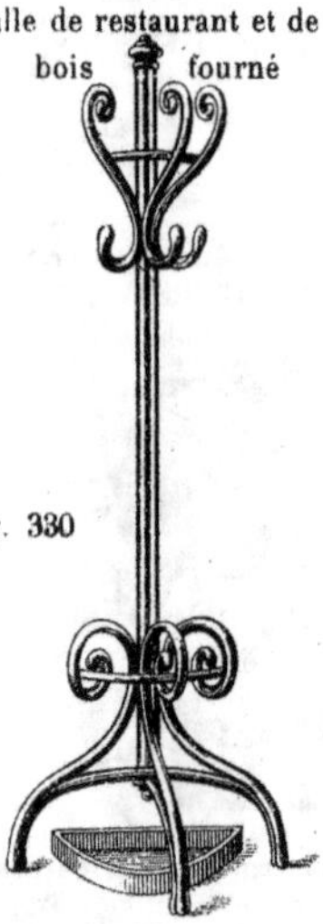

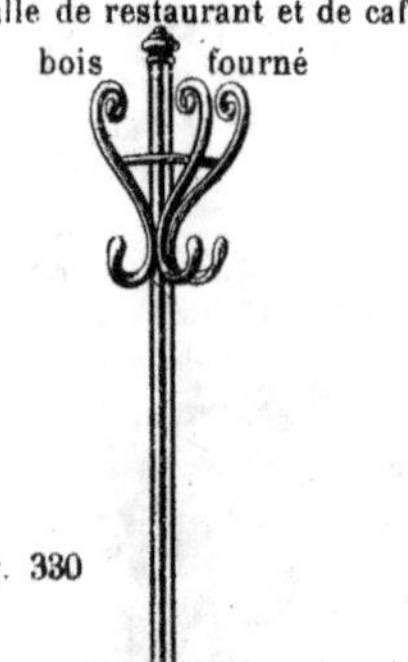

fig. 330

Sans porte-parapluies   Prix   **38.50**

Avec porte-parapluies   —   **47.30**

Porte-chapeaux double

cuivre nickelé

pour salle de café et de restaurant

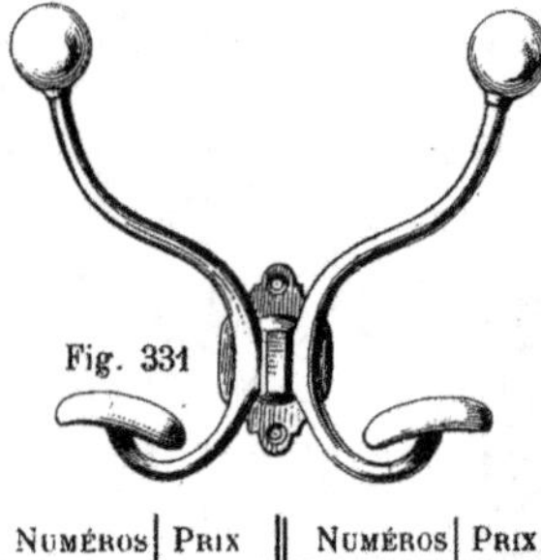

Fig. 331

Numéros	Prix	Numéros	Prix
1	4.95	3	6.60
2	5.75	4	8.25

Porte-chapeaux simple

même modèle que le double

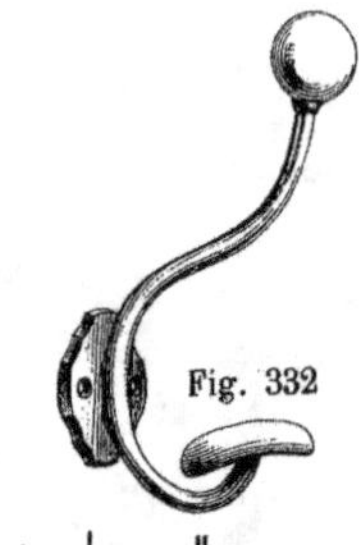

Fig. 332

Numéros	Prix	Numéros	Prix
1	2.50	3	3.30
2	2.90	4	4.15

Cache-pot, cuivre

Fig. 333

Numéros	Prix Cuivre jaune poli	Prix Cuivre rouge martelé
1	7.45	9.10
2	9.35	11.55
3	12.65	15.95
4	15.95	19.80

Ce Cache-pot se fait de toutes dimensions

Buire, cuivre jaune et rouge

avec garniture

Fig. 334

Contenance	Prix	Contenance	Prix
1 litre	10.75	6 litres	16 50
2 —	12.95	8 —	18.15
4 —	14.85	10 —	21.20

Plateau de buire

Fig. 335

Prix					
3.30	4.30	5.25	6.05	6.90	8. »

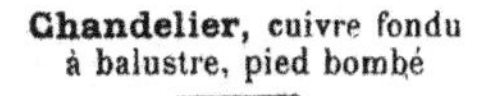

Chandelier, cuivre fondu à balustre, pied bombé

Fig. 336

NUMÉROS	PRIX	NUMÉROS	PRIX
00	2.05	2	2.75
0	2.15	3	2.90
1	2.50	4	3.20

Chandelier, cuivre fondu cuvette creuse

Fig. 337

NUMÉROS	PRIX	NUMÉROS	PRIX
00	2.40	2	3.10
0	2.75	3	3.20
1	3. »	4	3.70

Bougeoir, cuivre fondu pour chambre

Fig. 338

Numéros	0	1	2	3	4
Prix....	2.15	2.35	2.45	2.75	3.60

Bougeoir émaillé

Diamètres	12	14⅜
Email blanc, bord bleu	0.85	0.90
Marbré vienne. . . .	0.90	0.95
Blanc, filets bleus . .	1.05	1.25

Boîte à allumettes, émaillée

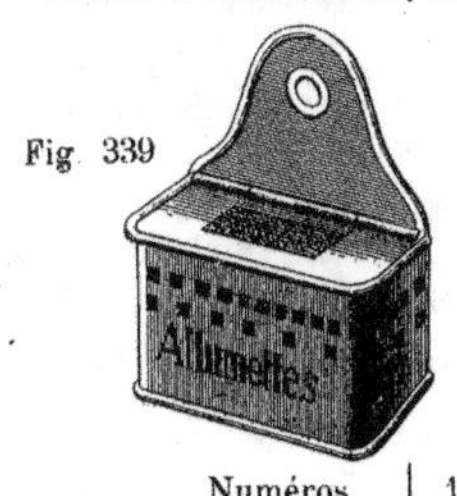

Fig. 339

Numéros	1	2
Marbré vienne. . . .	2.15	2.50
Blanc, filets bleus . .	2.80	2.75

Boîte à sel, émaillée

Fig. 340

Numéros	1	2
Marbré vienne	2.50	3.10
Blanc, filets bleus . . .	3.10	3.60

Plat de service rond de personnel, fort étamé

Fig. 341

DIAM.	PRIX	DIAM.	PRIX
20⅜	1. »	30⅜	2. »
22—	1.25	32—	2.35
24—	1.40	34—	2.50
26—	1.55	36—	2.65
28—	1.80		

Plat de service, émaillé

DIAM.	PRIX	DIAM.	PRIX
20⅜	1.40	30⅜	2.45
22—	1.50	32—	2.60
24—	1.65	34—	3.05
26—	1.95	36—	3.45
28—	2.10		

Plat de service, de personnel, ovale fort étamé

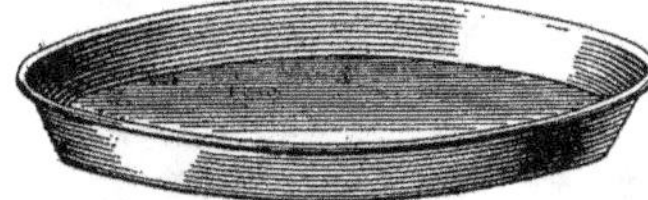

Fig. 342

LONGUEURS	PRIX	LONGUEURS	PRIX
28⅜	1.65	36⅜	3. »
30—	1.80	38—	3.20
32—	2.10	40—	4. »
34—	2.45		

Ces *Plats* se font en émaillé

Plat rond, extra-fort étamé à poignées

Fig. 343

DIAMÈTRES	PRIX	DIAMÈTRES	PRIX
12⅜	0.40	24⅜	1.30
14—	0.50	26—	1.40
16—	0.60	28—	1.50
18—	0.85	30—	1.95
20—	0.95	32—	2.45
22—	1. »		

Ces *Plats* se font en émaillé

Plat ovale fort étamé à poignées

Fig. 344

LONGUEURS	PRIX	LONGUEURS	PRIX
24⅜	0.70	36⅜	1.70
26—	0.85	38—	2.05
28—	0.95	40—	2.35
30—	1.05	44—	2.55
32—	1.40	48—	3.10
34—	1.55		

Soupière, fer étamé à pied et couvercle

Fig. 345

CONTENANCES	PRIX	CONTENANCES	PRIX
1 lit.	2.50	4 lit.	5.35
1 — ½	2.90	5 —	5.80
2 —	3.25	6 —	7.45
2 — ½	4.45	8 —	8.65
3 —	4.70	10 —	9.65

Soupière, fer étamé
sans pied, et couvercle

Fig. 346

Cont.	Prix	Cont.	Prix
1 lit.	2.50	4 lit.½	4.70
2 —	2.90	5 —	5.30
2 — ½	3.25	6 —	6.20
3 —	3.75	8 —	6.60
4 —	4.30	11 —	8.15

Légumier, fer étamé et couvercle

Fig. 347

Diam.	Prix	Diam.	Prix
14½	2.50	22½	4. »
17—	2.90	23—	4.30
19—	3.15	24—	4.70
20—	3.70	26—	4.95

Ces légumiers se font en émaillé

Saladier, fer étamé

Fig. 348

Diam.	Prix	Diam.	Prix
24½	1.65	32½	2.75
26—	1.95	34—	3.15
28—	2.10	36—	3.45
30—	2.20	40—	4.15

Légumier-faitout avec couvercle
étamé extra fort

Fig. 349

Diam.	Prix	Diam.	Prix
16½	2.50	28½	5.40
18—	2.65	30—	5.80
20—	3.10	32—	7.45
22—	3.60	34—	8.55
24—	4.15	36—	9.65
26—	5.20	40—	11.85

Ces faitouts se font en émaillé

Timbre de table
cloche bronze

Fig. 350

Cuivre verni. Prix 7.45

Electrique. . — 7.60

Couverts de table
métal anglais aciéré, 1re qualité

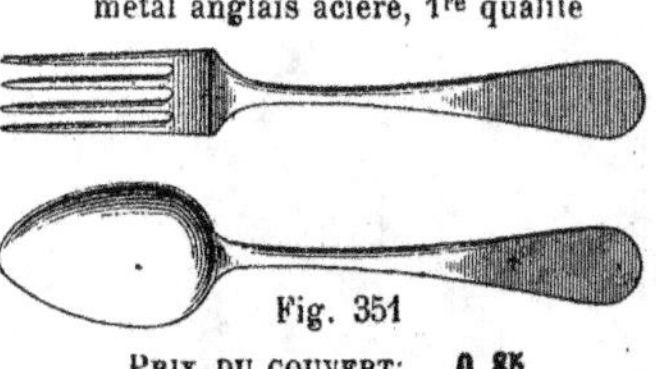

Fig. 351

Prix du couvert: 0.85

Cuillère à café
métal anglais aciéré, renforcée

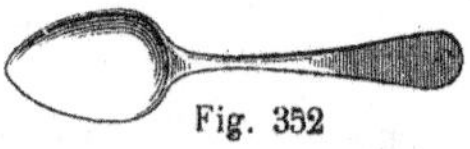

Fig. 352

Prix : La pièce 0.25

Louche de table
métal anglais aciéré

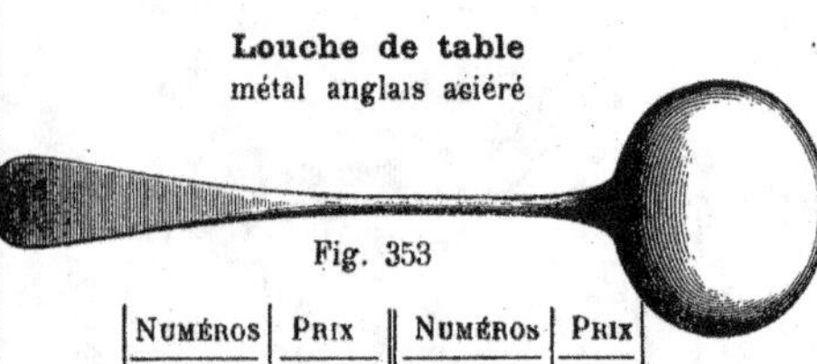

Fig. 353

Numéros	Prix	Numéros	Prix
1	1. »	3	1.55
2	1.40	4	1.80

Cuillère à ragoût de table
métal anglais aciéré

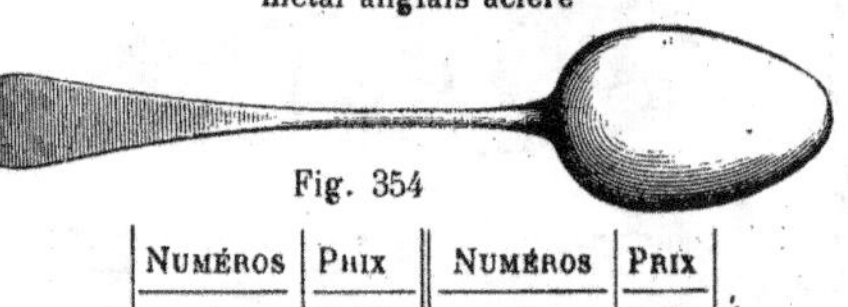

Fig. 354

Numéros	Prix	Numéros	Prix
1	0.85	3	1.40
2	1.10		

Pour les Couverts argentés, *voir pages 117 à 119*

Service à découper, acier
2 pièces

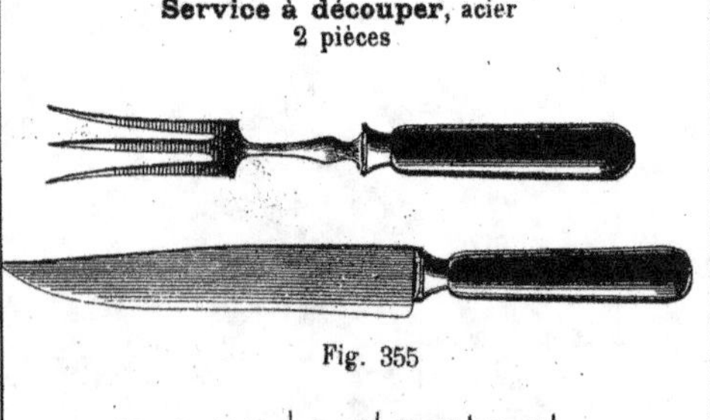

Fig. 355

Manche ébène	3.05	4.40	7.15
— corne	3.85	6.05	8. »
— buffle	4.15	6.90	9.10

Casse-noix, ordinaire
6 modèles

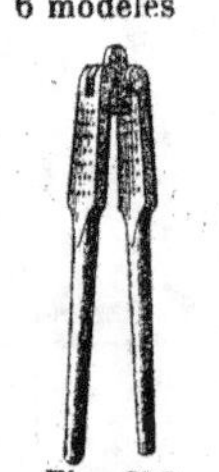

Fig. 356

Prix : La pièce. 0.80

Casse-noix, fort
8 modèles

Fig. 357

Prix : La pièce. . 1.25

Couvert à salade, buis 358

Fig. 358

Longueurs	Prix	Longueurs	Prix
16 ‰	0.40	24 ½	0.70
19 —	0.45	27 —	0.90
22 —	0.50		

Couvert à salade, buffle

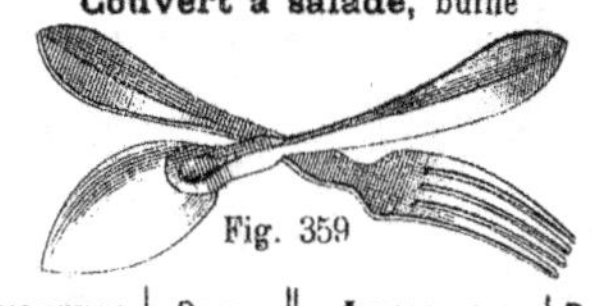

Fig. 359

Longueurs	Prix	Longueurs	Prix
16 ‰	1.80	24 ½	3.60
22 —	2.50	26 —	4.15

Tire-bouchon à poignée

nickelé

Fig. 360

Prix . . . 0.85

Tire-bouchon, à trois doigts

nickelé 33

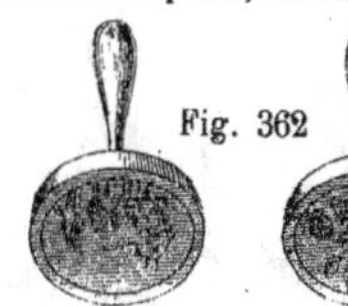

Fig. 361

Prix . . . 0.55

Moule beurre, buis

d'une seule pièce, décors assortis

Fig. 362

Diam.	Prix, la paire	Diam.	Prix, la paire
35 ‰	2.65	55 ‰	3.30
40 —	2.75	60 —	3.60
45 —	2.90	65 —	4.15
50 —	3.05	70 —	4.95

Rond de serviette

buis verni

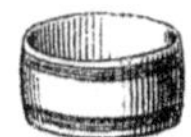

Fig. 363

Prix . . . 0.30

Timbale, fer étamé

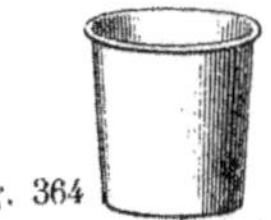

Fig. 364

Diam.	Prix	Diam.	Prix
6 ‰	0.35	7 ‰ ½	0.50
6 – ½	0.40	8 —	0.55
7 —	0.45	9 —	0.75

Moulin à poivre de table

à manivelle

Fig. 365

Noyer poli . . . . Prix 2.95

Moulin à poivre de table

sans manivelle

Fig. 366

Noyer poli . . . . Prix 1.90
Hêtre poli . . . . . — 1.75
Par quantités prix spéciaux

Moulin à sel

à boule

Fig. 367

Prix 1.40

Vide-citron

cristal

Fig. 368

Prix . . . . . 1. »

Presse-citron

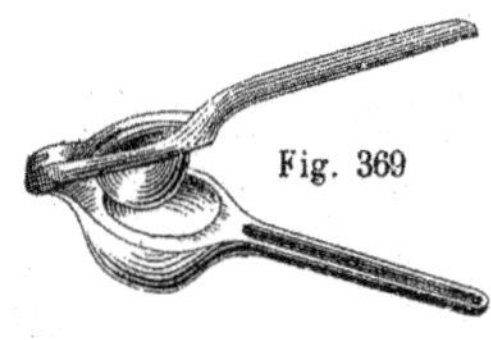

Fig. 369

Fonte nickelée . . . . Prix 1.65

Fonte émaillée . . . . — 1.35

Fonte vernie, cuvette porcelaine . . . . — 1.35

Fonte nickelée, cuvette porcelaine . . . . — 3.25

Tire-bouchon, nickelé, pour office et bar

Griffe à jambon

Fig. 370

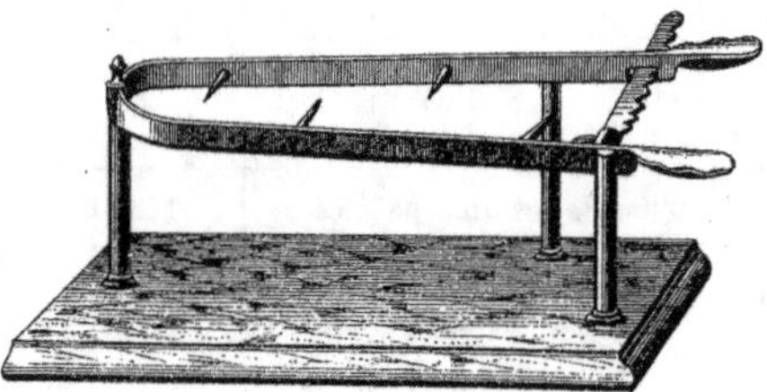

Fig. 371

PRIX. . . **93.50**

Il se fait un article en fonte plus ordinaire

Avec plateau chêne . . . . . PRIX. **38.50**
—   marbre . . . . — **41.80**

Machine à couper le pain de mie
en tranches réglables

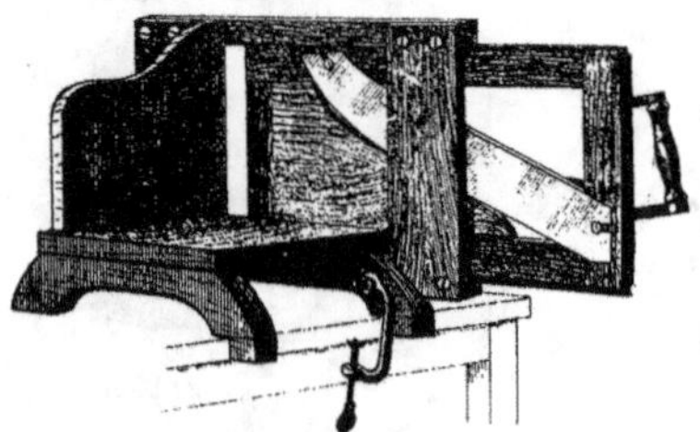

Fig. 372

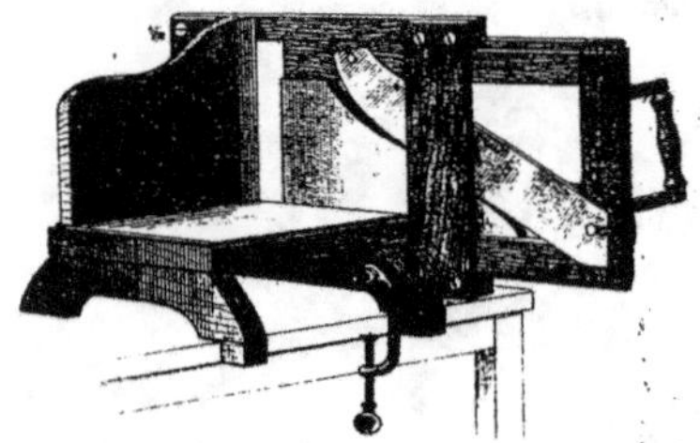

Fig. 372bis

372	Modèle anglais nouveau, chêne. . . PRIX.	**76.75**
372 bis	— dessus faïence . . . . —	**99.»**
	— américain . . . . —	**46.20**

PAPIERS pour CUISINE

et

PATISSERIE

PAPIERS DENTELLES — CAISSES DE CUISINE
MANCHETTES A COTELETTES ET GIGOTS

Papier gaufré ovale pour poissons, asperges, etc.

Papier gaufré rond pour friture, entremets, fromages

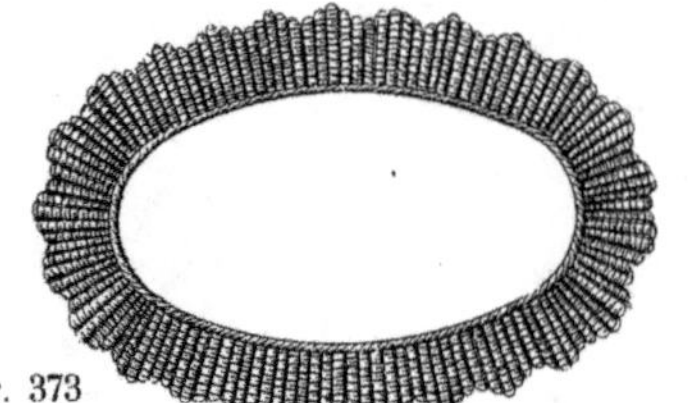

Fig. 373

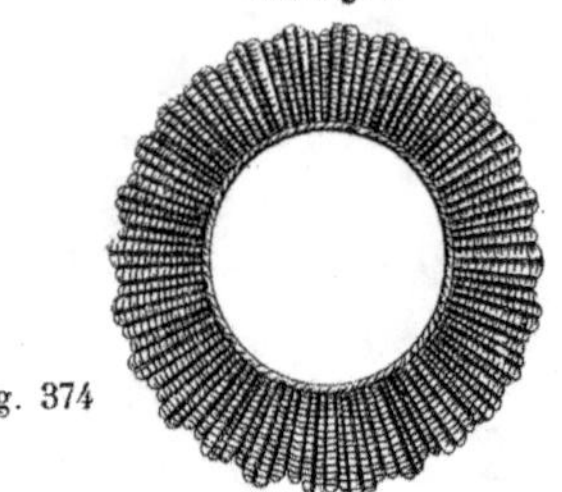

Fig. 374

LONGUEURS	PRIX	LONGUEURS	PRIX
20%	La grosse 1.10	35%	La grosse 1.95
23—	— 1.20	37—	— 2.55
25—	— 1.30	40—	— 3.20
28—	— 1.60	45—	— 4.45
31—	— 1.75		

DIAMÈTRES	PRIX	DIAMÈTRES	PRIX
15%	La grosse 0.90	24%	La grosse 1.70
17—	— 1.10	27—	— 1.95
19—	— 1.20	29—	— 2.30
21—	— 1.55	32—	— 2.85

Papier dentelle rond pour assiettes à desserts, compotiers et plats à entremets

Caissette de cuisine carrée, festonnée

Caissette ronde festonnée

Fig. 375

Fig. 376

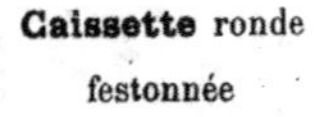

Fig. 377

DIAMÈTRES	PRIX	DIAMÈTRES	PRIX
12%	La grosse 0.80	22%	La grosse 1.40
14—	— 0.90	23—	— 1.75
15—	— 0.95	25—	— 2.05
17—	— 1.10	27—	— 2.25
18—	— 1.15	30—	— 2.85
19—	— 1.20	32—	— 3.10
20—	— 1.30	35—	— 4.35
21—	— 1.35	38—	— 5.60

DIAMÈTRES	PRIX
6%	Le cent. 5.20
8—	— 6.65

DIAMÈTRES	PRIX
4%	Le cent. 3.75
4—½	— 3.95
5—	— 4.15
5—½	— 4.25
6—	— 4.50
7—	— 6.25

Caisse à fruits ronde, bord uni ou dentellé

Fig. 379

Raisin . . . le cent 0.30		Abricot . . le cent 0.35	
Cerise . . . — 0.30		Pêche . . . — 0.35	
Mirabelle. . — 0.30		Poire . . . — 0.40	
Petits fours. — 0.35		Citron . . . — 0.70	
Grands fours — 0.35			

Caisse à fruits ovale, de toutes formes

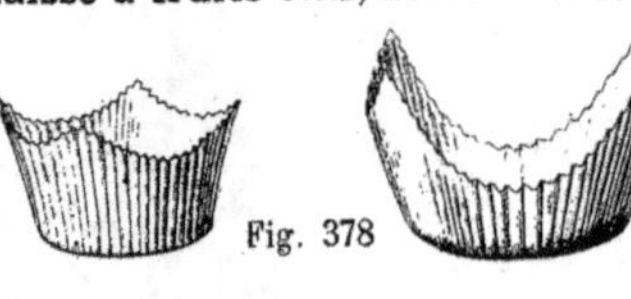

Fig. 378

PRIX: Le cent 0.35

Caisse de cuisine, cœur, ourlée

Fig. 380

Caisse ovale ourlée

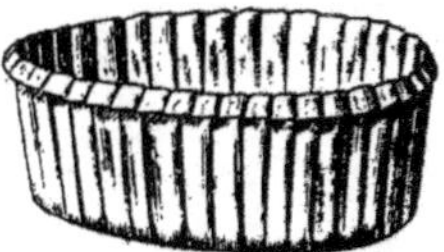

Fig. 381

LONGUEURS	PRIX		LONGUEURS	PRIX		LONGUEURS	PRIX		LONGUEURS	PRIX
6⅝ ½	Le cent	5.20	13⅝	Le cent	9.70	5¼ ½	Le cent	3.75	8⅝	Le cent	4.45
7—	—	5.55	16—	—	11.75	7—	—	3.85	9—	—	6.45
8—½	—	5.90	20—	—	13.80	7—½	—	4.05			

Caisse ronde ourlée

Fig. 382

DIAM.	PRIX		DIAM.	PRIX	
4⅝	Le cent	2.45	6¼ ½	Le cent	3. »
4—½	—	2.45	7—	—	3.60
5—	—	2.45	7—½	—	4.90
5—½	—	2.55	8—½	—	5.55
6—	—	2.80	10—	—	6.25

Comtesse-Marie

avec faveurs bleues et roses

pour glaces

Fig. 383

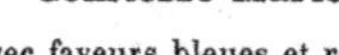

CONTENANCE	PRIX
½ litre	Le cent 36.80
1 —	— 39.10
1 —½	— 40.25

Baquet rond et oval

pour glaces

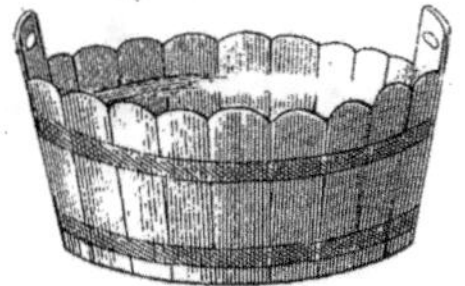

Fig. 384

Ronds . . . . . . Le cent **6 90**

Ovales . . . . — **7.50**

Cure-dent enveloppé avec noms, stérilisé

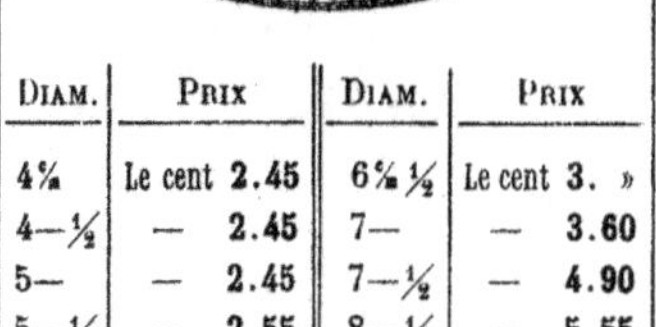

Fig. 385

PRIX : Le mille **9.20**

Manchette à cotelette

Fig. 386

Chevreuil . . Le mille **4.75**

Agneau . . — **5.10**

Mouton . . — **5.40**

Veau . . . Le mille **5.95**

Gros mouton — **5.70**

Manche à gigot

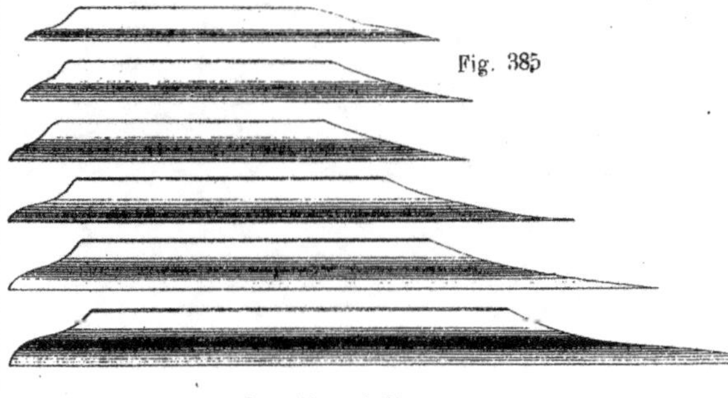

Fig. 387

Agneau . . Le cent **6.70**   Jambon . . Le cent **7.20**

Mouton . . — **6.85**

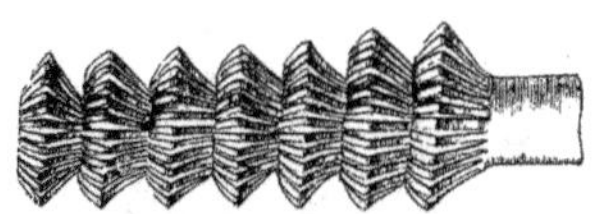

Serviette japonnaise

Fig. 388

PRIX : Le mille **23. »**

ARTICLES

pour CAFETERIE

et

ARTICLES

pour

LAIT, CHOCOLAT, THÉ, etc.

Moulin à café, à manivelle
intérieur acier

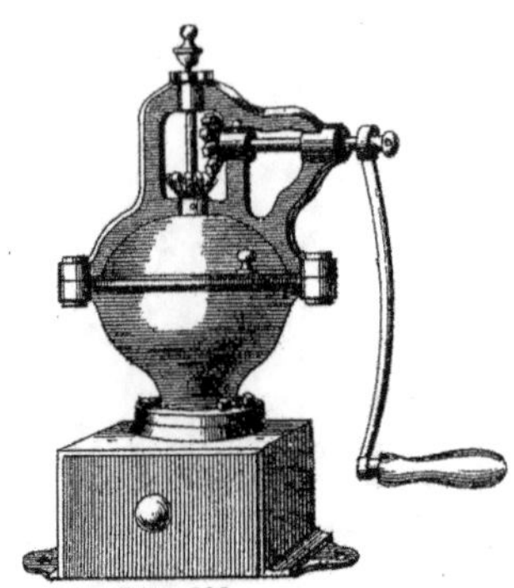

Fig. 389

Numéros	Prix	Numéros	Prix
00	8.80	2	19.60
0	12.30	3	25.20
1	16. »	4	36.40

Moulin à café, à volant, intérieur acier

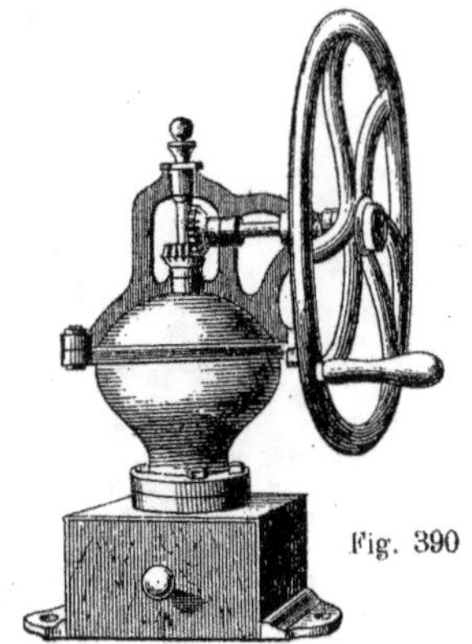

Fig. 390

Numéros	Prix	Numéros	Prix
0	18.20	3	37.25
1	22.70	4	53.20
2	28.30		

Ces Moulins se font avec poulies pour moteur

Percolateur à café, réservoir d'eau chaude
deux filtres et réchaud à gaz
ou charbon
et avec champoreau

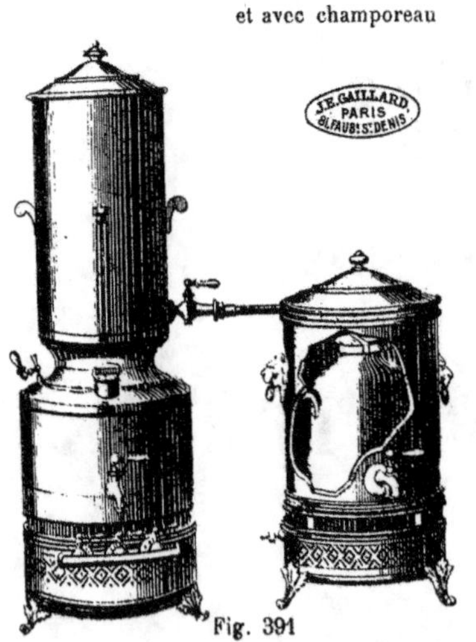

Fig. 391

Contenance	Cuivre poli	Maillechort
4 litres	218.40	285.60
6 —	226.25	302.40
10 —	252. »	352.80
15 —	277.80	403.20
20 —	313.60	420. »
25 —	403.20	560. »
30 —	459.20	588. »
35 —	526.40	705.60

Percolateur à café, avec fourneau à gaz
ou au charbon

Fig. 392

Contenance	Cuivre poli	Maillechort
4 litres	105.30	151.20
6 —	108.65	159.05
10 —	134.40	177. »
15 —	168. »	218.40
20 —	184.80	233. »
25 —	246.40	293.45
30 —	302.40	403.20
35 —	336. »	442.40

Bain-Marie champoreau avec fourneau à gaz réservoir grès à l'intérieur

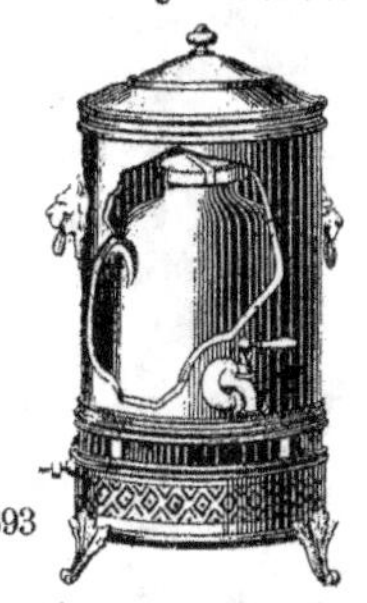

Fig. 393

CONTENANCE	CUIVRE POLI	MAILLECHORT
5 litres	100.80	145.60
10 —	121. »	201.60
15 —	134.40	226.25
20 —	143.40	235.20
25 —	151.20	252. »
30 —	179.20	274.40
35 —	201.60	291.20
50 —	240.80	352.80

Sans le fourneau il a y une différence de prix

Pot à café, grés avec robinet

Fig. 395

CONTENANCE	PRIX	CONTENANCE	PRIX
3 litres	9.25	25 litres	30.25
5 —	10.10	30 —	33.60
10 —	15.15	35 —	38.10
15 —	20.20	50 —	50.40
20 —	24.65		

Marmite à café, cuivre martelé, conique

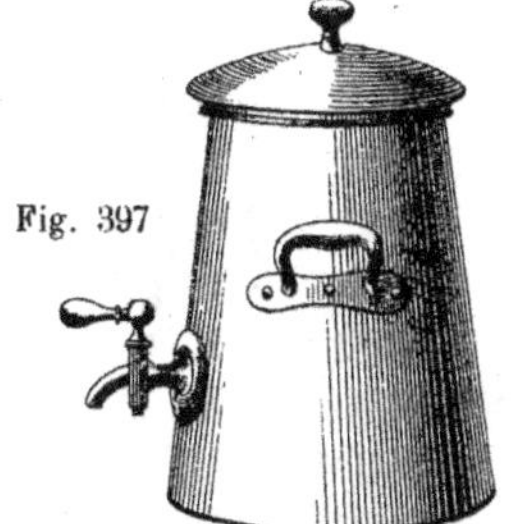

Fig. 397

Mêmes contenances que la marmite droite

PRIX DU KILOGRAMME

Marmite à café, cuivre martelé, droite

Fig. 394

DIAM.	HAUT	CONTEN.	DIAM.	HAUT.	CONTEN.
18%	24%	6 litres	30%	40%	28 litres
20—	26—	8 —	32—	42—	33 —
22—	29—	10 —	34—	44—	40 —
24—	32—	15 —	36—	56—	46 —
26—	36—	19 —	38—	48—	54 —
28—	38—	23 —			

PRIX DU KILOGRAMME

Filtre à café, fer étamé extra-fort, avec robinet

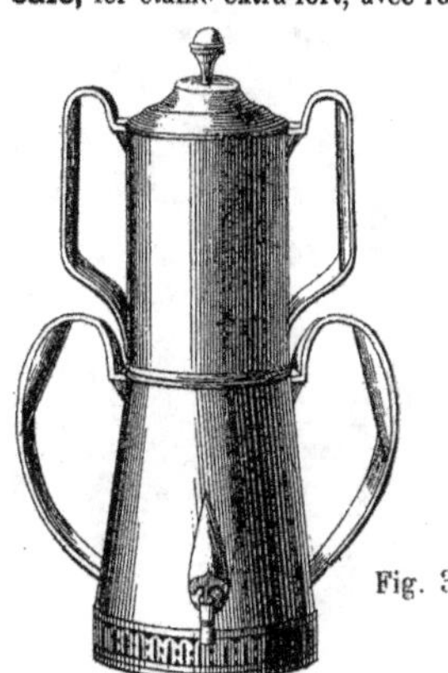

Fig. 396

CONTENANCE	PRIX	CONTENANCE	PRIX
3 litres	6.90	10 litres	18.50
4 —	8.40	12 —	25.20
5 —	10.45	15 —	28.30
6 —	12.05	20 —	32.75
8 —	15.15		

Marmite à café, fer étamé et robinet cuivre

Fig. 398

CONTENANCE	PRIX	CONTENANCE	PRIX
4 litres	8.70	17 litres	16. »
6 —	9.25	21 —	18.20
8 —	9.65	25 —	20.20
10 —	12.50	30 —	22.70
13 —	13.45	36 —	24.95

Marmite à eau, avec tube et robinet
cuivre martelé

Fig. 399

PRIX DU KILOGRAMME

Filtre à café, fort étamé

Fig. 400

CONTENANCE	PRIX	CONTENANCE	PRIX
3 tasses	1.45	8 tasses	2.60
4 —	1.65	9 —	2.80
5 —	2. »	10 —	3. »
6 —	2.15	12 —	3.25
7 —	2.50	14 —	3.80

Bain-marie ovale, avec réchaud à gaz
et cruches porcelaine

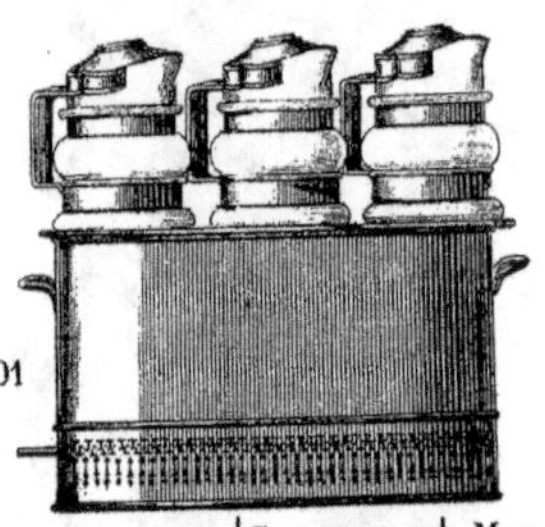

Fig. 401

NOMBRE DE CRUCHES	CUIVRE POLI	MAILLECHORT
2	29.70	58.25
3	42.60	76.20
4	58.25	100.80
5	71.70	117.60
6	88.50	143.40

*Ces bains-marie se font aussi décorés
de plusieurs modèles*

Bain-marie rond, cuivre rouge poli, avec copettes
et cruches porcelaine

Fig. 402

NOMBRE DE CRUCHES OU COPETTES	PRIX
3	42.60
4	54.90
5	67.20
6	84. »

Bain-marie, cuivre martelé fort
avec copettes cuivre

Fig. 403

PRIX DU KILOGRAMME

Copette cuivre
de toutes contenances

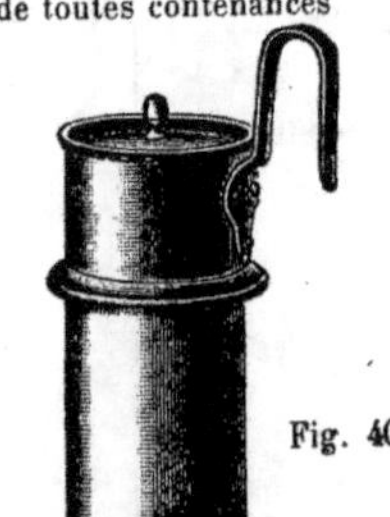

Fig. 404

DIAM.	PRIX	DIAM.	PRIX
7 ½	5.05	10 ½	10.65
8 —	6.20	11 —	11.50
9 —	8.40	12 —	12.90

Cruche porcelaine
garnitures cuivre et couvercle

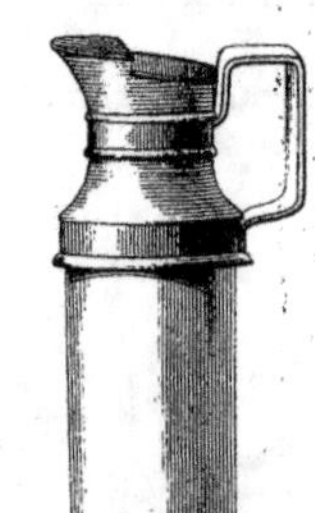

Fig. 405

Contenance.	1 lit. ¼	2 lit. ½
PRIX . .	6.60	7.55

Les porcelaines se vendent aussi à part

Bouilloire, cuivre martelé, forte

Fig. 406

Contenance	Prix	Contenance	Prix
1 litre	6.60	7 litres	21.60
2 —	9.25	8 —	22.70
3 —	11.80	9 —	25.20
4 —	13.75	10 —	27.50
5 —	15.40	12 —	31.95
6 —	18.50		

Bouilloire, extra-forte, Prix du Kilogramme

Bouilloire, cuivre fond plat martelé,

Fig. 407

Contenance	Prix	Contenance	Prix
1 litre	6.60	7 litres	21.60
2 —	9.25	8 —	22.70
3 —	11.80	9 —	25.20
4 —	13.75	10 —	27.50
5 —	15.40	12 —	31.95
6 —	18.50		

Bouilloire, extra-forte, Prix du Kilogramme

Bouillotte marabout, cuivre martelé anse bronze

Fig. 408

Contenance	Prix	Contenance	Prix
½ litre	7.30	2 litr. ½	13.90
1 —	8.40	3 —	15.15
1 — ½	10. »	4 —	18.20
2 —	12.60		

Bouillotte, cuivre martelé, anse ronde étamée de partout, forte

Fig. 409

Contenance	Prix	Contenance	Prix
1 tasse	2. »	14 tasses	7.60
2 —	2.55	16 —	8.40
3 —	2.80	18 —	9.25
4 —	3.25	20 —	10. »
5 —	3.65	22 —	10.95
6 —	4.20	24 —	11.80
7 —	4.60	5 litres	13.45
8 —	4.95	6 —	16.80
9 —	5.35	7 —	20.20
10 —	5.90	8 —	23.55
12 —	6.60	10 —	30.25

Ces bouillottes se font aussi en cuivre extra-fort
en fer étamé
en fer émaillé

Cafetière turque, à anse et couvercle

Fig. 410

Contenance	Cuivre jaune poli	Cuivre nickelé
2 tasses	4.70	5.35
3 —	5.45	6.20
4 —	5.90	6.75
5 —	6.60	7.60
6 —	8.30	9.40
7 —	9.55	10.45
8 —	10.05	11.50

Cafetière "du Gourmet"

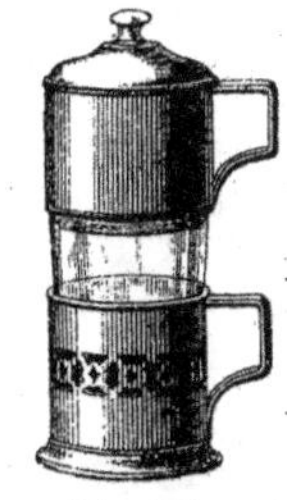

Fig. 411

Ferblanc poli . . 1.70
Cuivre rouge poli 3.40
Nickelée 4.20

Cafetière turque
à bec, anse et couvercle cuivre nickelé

Fig. 412

Contenance	Prix	Contenance	Prix
2 tasses	6.60	6 tasses	10.95
3 —	7.60	7 —	12.20
4 —	8.40	8 —	13.35
5 —	9.25		

Cafetière Russe, à bascule
cuivre rouge martelé

Fig. 413

Contenance	Prix	Contenance	Prix
2 tasses	17.40	6 tasses	24.95
4 —	20.05	8 —	28.85

Samovar, cuivre jaune poli

Fig. 414

Contenance	Prix	Contenance	Prix
1 litre ½	64.40	2 litres ½	82.35
2 —	76.45	3 —	94.10

Cafetière Russe, à bascule

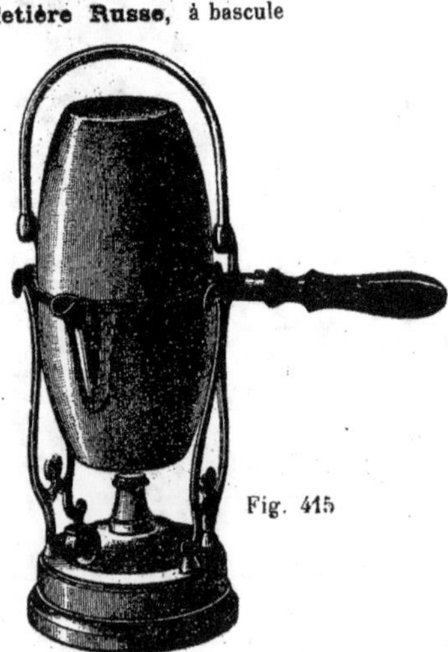

Fig. 415

Contenance	Cuivre jaune poli	Cuivre rouge poli	Cuivre nickelé
1 tasse	11.10	11.80	11.80
2 —	12.60	13.20	13.20
3 —	14.30	14.45	14.45
4 —	14.85	15.15	15.15
5 —	16.25	16.70	16.70
6 —	17.05	18.20	18.20
8 —	20.75	21.85	21.85
12 —	27.20	27.75	27 75

Samovar, forme droite, cuivre jaune poli

Fig. 416

Contenance	Prix	Contenance	Prix
2 litres	52.95	4 litres ½	76.45
2 — ½	58.80	5 — ½	87.95
3 — ⅓	70.60	8 —	111.45

J. & E. GAILLARD

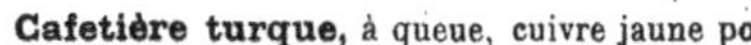

Cafetière turque, à queue, cuivre jaune poli

Fig. 417

CONTENANCE	PRIX	CONTENANCE	PRIX
1 tasse	2.55	5 tasses	4.70
2 —	2.95	6 —	5.40
3 —	3.50	7 —	6.40
4 —	4.20	8 —	7.30

Cafetière turque, à queue

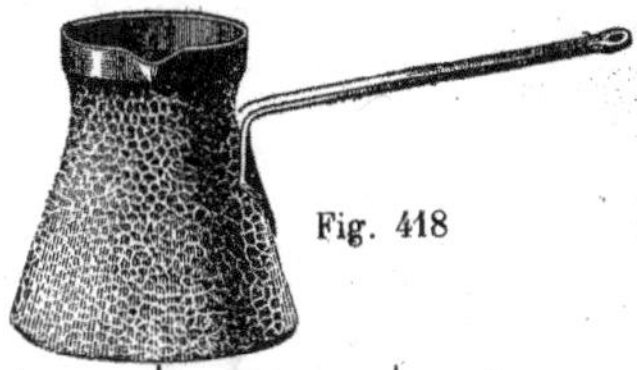

Fig. 418

CONT.	Cuivre rouge poli	Cuivre rouge martelé
1 tasse	3.25	4.20
2 —	3.70	5.05
3 —	4.40	5.90
4 —	5.15	7.05
5 —	6.05	8.40
6 —	7.05	9.40
7 —	8.70	11.50
8 —	10.40	12.90

Moulin à café turc
acier intérieur

Fig. 419

Bronzé. PRIX 6.60

Cuivre . — 10.40

Bouilloire à thé

Fig. 420

CONTENANCE	CUIVRE ROUGE	CUIVRE NICKELÉ
2 tasses	5.90	6.75
3 —	7.75	9.25
4 —	9.40	10.95
6 —	10.40	12.60
8 —	11.50	14.30
15 —	12.20	16.25
12 —	13.45	17.80
15 —	14.85	19.35

Bouilloire à thé, cuivre rouge martelé

Fig. 421

CONTENANCE	PRIX	CONTENANCE	PRIX
2 tasses	9.25	8 tasses	16.70
3 —	10.40	10 —	19.35
4 —	12.90	12 —	21.85
6 —	14.85	15 —	23.80

Verseuse à servir
métal brillant allant au feu

Fig. 422

CONT.	PRIX
2 tasses	11.50
4 —	13.75
6 —	16. »
8 —	19.35
10 —	21.85
12 —	24.40
14 —	28.60

Théière, cuivre et métal anglais

Fig. 423

CONTENANCE	CUIVRE ROUGE POLI	MÉTAL ANGLAIS
2 tasses	10.85	6.75
4 —	12.60	7.60
6 —	14. »	8.85
8 —	16.15	10.40

Théière, cuivre rouge martelé

Fig. 424

CONTENANCE	PRIX
2 tasses	14.30
4 —	17.80
6 —	19.60
8 —	21.85

Fig. 425

Service à thé, comprenant 6 pièces

cuivre rouge ciselé poli

avec plateau

Le service complet

PRIX 263.80

Five O'clock, avec bouilloire, cuivre rouge poli
pied fer forgé

Fig. 426

PRIX . . 31.95

Five O'clock, avec bouilloire, cuivre rouge poli
pied fer forgé

Fig. 427

PRIX . . 31.95

Choix de Five O'clock de 50 modèles différents

Moussoir à chocolat
d'une seule pièce

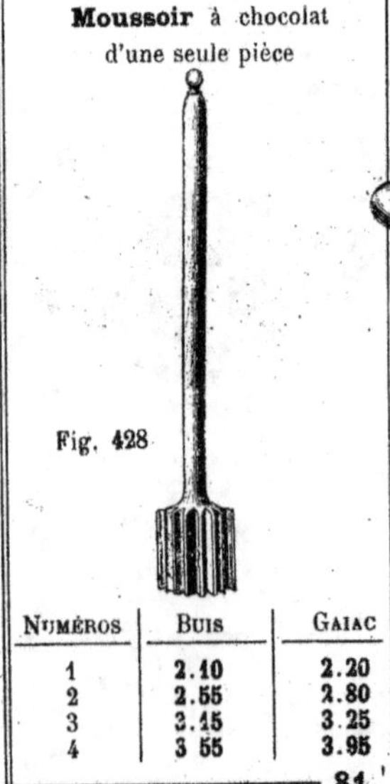

Fig. 428

NUMÉROS	BUIS	GAIAC
1	2.10	2.20
2	2.55	2.80
3	3.15	3.25
4	3 55	3.95

Chocolatière, cuivre rouge martelé
avec manche, extra-forte

Fig. 429

CONT.	PRIX	CONT.	PRIX
½ litre	9.80	2 litres	22.40
1 —	10.95	3 —	24.65
1 — ½	14.30	4 —	38.10
2 —	17.80	5 —	47.05

Boîte à lait cerclée, *entra-forte*
fer étamé

Fig. 430

CONT.	PRIX	CONT.	PRIX
1 litre	1.40	4 litres	4.20
2 —	2.15	5 —	4.80
3 —	3.55	6 —	5.05

La *Boîte à lait* ordinaire
meilleur marché

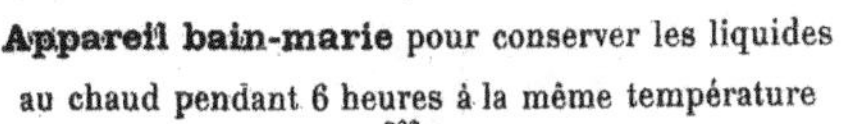

Appareil bain-marie pour conserver les liquides au chaud pendant 6 heures à la même température

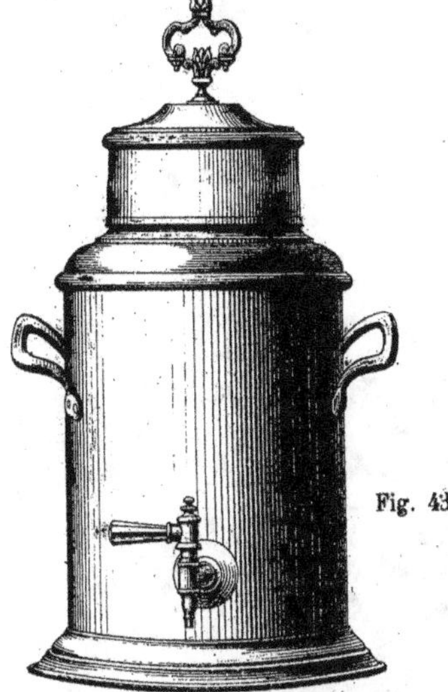

Fig. 431

Contenance	Cuivre poli	Cuivre nickelé
4 litres	100.80	123.20
7 —	162.40	184.85

Cet appareil est construit avec isolateur de chaleur, l'intérieur est en porcelaine blanche.

Il suffit de faire bouillir le total du liquide et il est conservé à l'intérieur à la même température, ce qui évite de faire des cuissons constantes de liquides

Bruloir à café, extra-fort tôle

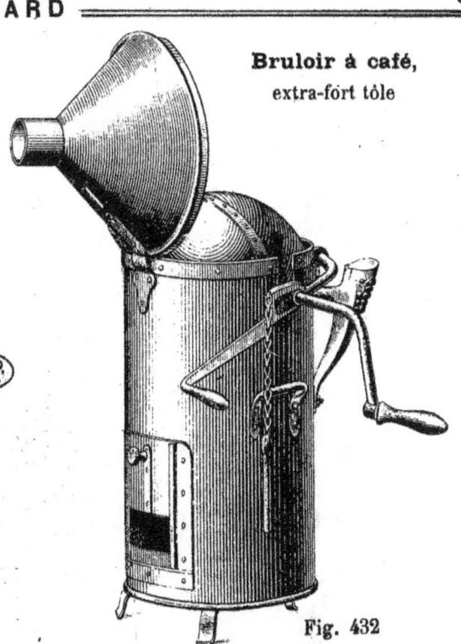

Fig. 432

Contenance de café	Prix sans bascule	Prix avec bascule
1 kil.	16. »	—
1 — 500	18. »	—
2 —	22.40	—
2 — 500	31.40	—
3 —	38.10	56. »
4 —	49.30	71.70
5 —	61.60	87.40
8 —	69.50	103.55
10 —	—	128.80

Salamandre à gaz,

plafond amiante lumineux

à glacer et à toast

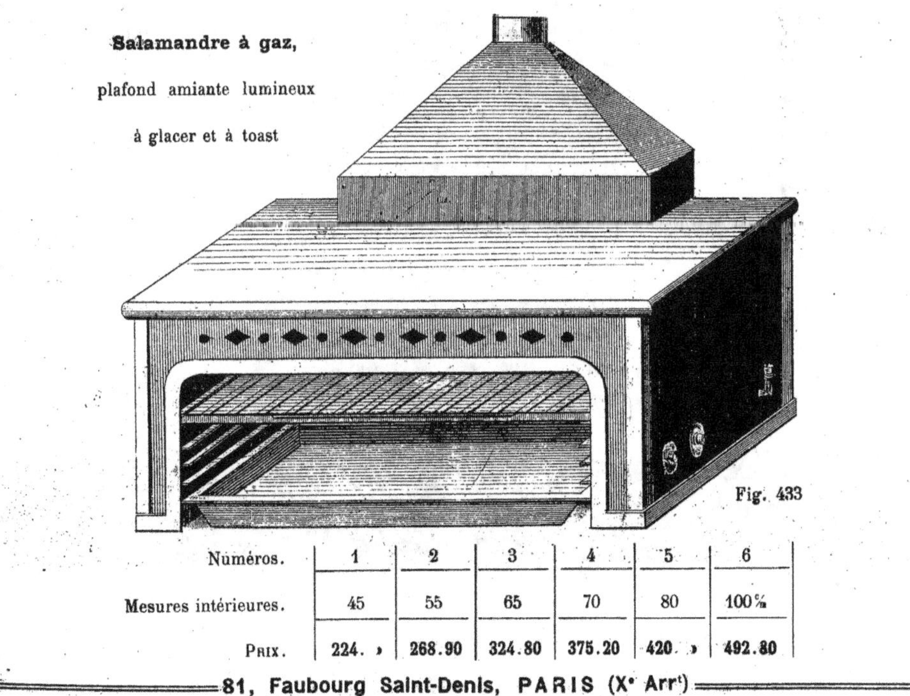

Fig. 433

Numéros.	1	2	3	4	5	6
Mesures intérieures.	45	55	65	70	80	100 %
Prix.	224. »	268.90	324.80	375.20	420. »	492.80

L'IDÉALE

APPAREIL, Nouveau Modèle déposé, pour passer les Purées de Légumes de toutes sortes, les Potages, Marmelades, Fruits, etc., avec toiles en maillechort renforcé.

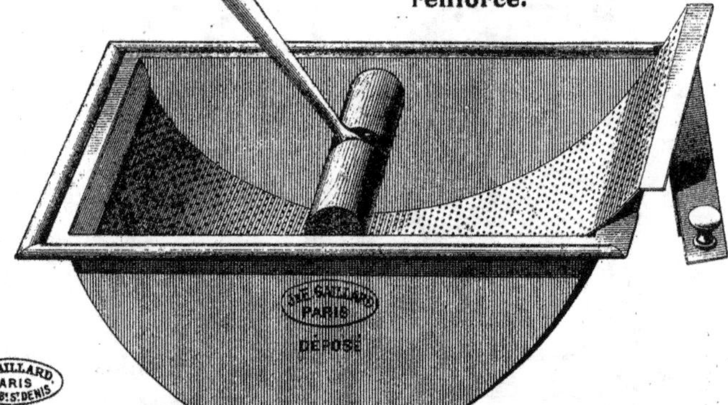

Les Toiles de cet Appareil sont interchangeables à volonté pour permettre selon les besoins de mettre la toile de la grosseur que l'on veut et ceci instantanément par n'importe quelle personne, de sorte que pendant le service de cuisine, pâtisserie et autres, on peut écraser de toutes grosseurs tous les légumes, fruits, etc.

Cet Appareil est construit en tôle d'acier étamée permettant le nettoyage facile.

Cet Appareil remplace avec avantage toutes les machines faites jusqu'à ce jour ainsi que les tamis.

Appareil à passer **n° 1** avec sa toile . . . . PRIX, la pièce 35. »
Toiles de rechange, maillechort renforcé. . . . . » » 13. »
Jeux de 4 toiles assorties pour n° 1 . . . . » le jeu 45. »
Récipient tôle étamée allant en dessous . . . . . » la pièce 20.20

Appareil à passer **n° 2** grand modèle avec sa toile. PRIX, la pièce 45. »
Toiles de rechange maillechort renforcé . . . . . » » 16. »
Jeux de 4 toiles assorties pour n° 2 . . . . » le jeu 55. »
Récipient tôle étamée allant en dessous . . . . . » la pièce 24.65

Fouloir
avec manche et rouleaux
Pour appareil n° 1 . . 3.95
» » n° 2 . . 5.35

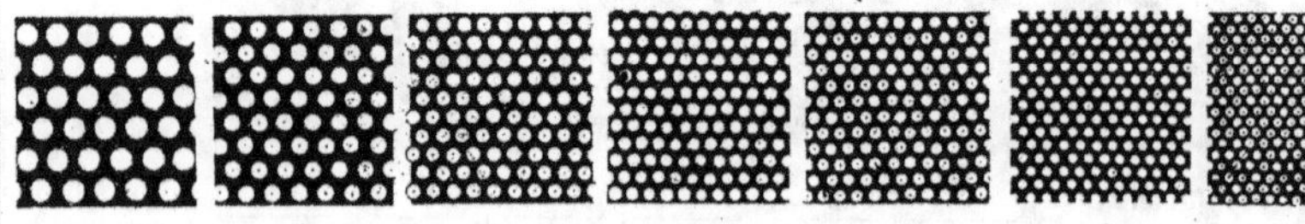

Grosseurs des Toiles Interchangeables de l'Appareil

ARTICLES

pour PATISSERIE

et

CONFISERIE

Moule cuivre à bavaroises et gelées
cul de bouteille

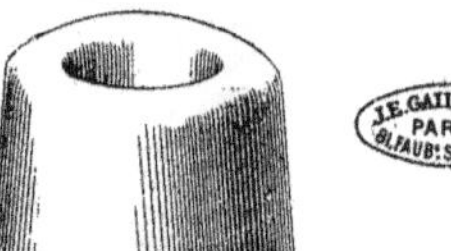

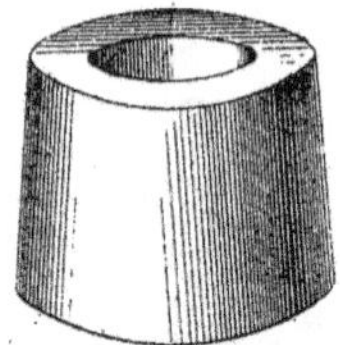

Fig. 435

Fig. 436

Moule cuivre à bavaroises et gelées

fond plat

Fig. 436 bis

DIAMÈTRES	PRIX	DIAMÈTRES	PRIX		DIAMÈTRES	PRIX	DIAMÈTRES	PRIX
7 ½	2. »	12 ½	6.60		7 ½	2. »	12 ½	6.60
8—	3.65	13—	7.75		8—	3.65	13—	7.75
9—	4.40	14—	9.70		9—	4.40	14—	9.70
10—	5.35	15—	9.80		10—	5.35	15—	9.80
11—	5.95	16—	10.95		11—	5.95	16—	10.95

Moules cuivre à bavaroises, à gelées, à babas, à aspics, cuivre décoré à cylindre
du Numéro 437 au Numéro 473, soit 37 modèles différents

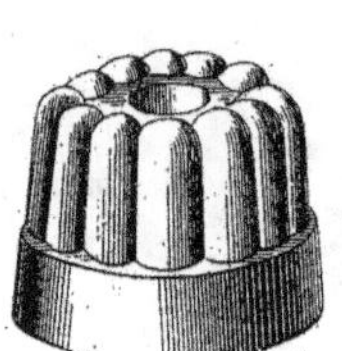

Fig. 437

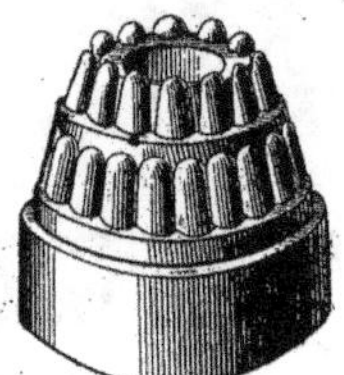

Fig. 438

Fig. 439

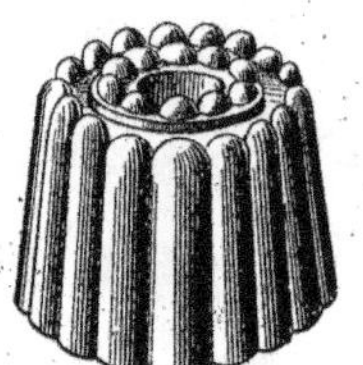

Fig. 440

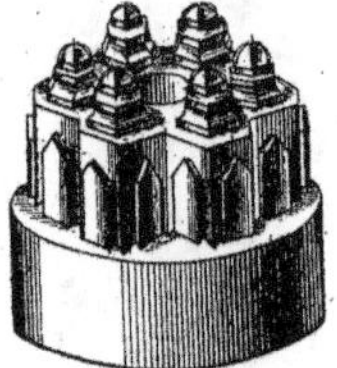

Fig. 441

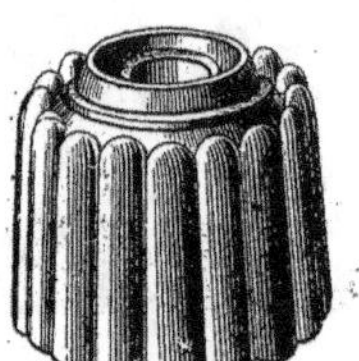

Fig. 442

Fig. 443

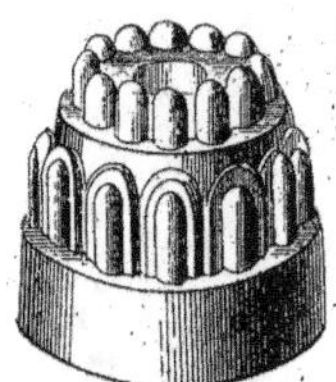

Fig. 444

Fig. 445

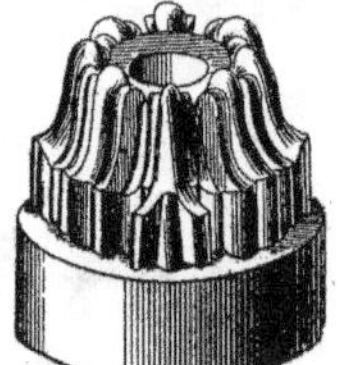

Fig. 446

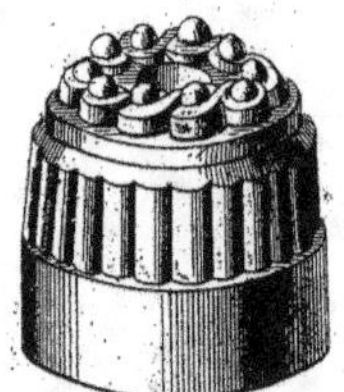

Fig. 447

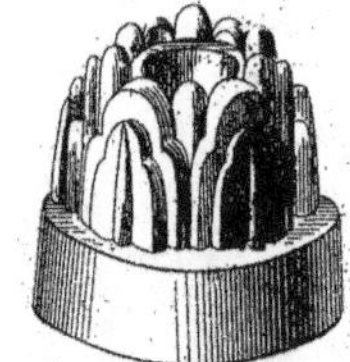

Fig. 448

Diamètre ‰	6	7	8	9	10	11	12	13	14	15	16
PRIX . .	1.70	2.35	4.20	5.05	5.90	6.45	7.35	8.40	9.25	10.65	11.80

Sur demande nous vendons d'autres dessins de moules

Moules cuivre à bavaroises, à gelées, à babas, à aspics, cuivre décoré à cylindre
du Numéro 437 au Numéro 473, soit 37 modèles différents (*Suite*)

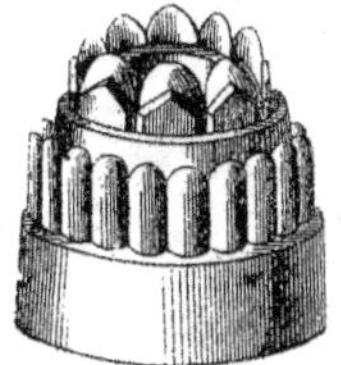

Fig. 449

Fig. 450

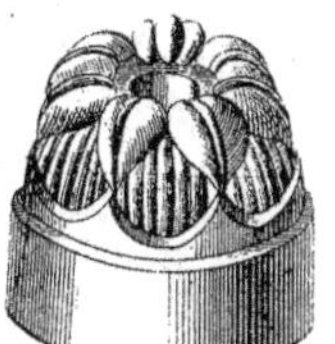

Fig. 451

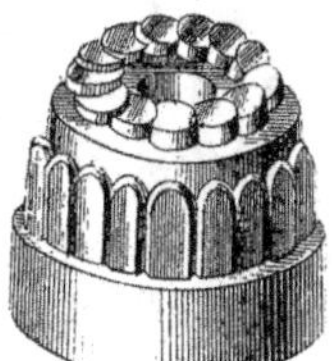

Fig. 452

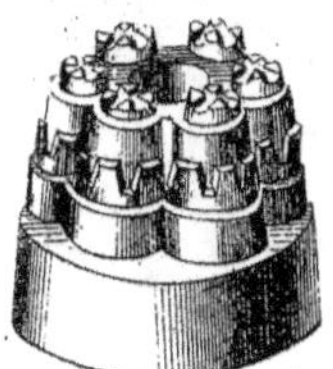

Fig. 453

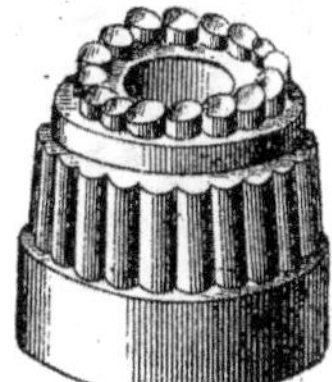

Fig. 454

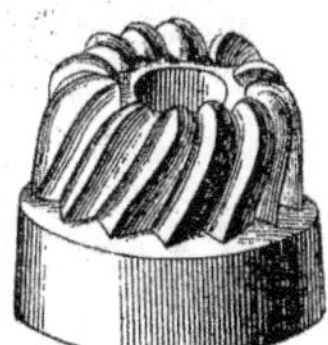

Fig. 455

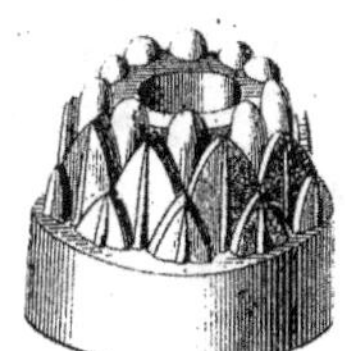

Fig. 456

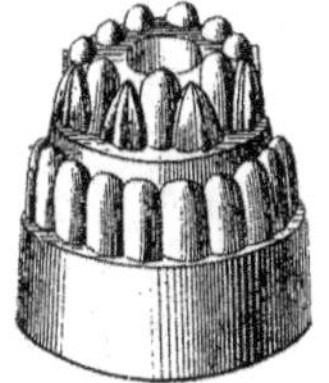

Fig. 457

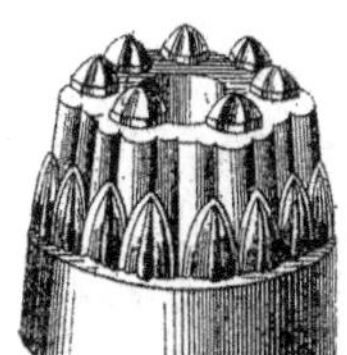

Fig. 458

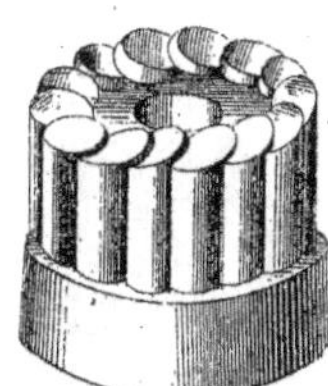

Fig. 459

Fig. 460

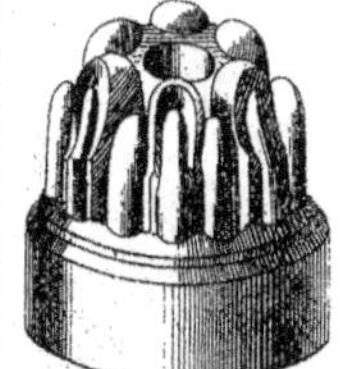

Fig. 461

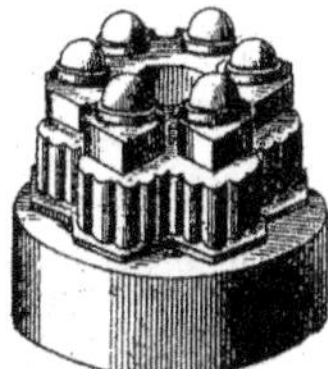

Fig. 462

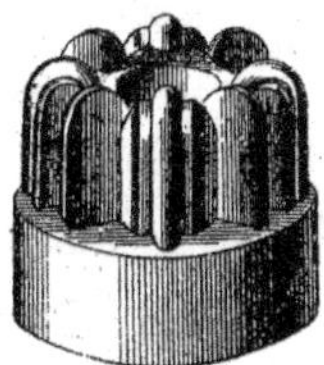

Fig. 463

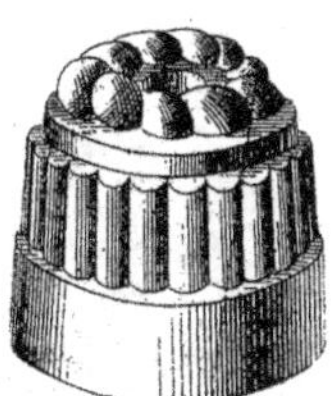

Fig. 464

Fig. 465

Diamètre ᶜₘ	.6	7	8	9	10	11	12	13	14	15	16½
Prix . . .	1.70	2.15	4.15	4.95	5.50	6.30	7. »	8.15	9. »	10.40	11.50

Moules cuivre à bavaroises, à gelées, à babas, à aspics, cuivre décoré à cylindre
du Numéro 437 au Numéro 473, soit 37 modèles différents (*Suite*)

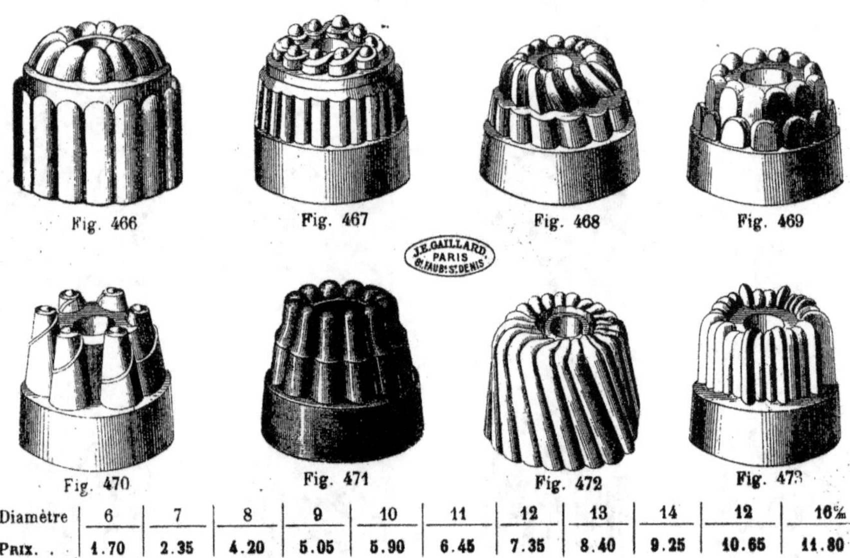

Fig. 466   Fig. 467   Fig. 468   Fig. 469

Fig. 470   Fig. 471   Fig. 472   Fig. 473

Diamètre	6	7	8	9	10	11	12	13	14	12	16%
Prix. .	1.70	2.35	4.20	5.05	5.90	6.45	7.35	8.40	9.25	10.65	11.80

Sur demande nous vendons d'autres dessins de moules

Moules cuivre décorés pour gelées, aspics, crèmes, bavaroises, sans cylindre
du Numéro 474 au Numéro 487

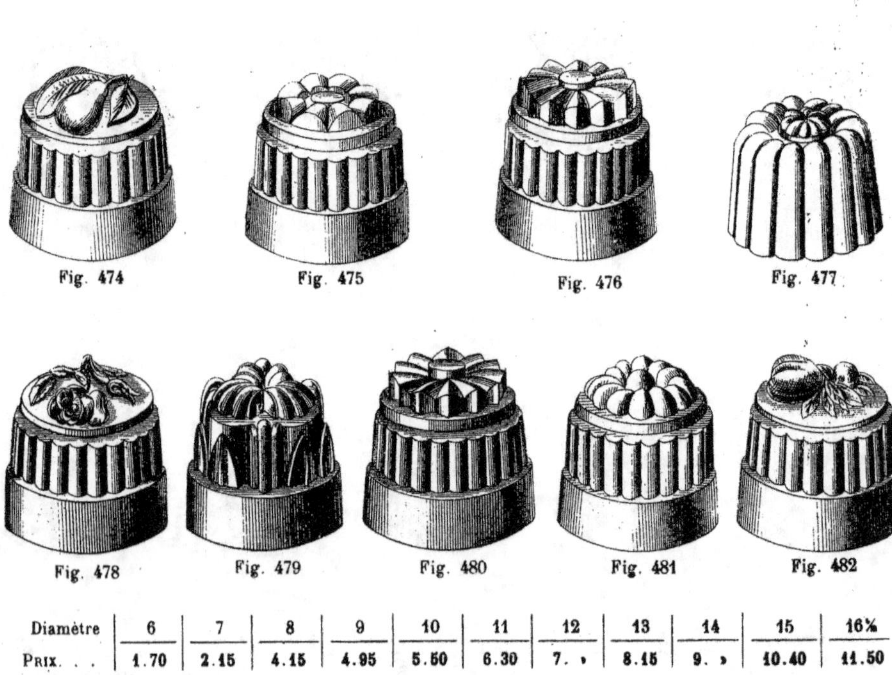

Fig. 474   Fig. 475   Fig. 476   Fig. 477

Fig. 478   Fig. 479   Fig. 480   Fig. 481   Fig. 482

Diamètre	6	7	8	9	10	11	12	13	14	15	16%
Prix. .	1.70	2.15	4.15	4.95	5.50	6.30	7. »	8.15	9. »	10.40	11.50

Moules cuivre décorés pour gelées, aspics, crèmes, bavaroises, sans cylindre
du Numéro 474 au Numéro 487 *(Suite)*

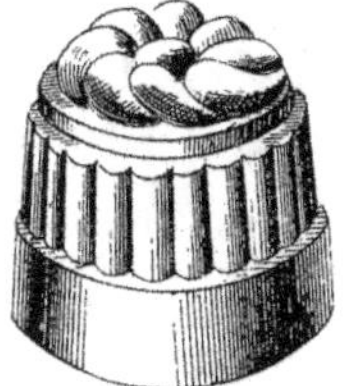

Fig. 483

Fig. 484

Fig. 485

Fig. 486

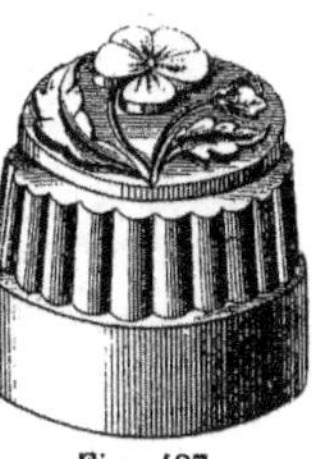

Fig. 487

Diamètre	6	7	8	9	10	11	12	13	14	15	16¾
Prix...	1.70	2.15	4.15	4.95	5.50	6.30	7. »	8.15	9. »	10.40	11.50

Sur demande nous vendons d'autres dessins de moules

Moule charlotte, cuivre, avec couvercle

Fig. 488

Diamètres	Prix	Diamètres	Prix
7¾	2.50	13¾	5.40
8—	2.90	14—	6.20
9—	3.15	15—	7. »
10—	3.60	16—	7.30
11—	4.40	17—	9.70
12—	4.80	18—	10.40

Moule timbale, cuivre extra-fort

Fig. 489

Diamètres	Prix	Diamètres	Prix
7¾	2.15	14¾	5.35
8—	2.50	15—	5.90
9—	2.70	16—	6.60
10—	2.95	17—	7.85
11—	3.25	18—	9.25
12—	4.05	19—	10.65
13—	4.70	20—	12.90

Ces Moules se font aussi en fer étamé

Moules macédoine, cuivre décoré avec noyau intérieur
assortis de dessins

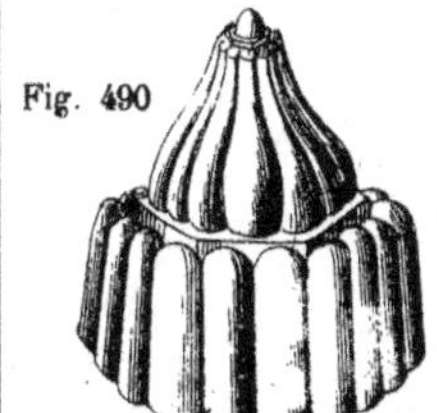

Fig. 490

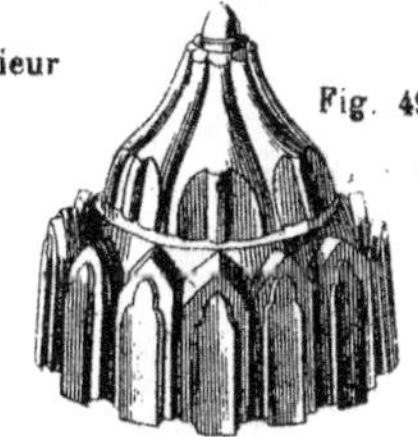

Fig. 491

Diamètre......	16¾
Prix........	25.20

Moule croustades. cuivre
8 modèles différents

Fig. 492

Prix.....	15.15

Moule couronne, cuivre décoré
pour glace d'eau, 6 modèles différents

Fig. 493

Prix.....	26.35

Gelée, Bavaroise, Baba, Crème, cuivre décoré, pour 2 personnes

à cylindre et sans cylindre

8 modèles différents, du Numéro 494 au Numéro 501

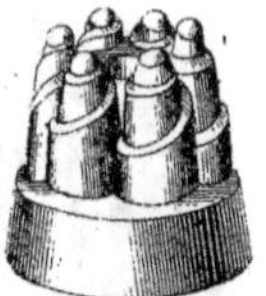

Fig. 494

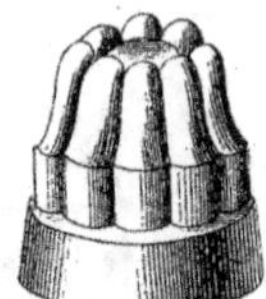

Fig. 495

Fig. 496

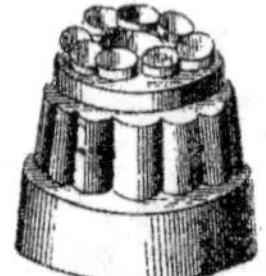

Fig. 497

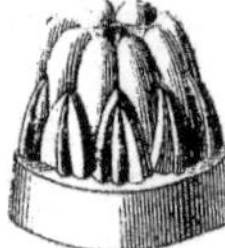

Fig. 498

Fig. 499

Fig. 500

Fig. 501

Diamètre : 8 ‰ — PRIX : **3.85**

Gelée, Bavaroise, Baba, Crème, cuivre décoré, pour 1 personne

8 modèles différents, du Numéro 502 au Numéro 509

Fig. 502

Fig. 503

Fig. 504

Fig. 505

Fig. 506

Fig. 507

Fig. 508

Fig. 509

Diamètre : 6 ‰ ½ — PRIX : **2.15**

<table>
<tr><td colspan="2">

Dariole, cuivre uni, forte

Fig. 510

DIAMÈTRES	PRIX
35 ‰	0.70
40—	0.80
45—	0.85
50—	0.90
55—	1. »
60—	1.15

</td><td colspan="2">

Dariole, cuivre uni, forte
avec cylindre

Fig. 511

DIAMÈTRES	PRIX
35 ‰	0.70
40—	0.80
45—	0.90
50—	0.95
55—	1.10
60—	1.25

</td></tr>
</table>

Dariole, cuivre, cannelée et décorée

8 modèles différents

Fig. 512   Fig. 513   Fig. 514

Diamètre	40	45	50	55	60 ‰
PRIX . .	0.95	1.10	1.15	1.25	1.35

Dariole, cuivre, décorée, ovale

Fig. 515

Diamètres. . . .	65 ‰	75 ‰
PRIX	1.55	1.80

Bordure ronde, unie, cuivre

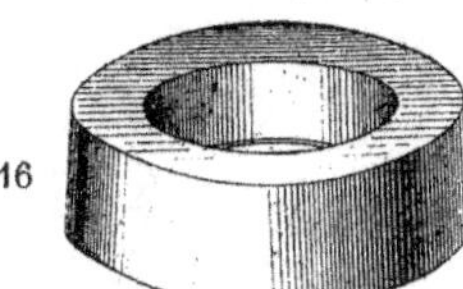

Fig. 516

Bordure concave, unie, cuivre

Fig. 517

DIAMÈTRES	PRIX	DIAMÈTRES	PRIX
12¼	5.05	18½	9. »
14—	5.90	19—	9.25
15—	6.75	20—	9.80
16—	·7.60	22—	13.20
17—	8.15		

DIAMÈTRES	PRIX	DIAMÈTRES	PRIX
12½	5.05	18½	9. »
14—	5.90	19—	9.25
15—	6.75	20—	9.80
16—	·7.60	22—	13.20
17—	8.15		

Bordure, cuivre décoré, du Numéro 518 au Numéro 527

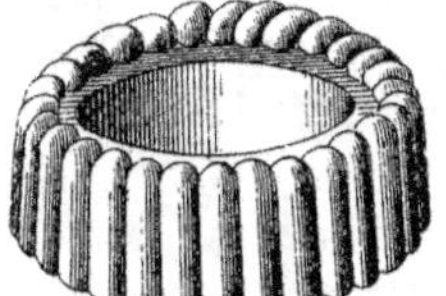

Fig. 518

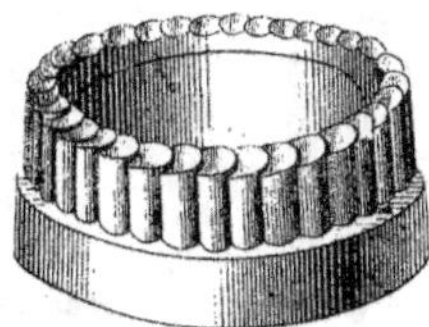

Fig. 519

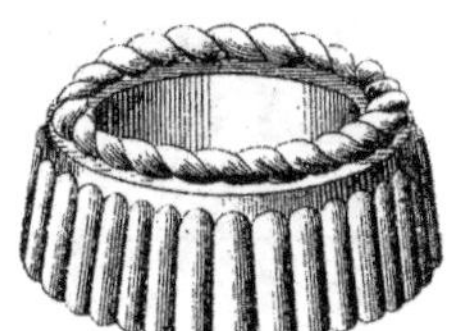

Fig. 520

Fig. 521

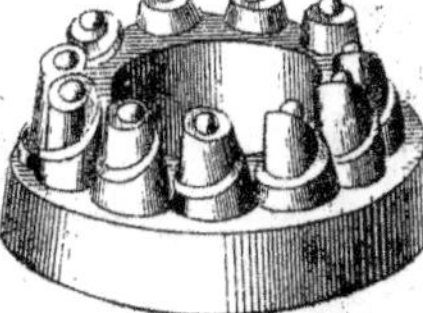

Fig. 522

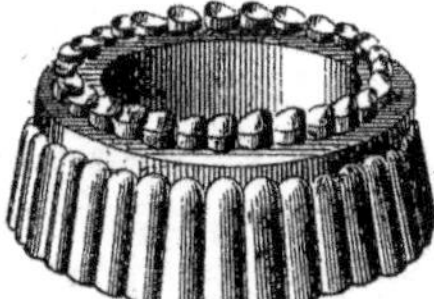

Fig. 523

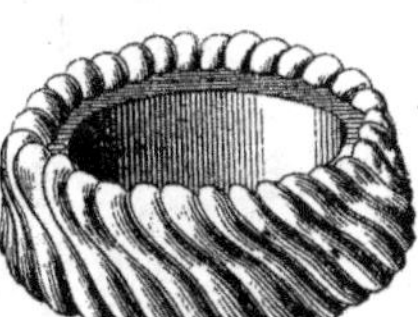

Fig. 524

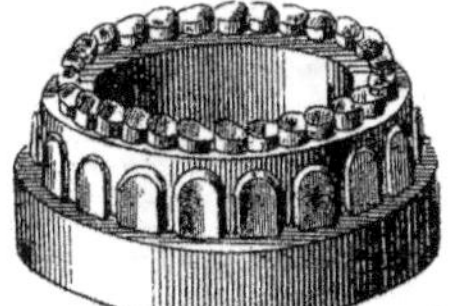

Fig. 525

Fig. 526

Fig. 527

Diamètres	14	16	18	20½
PRIX.	7.60	9.70	10.10	11.50

Bordure, cuivre décoré, ovale, 3 modèles différents

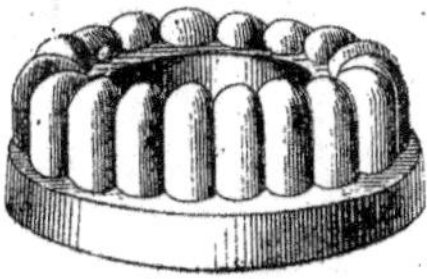

Fig. 528

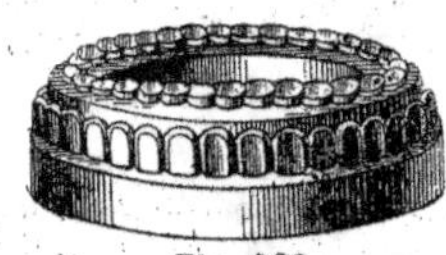

Fig. 529

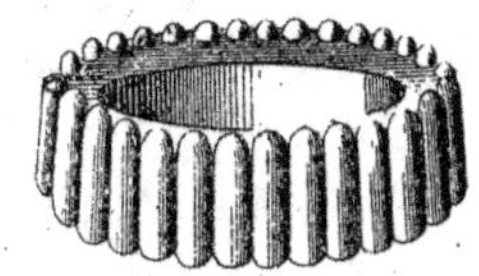

Fig. 530

Diamètre : 30½ — PRIX : 23.55

Trois-frères à côtes, cuivre

Gougloff à côtes, cuivre

Fig. 531

Fig. 532

Diamètres	Prix	Diamètres	Prix
13½	3.10	16½	4.20
14—	3.40	18—	4.80
15—	3.95	20—	5.90

Diamètres	Prix	Diamètres	Prix
14½	4.80	20½	8.30
16—	5.90	22—	10.40
18—	7. »	24—	14.30

Savarin, cuivre uni

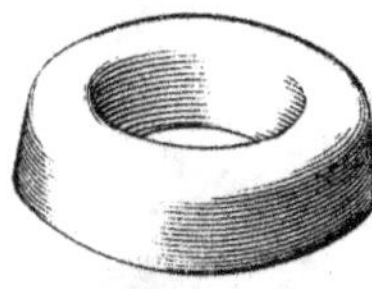

Fig. 533

Diamètres	Prix	Diamètres	Prix	Diamètres	Prix	Diamètres	Prix
6½	0.90	10½	2.15	13½	3.40	13½	4.80
7—	1.20	11—	2.55	14—	3.65	18—	5.35
8—	1.45	12—	3.05	15—	4.20	20—	6.20
9—	1.80						

Biscuit, cuivre décoré, 3 modèles différents

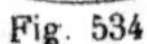

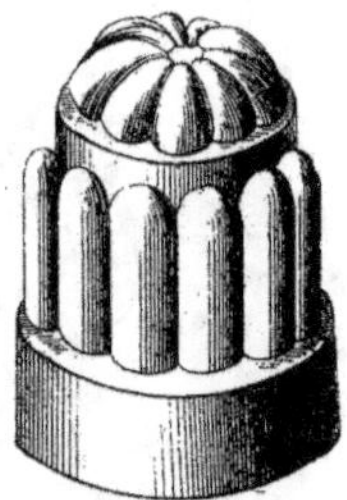

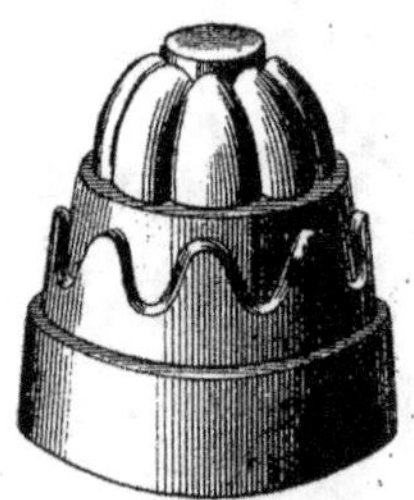

Fig. 534

Fig. 535

Fig. 536

Diamètres.	12	14	16	18	20	22½
Prix	9.25	11.80	14. »	17.40	20.75	24.10

Bordure cuivre pour garniture de table et décors assortis de dessins

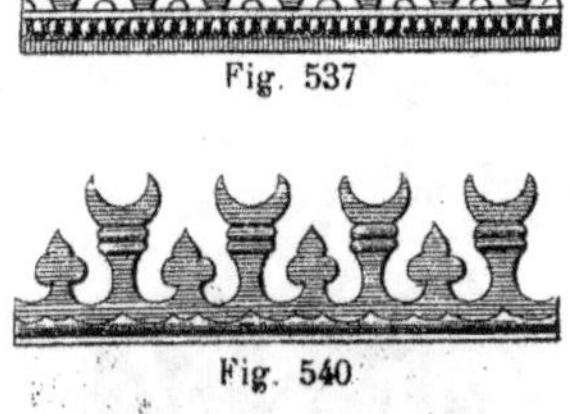

Fig. 537

Fig. 538

Fig. 539

Fig. 540

Fig. 541

Fig. 542

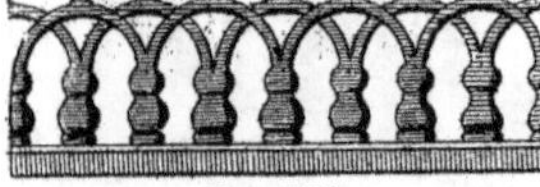

Longueur. 33½

Prix : la pièce 2.10

Fig. 543

Fig. 544

Panier suisse, cuivre, à nougat

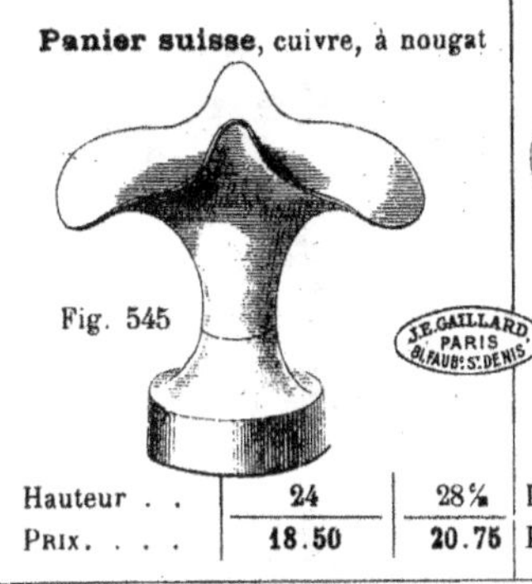

Fig. 545

Hauteur . .	24	28½
Prix	**18.50**	**20.75**

Panier bas, cuivre

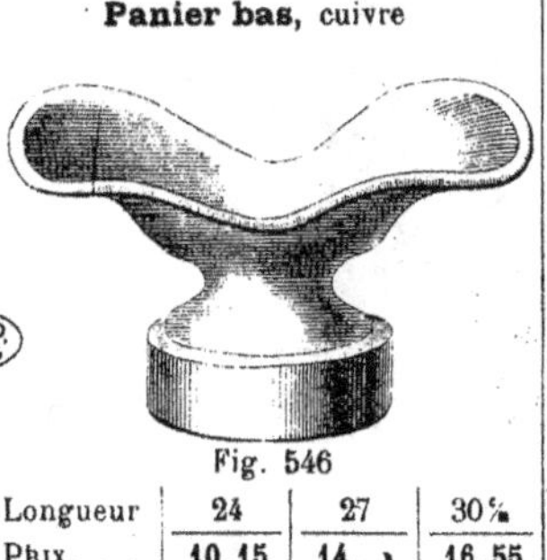

Fig. 546

Longueur	24	27	30½
Prix . .	**10.15**	**14. »**	**16.55**

Panier coquet, cuivre

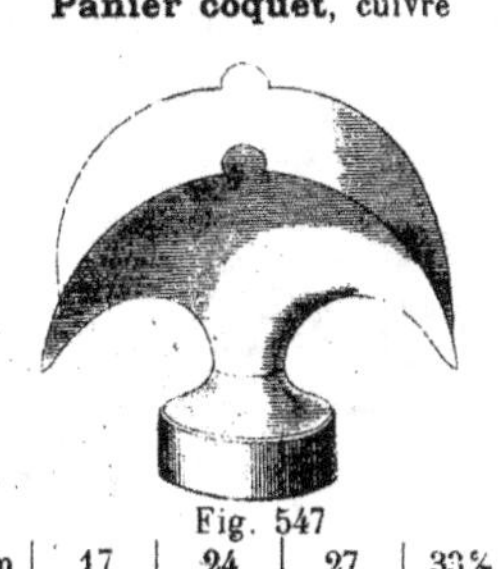

Fig. 547

Diam.	17	24	27	33½
Prix	**14. »**	**16.50**	**20.45**	**26.35**

Corne d'abondance feuillage

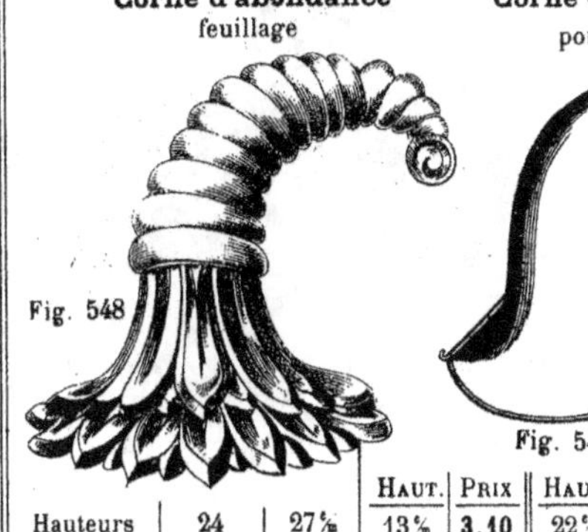

Fig. 548

Hauteurs	24	27½
Prix . .	**6.30**	**6.75**

Corne d'abondance pour nougat

Fig. 549

Haut.	Prix	Haut.	Prix
13½	**3.10**	22½	**5.45**
18—	**4.10**	26—	**6.30**

Corne d'abondance Cyrano

Fig. 550

Haut.	Prix	Haut.	Prix
16½	**1.70**	28½	**3. »**
18—	**2.55**		

Corne d'abondance cannelée

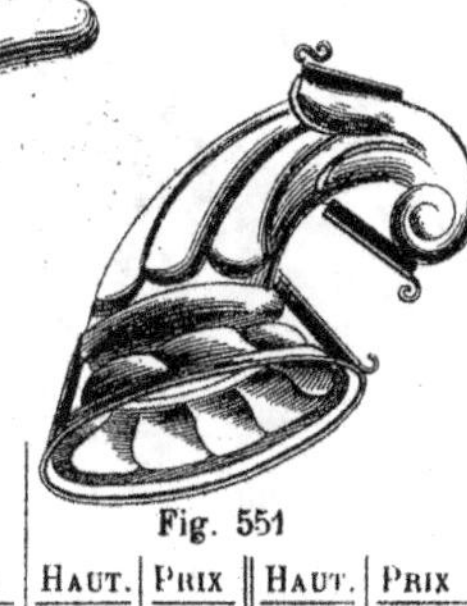

Fig. 551

Haut.	Prix	Haut.	Prix
12½	**3.50**	22½	**5.45**
18—	**4.20**	26—	**6.30**

Moule pour glace d'eau cuivre décoré

Fig. 552

Diamètre . .	23½
Prix	**44.80**

Moule pour glace d'eau à perles cuivre décoré

Fig. 553

Diamètre . .	19½
Prix	**29.40**

Moule pour glace d'eau à corde cuivre décoré

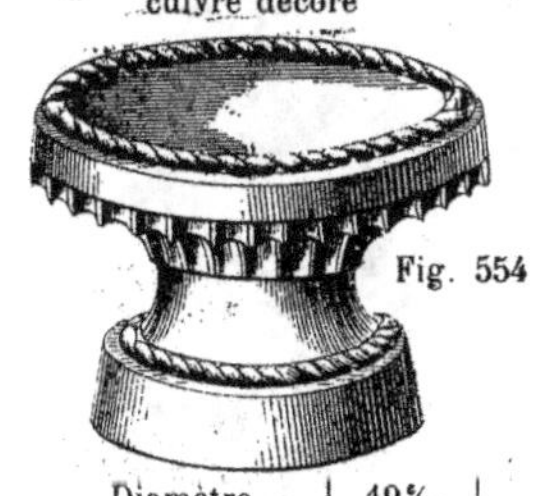

Fig. 554

Diamètre . .	19½
Prix	**29.40**

Corbeille ovale, cuivre décoré

Fig. 555

Diamètre . .	32½
Prix	**52.95**

Corbeille ovale, cuivre décoré

Fig. 556

Diamètre	Hauteur	Prix
23½	22½	**21.25**

Corbeille ronde, cuivre décoré

Fig. 557

Diamètre . .	19½
Prix	**17. »**

J. & E. GAILLARD

Corbeille, cuivre décoré

Fig. 558

HAUTEUR	DIAMÈTRE DU PIED	PRIX
30 %	22 %	50.40

Coupe torse, Amour et Dauphins

Fig. 559

HAUTEUR	DIAMÈTRE	PRIX
42 %	24 %	19.60

Cascade pour pièces montées

Fig. 560

NOMBRE DE COUPES	HAUTEURS TOTALES	PRIX
1	14 %	6.30
3	31 —	8.15
4	39 —	11.50
5	48 —	14.30
6	56 —	16.55

Coupe tulipe pour sucre nougat, etc.

Fig. 561

HAUTEURS	PRIX
36 %	22.15
40 —	30.25

Corbeille pour pièce montée

Fig. 562

Hauteur. . .	19 %
PRIX	9.55

Corbeille ronde pour glace
ou nougat

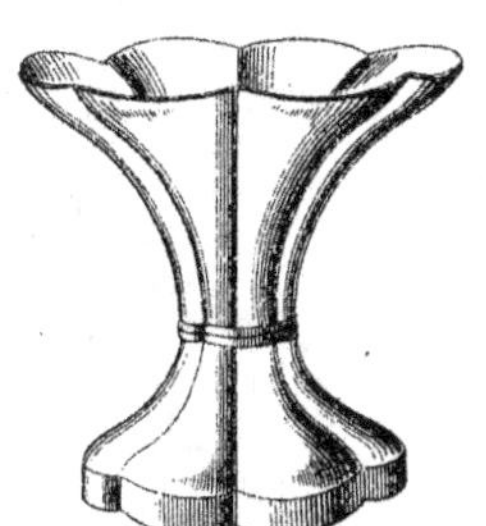

Fig. 563

Hauteur	Diamètre	Prix
20 ‰	20 ‰	**6.30**

Corbeille, cuivre décoré
pour nougat

Fig. 564

Hauteur. . .	30 ‰
Prix	**40.35**

Coupe ronde pour nougat

Fig. 565

Hauteur	Diamètre	Prix
17 ‰	20 ‰	**6.45**

Corbeille pour nougat

Fig. 566

Hauteur. . .	25 ‰
Prix	**23. »**

Corbeille ronde cannelée
pour glace, nougat, etc.

Fig. 567

Hauteur	Diamètre	Prix
21 ‰	24 ‰	**10.95**

*Cette Corbeille se fait également
ovale*

Coupe ronde, cuivre décoré

Fig. 568

Diamètres	Prix
21 ‰	**30.25**
24 —	**35.85**

Brouette pour pièce montée
nougat, etc.

Fig. 569

Prix	8.40

Corne Ecailles

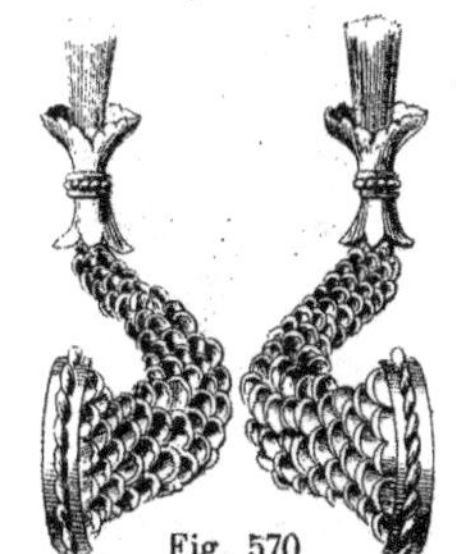

Fig. 570

Hauteurs	Prix	Hauteurs	Prix
14 ‰	5.35	27 ‰	10.65
18 —	7.30	32 —	16. »

Dauphin, cuivre

Fig. 571

Hauteurs	Prix	Hauteurs	Prix
10 ‰	3. »	20 ‰	8.40
13 —	4.20	25 —	12.60
16 —	5.35		

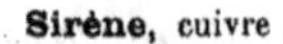

Sirène, cuivre

Fig. 572

Hauteur. .	17½
Prix . . .	6.45

Console pour pièce montée

Fig. 573

Hauteurs	Prix
18½	4.80
24—	5.90
30—	7.60

Colonne pour pièce montée

Fig. 574

Hauteurs	Prix
20½	4.20
27—	4.80

Colonne torse, cuivre

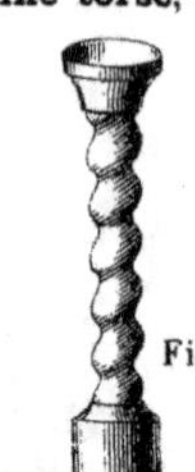

Fig. 575

Hauteurs	Prix
12½	2. »
16—	2.80
20—	4.25

Enfant, cuivre

Fig. 576

15½   Prix   4.80

Amour, cuivre

Fig. 577

19½   Prix   5.05

Griffon, cuivre

Fig. 578

14½   Prix   6.30

Esse, cuivre

Fig. 579

18½   Prix   4.80

Cygne, cuivre

Fig. 580

12½   Prix   4.05

Petit panier rond
à nougat
pour 1 personne

Fig. 581

Haut. 45½   Prix.   0.60

Petit panier ovale
à nougat
pour 1 personne

Fig. 582

Haut. 50½   Prix.   1. »

Petit dauphin
fer blanc

Fig. 583

Haut. 13½   Prix.   3.15

Parapluie à nougat

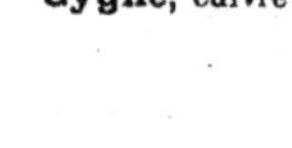

Fig. 584

Prix . . .   5.35

Dôme pour sucre et nougat

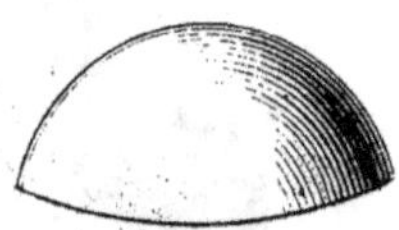

Fig. 585

Diamètres	Prix	Diamètres	Prix
7½	0.55	14½	1.55
8—	0 60	16—	1.70
9—	0.65	18—	2.80
10—	0.75	19—	3.05
11—	0.85	20—	3.65
12—	1. »		

Aigrette, cuivre

Fig. 586

Hauteurs	Prix
70½	1. »
80—	1.25
90—	1.60

Plum-cake rectangulaire

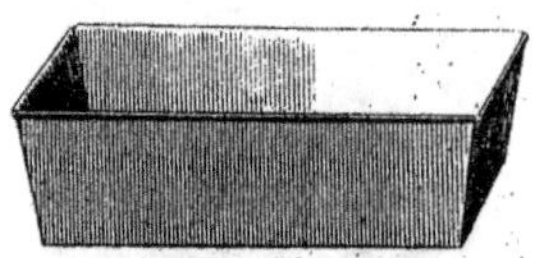

Fig. 587

Longueurs	Prix	Longueurs	Prix
12½	1.35	28½	3.60
14—	1.60	30—	3.90
16—	1.70	32—	4.20
18—	1.85	34—	4.85
20—	2. »	36—	5.10
22—	2.25	38—	5.50
24—	2.65	40—	5.85
26—	3.10		

Plum-cake, rond

Fig. 588

Diamètres	Prix	Diamètres	Prix
9½	0.60	14½	1.45
10—	0.80	15—	1.80
11—	0.90	16—	2.15
12—	1. »	18—	2.50
13—	1.15	20—	3. »

Pâté Chatillon à côtes

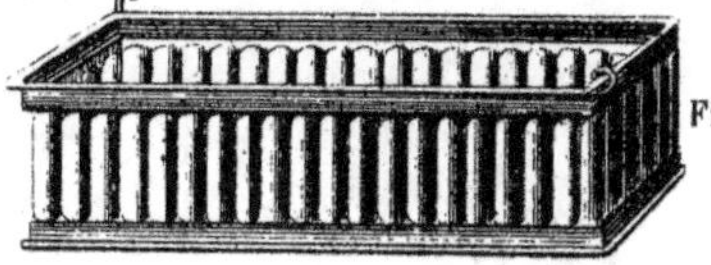

Fig. 589

Longueurs	Prix	Longueurs	Prix
20½	3.80	40½	7.15
25—	4.40	45—	8.15
30—	5.50	50—	9.40
35—	6.20		

Pâté Chatillon

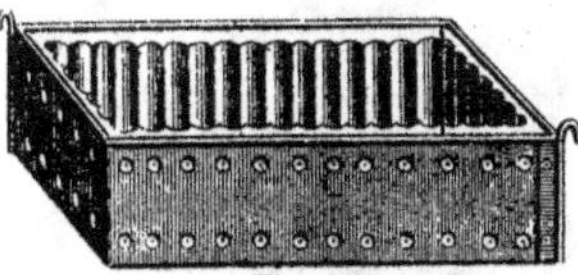

Fig. 590

Longueurs	Prix	Longueurs	Prix
20½	4.20	40½	7. »
25—	4.80	45—	8.15
30—	5.45	50—	9.25
35—	6.30	55—	12.05

Pâté, rectangulaire uni

Fig. 591

Longueurs	Prix	Longueurs	Prix
20½	2. »	40½	3.05
25—	2.55	45—	3.65
30—	2.70	50—	4.20
35—	2.80	55—	5.05

Pâté Chantillon, pincé

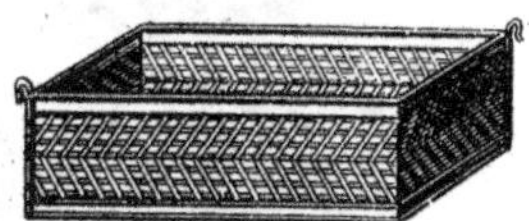

Fig. 592

Longueurs	Prix	Longueurs	Prix
20½	3. »	40½	4.20
25—	3.15	45—	5.05
30—	3.65	50—	6.60
35—	3.80	55—	8.15

Pâté ovale, cannelé

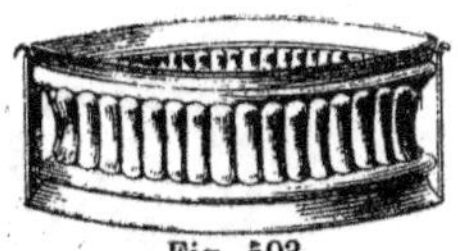

Fig. 593

Longueurs	Prix	Longueurs	Prix
14½	1. »	26½	2.60
15—	1.25	28—	3.25
18—	1.30	30—	4.20
21—	1.45	33—	5.45
22—	2.10	36—	6.40
24—	2.40	39—	8.15

Pâté Corbeille, ovale

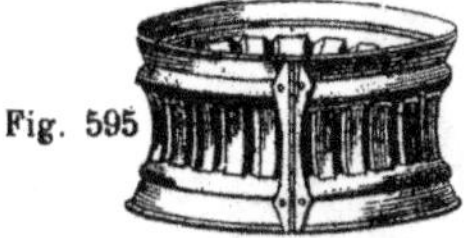

Fig. 594

Longueurs	Prix
21½	2.55
24—	3.25
27—	4.20
30—	5.05

Pâté rond, cannelé

Fig. 595

Diamètres	Prix	Diamètres	Prix
10½	1.25	21½	4.20
11—	1.55	23—	5.35
13—	2.10	25—	6.60
15—	2.55	28—	7.60
17—	2.80	31—	9.25
19—	3.40		

Pâté ovale, froid

Fig. 596

Longueurs	Prix	Longueurs	Prix
9½	1.25	15½	2.10
10—	1.35	16—	2.55
11—	1.40	17—	2.70
12—	1.55	18—	3. »
13—	1.65	19—	3.15
14—	1.95		

Pâté Corbeille, rond

Fig. 597

Diamètres	Prix
15½	3.25
17—	4.20
19—	5.50

Pâté rond, froid

Fig. 598

Diamètres	Prix	Diamètres	Prix
8½	0.80	15½	1.60
9—	0.85	16—	2.10
10—	1. »	17—	2.35
11—	1.20	19—	3. »
12—	1.30	21—	3.95
13—	1.45		

Pâté froid carré

Fig. 599

Longueurs	Prix	Longueurs	Prix
9 %	1.55	13 %	2.70
10—	1.80	14—	2.85
11—	2.10	15—	3. »
12—	2.55	16—	3.25

Pâté carré pincé ou Timbale Milanaise

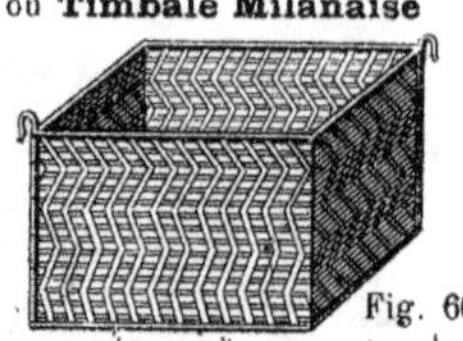

Fig. 600

Longueurs	Prix	Longueurs	Prix
9 %	2.35	13 %	3.70
10—	2.60	14—	4.15
11—	2.80	15—	4.80
12—	3 25		

Pâté bordure, pincé

Fig. 601

Diamètres	Prix
16 %	2.15
18—	2.55
20—	3. »
22—	3.40
24—	3.80

Pâté Strasbourg, ovale, pincé

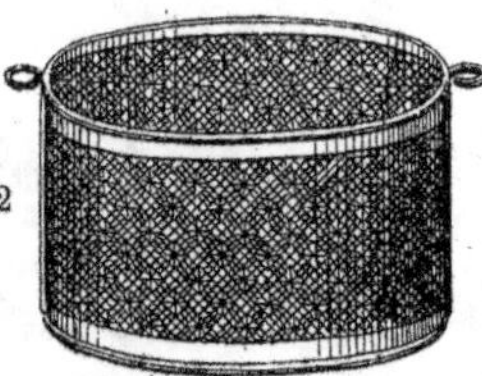

Fig. 602

Diamètres	Prix	Diamètres	Prix
14 %	1.25	20 %	3. »
15—	1.55	21—	3.65
16—	2.10	22—	4.20
17—	2.20	23—	4.60
18—	2.35	24—	5.05
19—	2.60	25—	5.90

Pâté Strasbourg, rond, pincé

Fig. 603

Diamètres	Prix	Diamètres	Prix
7 %	1. »	13 %	2.70
8—	1.25	14—	3.10
9—	1.55	15—	3.65
10—	1.75	16—	4.20
11—	2.10	17—	4.70
12—	2.55	18—	5.15

Bavaroises, Gelées, Babas, Aspics, Biscuits, fer étamé, décorés assortis de dessins

15 modèles différents

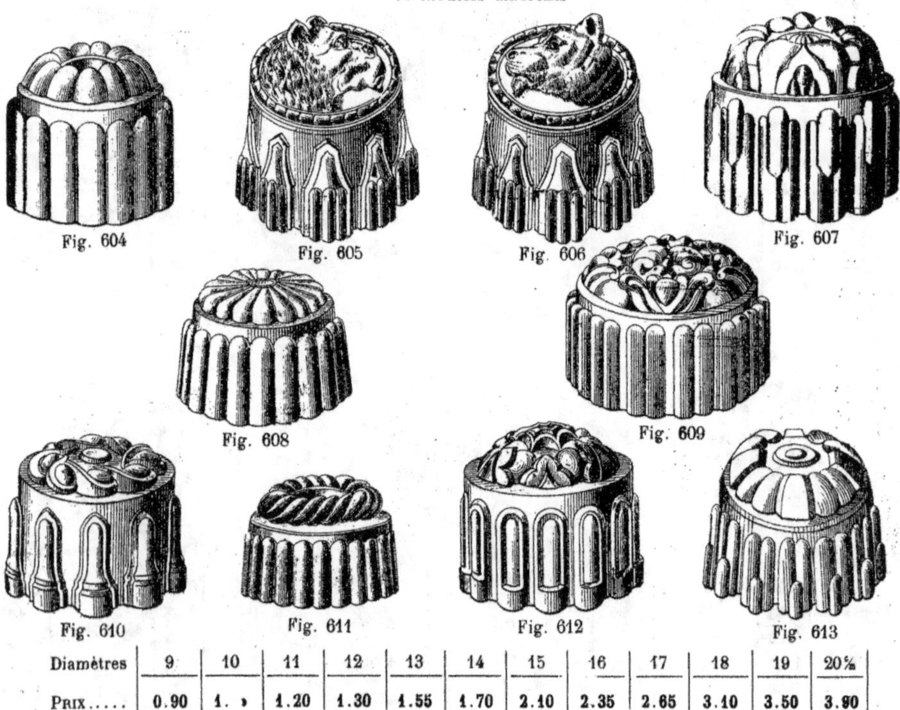

Fig. 604 — Fig. 605 — Fig. 606 — Fig. 607 — Fig. 608 — Fig. 609 — Fig. 610 — Fig. 611 — Fig. 612 — Fig. 613

Diamètres	9	10	11	12	13	14	15	16	17	18	19	20 %
Prix.....	0.90	1. »	1.20	1.30	1.55	1.70	2.10	2.35	2.65	3.10	3.50	3.90

Bavaroises, Gelées, Babas, Aspics, Biscuits, fer étamé, décorés assortis de dessus (Suite)

15 modèles différents

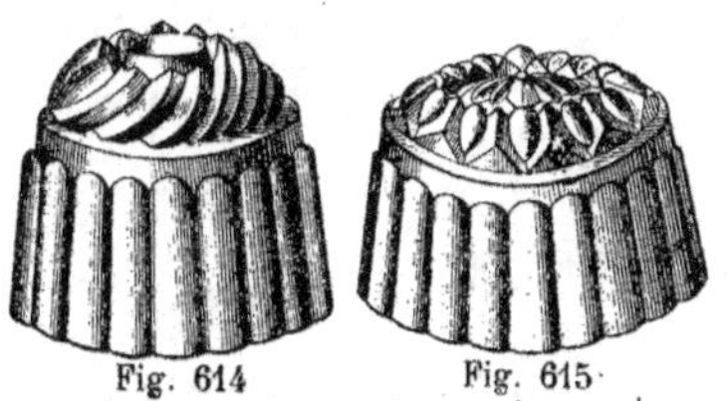

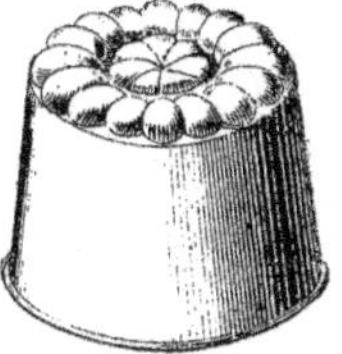

	Fig. 614			Fig. 615		Fig. 616			Fig. 617		Fig. 618	
Diamètres	9	10	11	12	13	14	15	16	17	18	19	20 ‰
Prix.....	0.90	1. »	1.20	1.30	1.55	1.70	2.10	2.35	2.65	3.10	3.50	3.90

Gâteau breton

Fig. 620

Étages	Prix	Étages	Prix
3	5.05	6	15.15
4	8.15	7	18.20
5	12.10		

Gâteau breton

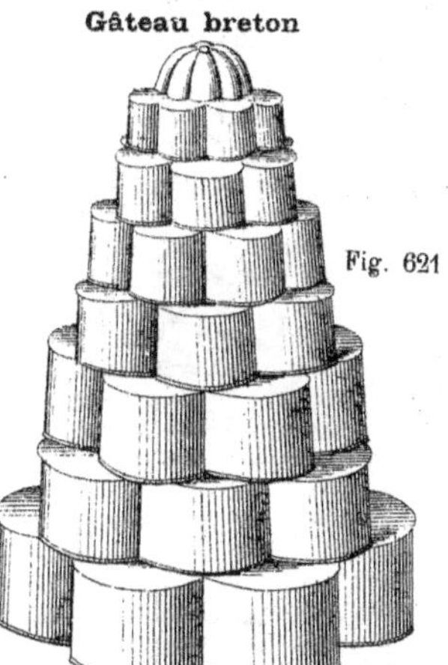

Fig. 621

Étages	Prix	Étages	Prix
5	5.05	8	15.15
6	8.15	9	19.25
7	11.50	10	24.15

Gâteau breton, à surprise

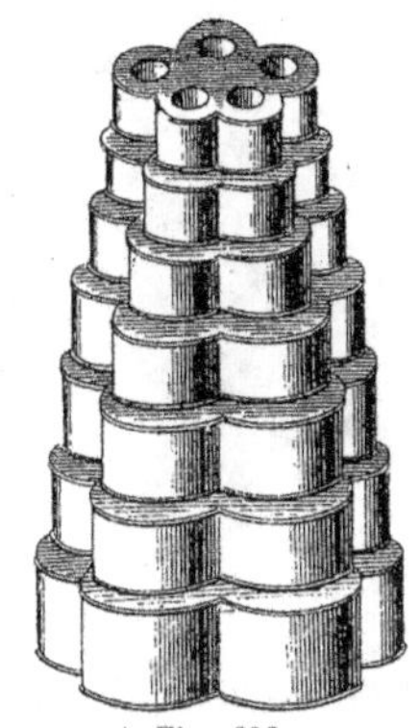

Fig. 622

La série de 7 étages. Prix 30.25

Les Moules se vendent séparés

Gâteau breton, Etoile

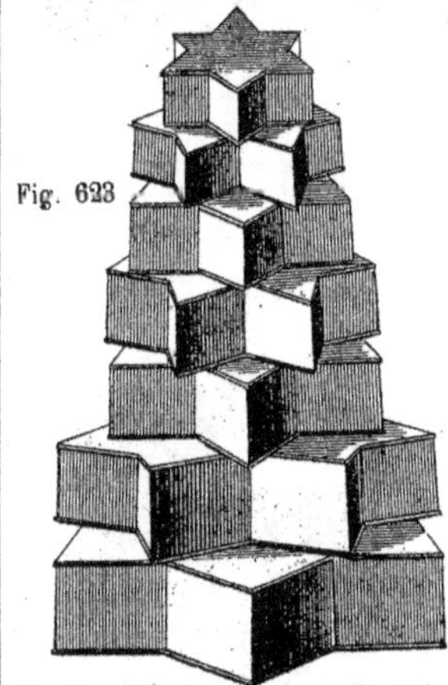

Fig. 623

Étages	Prix	Étages	Prix
3	5.05	6	15.15
4	8.15	7	18.20
5	12.60		

Breton pour biscuits

Haut. 46 ‰ Fig. 624 Diam. 26 ‰

Prix les 5 étages. 15.15

Les Moules se vendent séparés

Breton pour biscuits carrés

Fig. 625

Hauteur 32 ‰ - Diamètre 17 ‰

Prix les 7 étages 6.45

Fig. 626

Poulet pour biscuits, gelées, aspics

Longueur 21 ½ . . . . Prix 5.35

— 23 — . . . . — 5.90

Bavaroise, Gelée, Baba, Aspic, pour 2 personnes

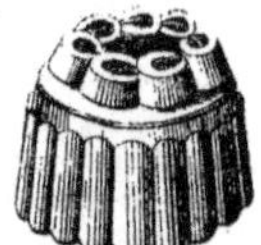

| Fig. 627 | Fig. 628 | Fig. 629 | Fig. 630 | Fig. 631 |

Diamètre 8 ½ . . . . Prix 0.90

Bavaroise, Gelée, Baba, Aspic, pour 1 personne

| Fig. 632 | Fig. 633 | Fig. 634 | Fig. 635 | Fig. 636 |

Diamètre 7 ½ . . . . Prix 0.75

Daube, biscuit, fruits, ovale

Fig. 637

Diamètre	23 ½
Prix . .	4.80

Daube, galantine, fruits, ovale

Fig. 638

Diamètres	26	28 ½
Prix . . .	7.60	8.15

Daube, biscuit, ovale

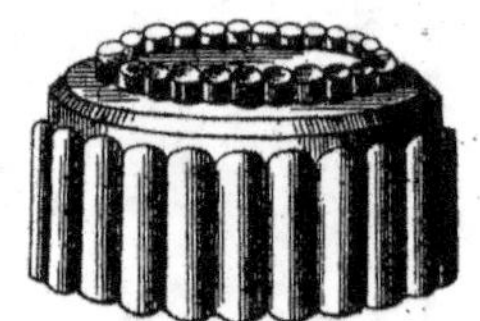

Fig. 639

Lougueurs	14	16	18 ½
Prix . . .	2.35	2.80	3.65

Daube ovale, poisson

Fig. 640

Longueurs	Prix	Longueurs	Prix
22 ½	4.20	32 ½	7 30
24 —	4.55	34 —	8.15

Daube ovale, pour biscuit, fleurs

Fig. 641

Longueur	24 ½	641
Prix . .	5.05	

Daube ovale, fond plein

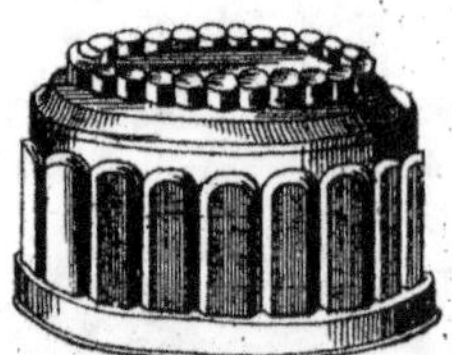

Fig. 642

Longueurs	Prix	Longueurs	Prix
14 ½	3.40	16 ½	4.40
15 —	3.80	18 —	5.05

Daube ovale

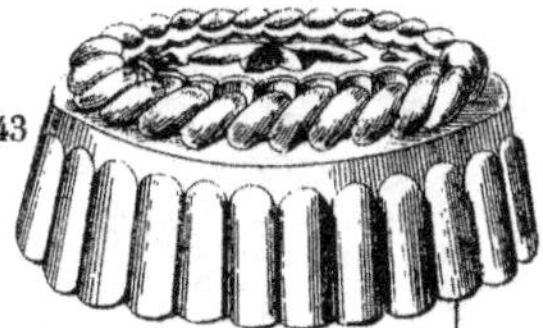

Fig. 643

Daube ovale, à côtes

Fig. 644

Dariole, fer étamé

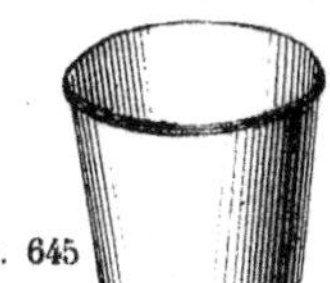

Fig. 645

Longueurs	Prix	Longueurs	Prix	Longueurs	Prix	Longueurs	Prix	Diamètres	Prix	Diamètres	Prix
23%	3.65	30%	5.90	19%	3.10	23%	4.20	35%	0.25	50%	0.40
25—	4.20	32—	7. »					40—	0.30	55—	0.45
27—	5.05	34—	8.15	21—	3.90	25—	5.35	45—	0.35	60—	0.60

Dariole à pans 646

Fig. 646

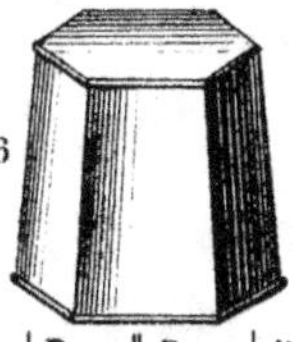

Diam.	Prix	Diam.	Prix
45%	0.30	55%	0.45
50—	0.35	60—	0.50

Dariole à baba, à pans
fond décoré

Fig. 647

Diamètres	50	55%
Prix. . .	0.50	0.60

Dariole ronde
fond décoré

Fig. 648

Diamètre	70%
Prix . .	0.60

Gâteau de riz, cannelé
ovale

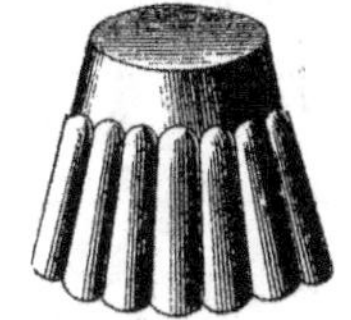

Fig. 649

Diamètre	75%
Prix . .	0.30

Gâteau de riz et Perdreau, ovale uni

Fig. 650

Longueurs	Prix	Longueurs	Prix
55%	0.30	85%	0.65
60—	0.35	90—	0.70
65—	0.40	100—	0.70
70—	0.45	110—	0.75
75—	0.50	120—	0.75
80—	0.60	130—	0.85

Dariole carrée
fond décoré

Fig. 651

Diamètres	45	50%
Prix. . .	0.40	0.50

Dariole à baba

Fig. 652

Diamètres	50	55%
Prix . . .	0.50	0.70

Cercle à flans, rond

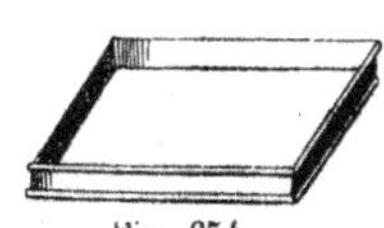

Fig. 653

Diamètres	Prix	Diamètres	Prix	Diamètres	Prix	Diamètres	Prix	Diamètres	Prix
6%	0.20	12%	0.30	18%	0.45	24%	0.75	30%	0.95
7—	0.20	13—	0.30	19—	0.50	25—	0.75	31—	0.95
8—	0.20	14—	0.35	20—	0.60	26—	0.80	32—	1.15
9—	0.25	15—	0.40	21—	0.60	27—	0.80	33—	1.20
10—	0.25	16—	0.40	22—	0.70	28—	0.85	34—	1.25
11—	0.25	17—	0.45	23—	0.70	29—	0.85		

Cercle à flans, carré

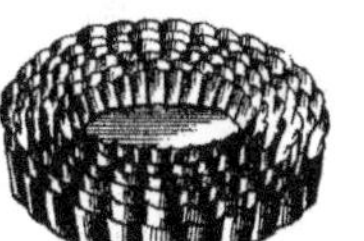

Fig. 654

Longueurs	Prix	Longueurs	Prix	Longueurs	Prix	Longueurs	Prix
10%	0.30	14%	0.60	18%	1. »	24%	1.35
11—	0.30	15—	0.70	19—	1.15	26—	1.45
12—	0.35	16—	0.80	20—	1.20	28—	1.75
13—	0.35	17—	0.85	22—	1.30	30—	1.90

Ces cercles se font aussi rectangulaires

Pain de Gênes

La série de 6 grandeurs

Prix 3.65

Ces Moules se vendent séparés

Fig. 655

Manqué, cannelé rond 656

Fig. 656

Diam.	Prix	Diam.	Prix
10%	0.50	20%	1. »
12—	0.65	22—	1.55
14—	0.70	24—	2.25
16—	0.85	27—	2.60
18—	0.95		

Fig. 657

Manqué uni, rond

Diamètres	Prix	Diamètres	Prix	Diamètres	Prix	Diamètres	Prix
12‰	0.60	17‰	0.85	22‰	1.35	27‰	2.25
13—	0.60	18—	0.85	23—	1.60	28—	2.35
14—	0.65	19—	0.95	24—	1.70	29—	2.55
15—	0.80	20—	0.95	25—	1.80	30—	2.80
16—	0.80	21—	1.30	26—	2.10		

Fig. 658

Manqué carré

Longueurs	Prix	Longueurs	Prix	Longueurs	Prix	Longueurs	Prix
10‰	1. »	14‰	1.20	18‰	1.75	22‰	2.60
11—	1.10	15—	1.30	19—	2. »	23—	2.80
12—	1.10	16—	1.40	20—	2.15	24—	3.05
13-	1.15	17--	1.65	21—	2.50		

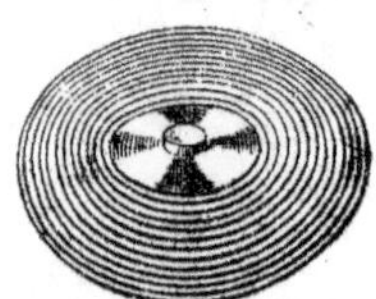

Fig. 659

Vol-au-vent et à Tourtes

La Série de 12 pièces

Prix. . . 6.35   659

Ces Moules se vendent séparés

Fig. 660

Cornet à crème

13 et 14‰

Prix. . . 0.25

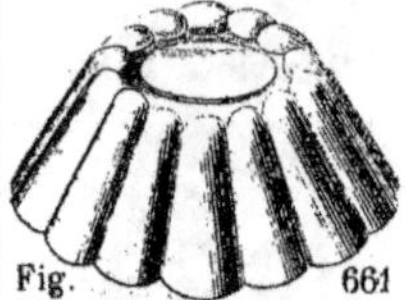

Fig. 661

Brioche

Diamètres. . . .	10	12	14	16	18	20	22	24‰
Prix	0.30	0.35	0.50	0.65	0.80	1. »	1.25	1.40

Fig. 662

Brioche fond plat

Diamètres	Prix	Diamètres	Prix	Diamètres	Prix	Diamètres	Prix
6‰	0.15	10‰	0.25	15‰	0.60	20‰	1.10
6—½	0.15	11—	0.30	16—	0.65	21—	1.30
7—	0.20	12—	0.35	17—	0.70	22—	1.35
8—	0.20	13—	0.40	18—	0.80	24—	1.55
9—	0.25	14—	0.50	19—	0.95	25—	1.60

Fig. 663

Brioche carrée cannelée

Diamètres.	11	12	13	14	15	16‰
Prix	0.50	0.65	0.80	1. »	1.25	1.60

Fig. 664

Charlotte, fer étamé et couvercle fort, d'une pièce

Diamètres	Prix	Diamètres	Prix	Diamètres	Prix
8‰	0.50	12‰	1.10	16‰	1.85
9—	0.60	13—	1.25	18—	2.55
10—	0.80	14—	1.45	20—	3 »
11—	0.95	15—	1.70	22—	3.65

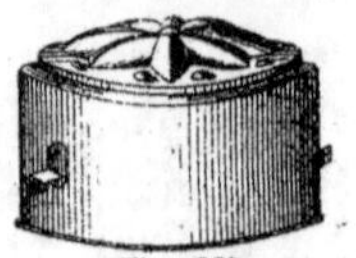

Fig. 665

Charlotte, fond étoile

Diamètres	11	12	13	14	15	16	17	18‰
Prix. . .	1. »	1.20	1.30	1.60	1.80	2.15	2.50	2.70

Bavaroise
gelée cul-de-bouteille, fer

Fig. 666

Bavaroise, gelée, fond plat, fer

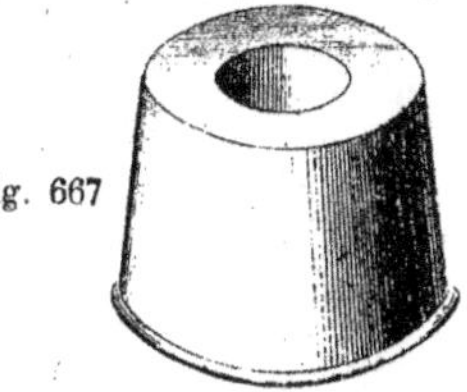

Fig. 667

Bavaroise, gelée à pans

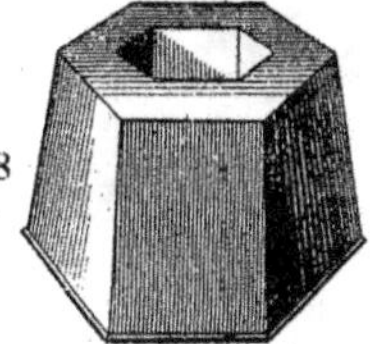

Fig. 668

Diamètres	Prix	Diamètres	Prix	Diamètres	Prix	Diamètres	Prix	Diamètres	Prix	Diamètres	Prix
10½	1.35	15½	2.60	10½	1. »	15½	2.25	10½	1.80	14½	3.25
11—	1.60	16—	3.05	11—	1.25	16—	2.60	11—	2.15	15—	3.70
12—	1.80	17—	3.65	12—	1.55	17—	3.05	12—	2.35	16—	4.20
13—	2.15	18—	4.10	13—	1.80	18—	3.25	13—	2.75		
14—	2.50			14—	2.15						

Baba, Biscuit, Nougat

Fig. 669

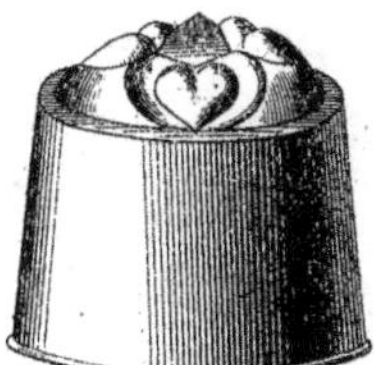

Fig. 670

Fig. 671

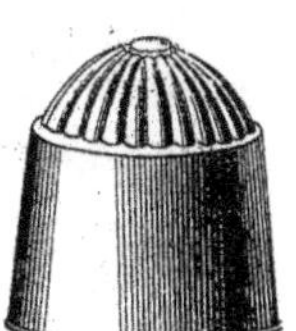

Fig. 672

Fig. 673

Fig. 674

Numéros 669 — 75½......	Prix	0.60
— 670 — 90—......	—	0.70
— 671 — 80—......	—	0.60
— 672 — 65—......	—	0.45
— 673 — 85—......	—	0.70
— 674 — 65— Etoile....	—	0.45

Unie

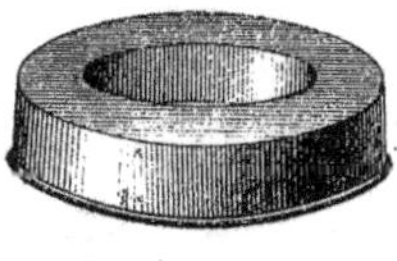

Concave

Fig. 675

Fig. 676

Bordure, fer, ronde unie

Diamètres	Prix	Diamètres	Prix	Diamètres	Prix
14½	1.25	18½	2.15	22½	3.15
15—	1.30	19—	2.35	23—	3.25
16—	1.55	20—	2.60	24—	3.60
18—	1.80	21—	3. »		

Bordure décorée, assortie

Fig. 677

Fig. 678

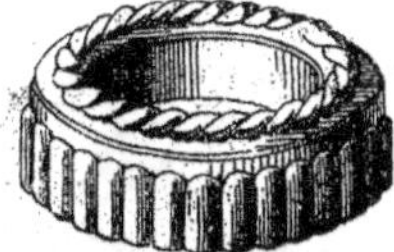

Fig. 679

Fig. 680

Diamètres....	14	15	16	17	18	20	22	24½
Prix......	2.15	2.35	2.60	3.10	3.50	3.95	4.20	4.80

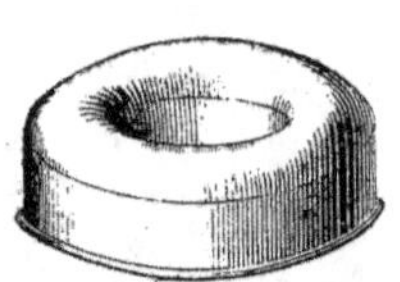

Fig. 681

Trois-frères

Diamètres.	10	12	14	16	18	20	22	24½
Prix . . .	1.25	1.35	1.70	2.05	2.55	3.25	3.80	4.25

Savarin fer

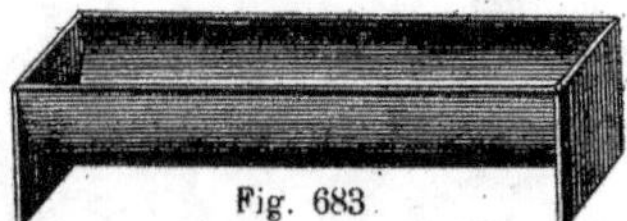

Fig. 682

Diamètres	Prix	Diamètres	Prix	Diamètres	Prix	Diamètres	Prix
4⅝ ½	0.20	9⅝	0.50	16⅝	1.25	24⅝	2.55
5—	0.25	10—	0.65	17—	1.55	25—	2.60
6—	0.30	11—	0.75	18—	1.60	26—	3. »
6—½	0.30	12—	0.90	19—	1.70	27—	3.60
7—	0.35	13—	0.90	20—	1.80	28—	3.70
7—½	0.40	14—	1. »	21—	2·05	30—	4.20
8—	0.45	15—	1.15	22—	2.15		

Bûche unie

Fig. 683

Longueur 40%. Prix. 2.15

Bûche de Noël

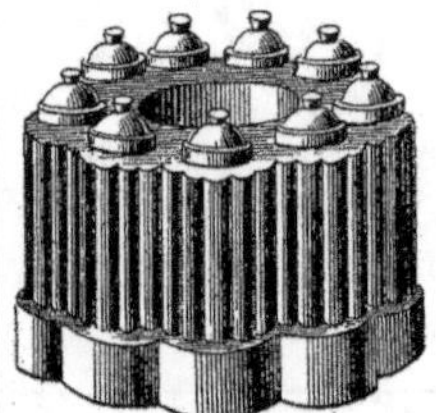

Fig. 684

Longueur 22%. Prix. 4.15

Gelées décorées, assorties

Fig. 685

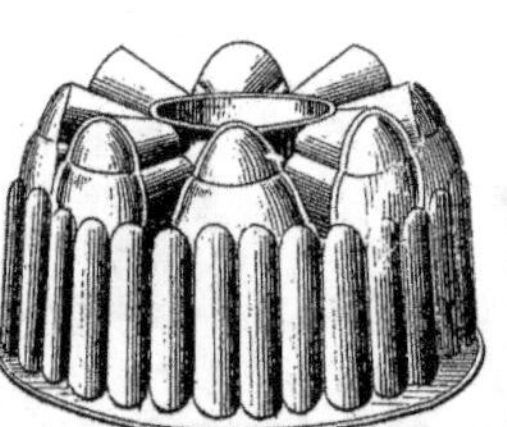

Fig. 686

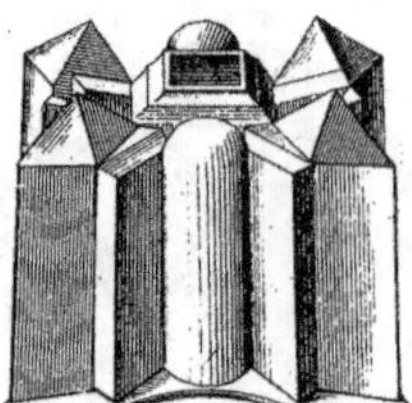

Fig. 687

Fig. 688

Fig. 689

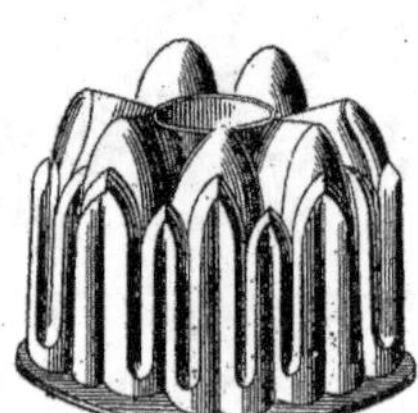

Fig. 690

Fig. 691

Fig. 692

Fig. 693

Fig. 694

Diamètres	Prix	Diamètres	Prix
12⅝	4.05	16⅝	5.30
13—	4.40	17—	5.40
14—	4.80	18—	5.90
15—	5.05		

Gelées décorées, assorties (*Suite*)

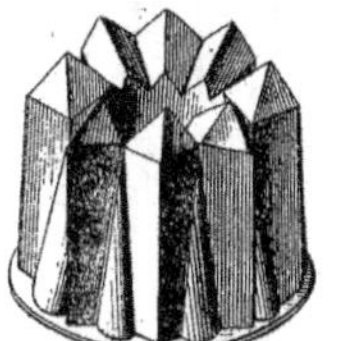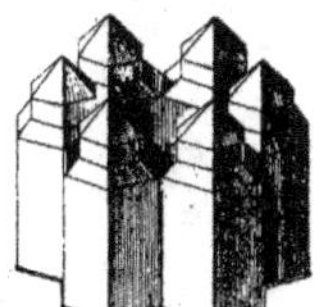

Fig. 695   Fig. 696   Fig. 697   Fig. 698

Fig. 699   Fig. 700

Diamètres	Prix	Diamètres	Prix
12 ⅝	4.05	16 ⅝	5.30
13 —	4.40	17 —	5.40
14 —	4.80	18 —	5.90
15 —	5.05		

Pain de mie, rectangulaire, extra-fort, à charnières

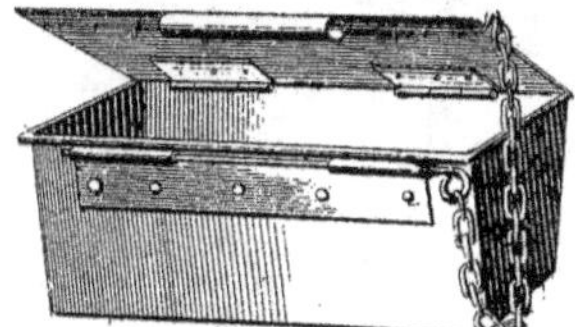

Fig. 701

Long.	Fort	Extra fort	Long.	Fort	Extra fort
25 ⅝	6.45	10.95	45 ⅝	18.50	24.65
30 —	9.70	13.75	50 —	21.30	26.90
35 —	13.45	16.80	55 —	23.55	29.15
40 —	15.70	20.20	60 —	28. »	33.60

Pain de mie, carré, extra-fort

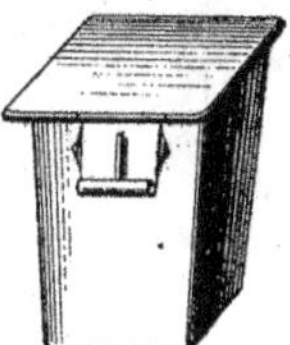

Fig. 702

Contenance	Prix	Contenance	Prix
250 gr.	2.55	1 kil.	4.05
500 —	3.65	1 — ½	4.40
750 —	3.95	2 —	5.05

Hatelets argentés, 1er titre, assortis de dessins

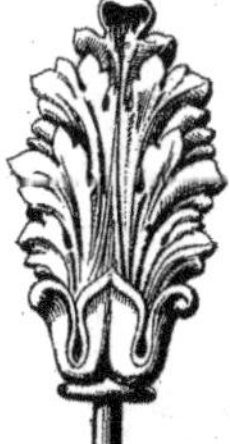

Fig. 703   Fig. 704   Fig. 705   Fig. 706   Fig. 707

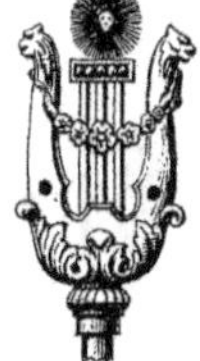

Fig. 708   Fig. 709   Fig. 710   Fig. 711   Fig. 712   Fig. 713   Fig. 714

Prix : la pièce 2.55 et 2.70

Hatelets argentés, 1er titre, assortis de dessins (*Suite*)

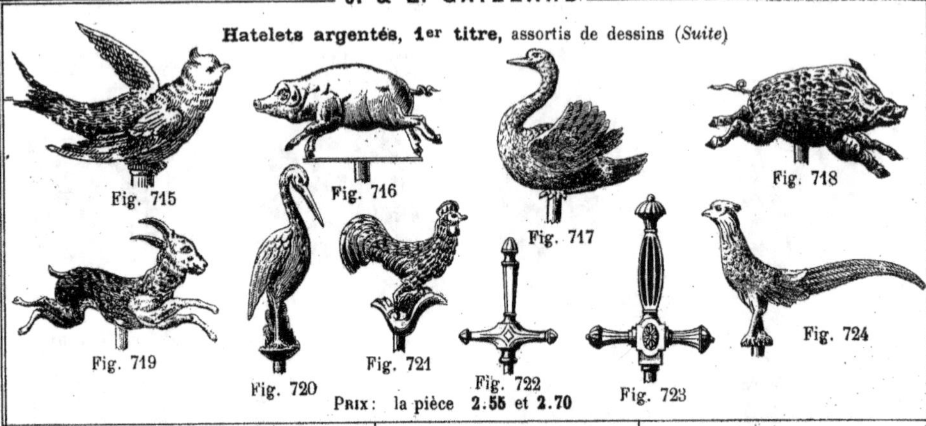

Fig. 715   Fig. 716   Fig. 718   Fig. 717   Fig. 719   Fig. 720   Fig. 721   Fig. 722   Fig. 723   Fig. 724

PRIX : la pièce **2.55 et 2.70**

Moules à hatelets, ronds et carrés

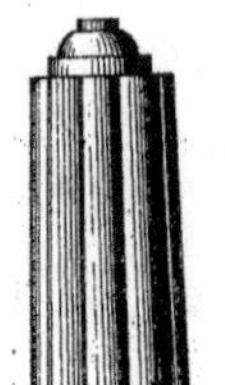

Fig. 725   Fig. 726   Fig. 727

14 Modèles différents

PRIX **1.40**

Tartelette ovale, cannelée

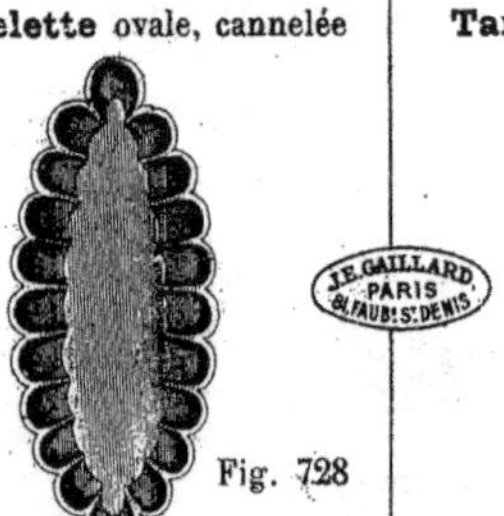

Fig. 728

Longueurs	Prix, la douzaine
85%	0.95
100—	1.20
110—	1.55
120—	1.70

Tartelette ovale, unie

Fig. 729

Long.	Prix la douz.	Long.	Prix la douz.
65%	0.85	95%	1.25
70—	1. »	100—	1.55
75—	1. »	110—	1.70
80—	1.10	120—	1.80
85—	1.25		

Tartelette, bouchée à la reine

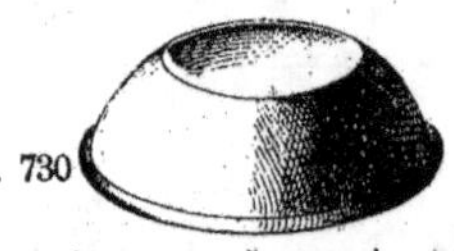

Fig. 730

Diam.	Prix la douzaine	Diam.	Prix la douzaine
30%	1.25	50%	2.25
35—	1.55	55—	2.55
40—	1.70	60—	2.75
45—	2. »		

Tartelette ronde, creuse bordée ou non

Fig. 731

Diam.	Prix la douzaine	Diam.	Prix la douzaine
60%	1. »	75%	1.55
65—	1.25	80—	1.70
70—	1.40		

Tartelette, brioche, côte fine ronde creuse

Fig. 732

Diam.	Prix la douzaine	Diam.	Prix la douzaine
60%	1.70	75%	2.50
65—	2.10	80—	2.60
70—	2.10		

Tartelette brioche, unie creuse

Fig. 733

Diamètres	Prix, la douzaine	Diamètres	Prix, la douzaine
50%	0.95	75%	2.05
55—	1. »	80—	2.25
60—	1.30	85—	2.55
65—	1.55	90—	2.80
70—	1.80	100—	3.15

Tartelette ronde, cannelée, plate

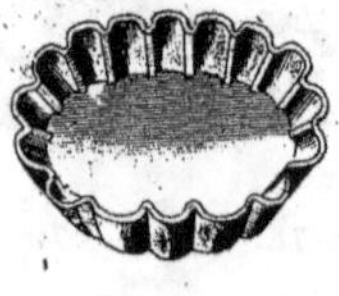

Fig. 734

Diamètres	Prix, la douz.	Diamètres	Prix, la douz.	Diamètres	Prix, la douz.
33%	0.60	60%	1.15	85%	2.05
40—	0.60	65—	1.25	90—	2.25
47—	0.65	70—	1.45	95—	2.60
50—	0.70	75—	1.60	100—	2.80
55—	1. »	80—	1.70		

Tartelette ronde, plate unie

Fig. 735

DIAMÈTRES	PRIX, la douz.	DIAMÈTRES	PRIX, la douz.	DIAMÈTRES	PRIX, la douz.
37 ½	0.60	60 ½	0.85	85 ½	2.25
40—	0.60	65—	1.15	90—	2.55
45—	0.65	70—	1.40	95—	2.80
50—	0.70	75—	1.80	100—	3.10
55—	0.75	80—	2.10		

Tartelette ronde, creuse, grosses côtes

Fig. 736

DIAMÈTRES	PRIX, la douzaine	DIAMÈTRES	PRIX, la douzaine
60 ½	0.95	80 ½	1.70
65—	1.20	90—	2.10
70—	1.35	100—	2.55
75—	1.55		

Tartelette ovale, unie

Fig. 737

Diamètre   70 ½

PRIX, la douzaine   2.55

Tartelette côtelette

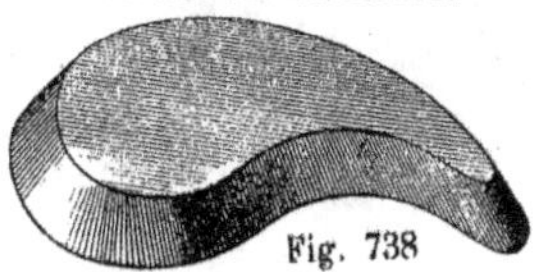

Fig. 738

Diamètres	80	88	95 ½
PRIX, la douzaine.	1.45	1.70	2 05

Tartelettes, assorties de formes et de dessins

Fig. 739

Fig. 740

Fig. 741

Fig. 742

Fig. 743

Fig. 744

Fig. 745

Fig. 746

Fig. 747

Fig. 748

Fig. 749

Fig. 750

Fig. 751

Fig. 752

Fig. 753

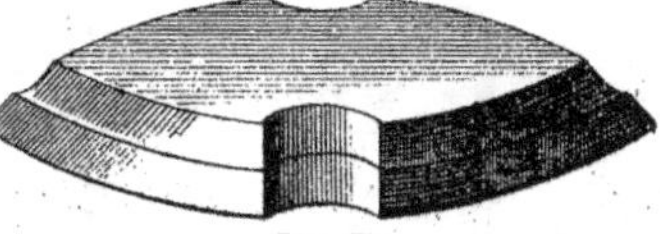

Fig. 754

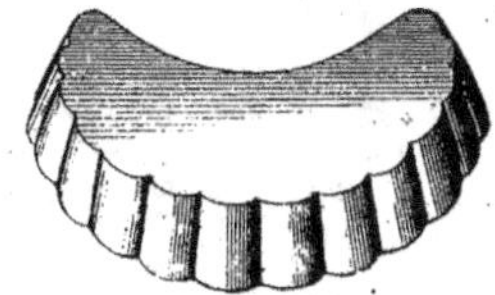

Fig. 755

PRIX, la douzaine. 2.15

J. & E. GAILLARD

Tartelettes, assorties de formes et de dessins (*suite*)

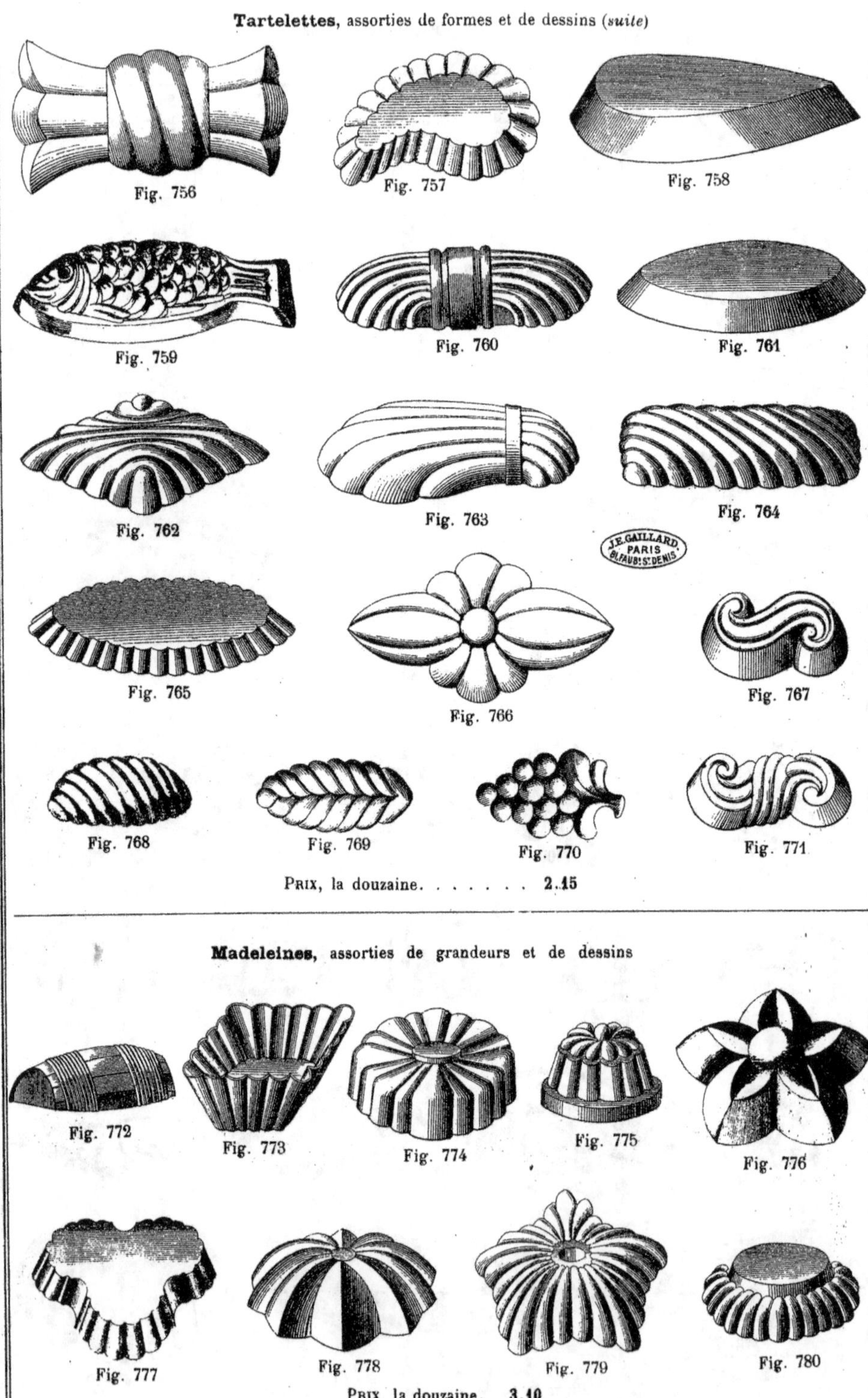

Fig. 756

Fig. 757

Fig. 758

Fig. 759

Fig. 760

Fig. 761

Fig. 762

Fig. 763

Fig. 764

Fig. 765

Fig. 766

Fig. 767

Fig. 768

Fig. 769

Fig. 770

Fig. 771

PRIX, la douzaine. 2.15

Madeleines, assorties de grandeurs et de dessins

Fig. 772

Fig. 773

Fig. 774

Fig. 775

Fig. 776

Fig. 777

Fig. 778

Fig. 779

Fig. 780

PRIX, la douzaine. 3.10

81, Faubourg Saint-Denis, PARIS (Xe Arr^t)

Madeleines, assorties de grandeurs et de dessins (*suite*)

Fig. 781

Fig. 782

Fig. 783

Fig. 784

Fig. 785

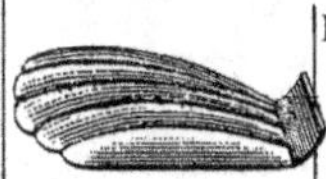

Fig. 786

Fig. 787

PRIX, la douzaine.   3.10

Madeleine Commercy détachée

Fig. 788

LONGUEURS	PRIX, la douzaine	LONGUEURS	PRIX, la douzaine	LONGUEURS	PRIX, la douzaine
45 %	1.25	65 %	1.80	90 %	2.55
50—	1.45	72—	1.85	95—	2.80
58—	1.70	80—	2. »	100—	3.25

Madeleine Commercy, en plaque

Fig. 789

Par 12 à la plaque		Par 6 à la plaque	
LONGUEURS	PRIX, la plaque	LONGUEURS	PRIX, la plaque
45 %	1.60	58 %	1.60
50—	1.70	65—	1.70
58—	2.10	72—	1.80
65—	2.55	80—	1.90
72—	2.80	90—	2.45
80—	3. »	95—	2.35
90—	3.10	100—	2.60
95—	3.65		
100—	4.20		

Madeleine griffe

Fig. 790

Longueurs	50	60	70 %
PRIX, la douzaine.	2.05	2.15	2.55

Madeleine coquille

Fig. 791

Longueurs	50	70	80 %
PRIX, la douzaine.	2.15	2.55	4.05

Madeleine longue, avec verre

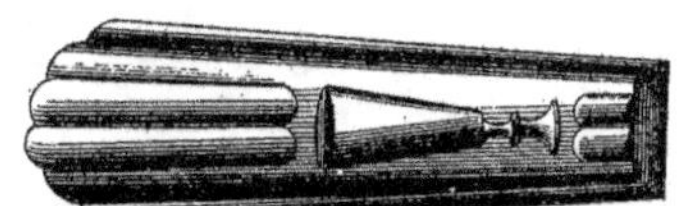

Fig. 792

LONGUEURS	PRIX, la douzaine	En plaque de 12
125 %	2.55	3.80

Madeleine longue, unie

Fig. 793

LONGUEURS	PRIX, la douzaine	En plaque de 12
80 %	1.80	2.15
100—	2.15	3. »

Petits-fours, assortis de grandeurs et de dessins

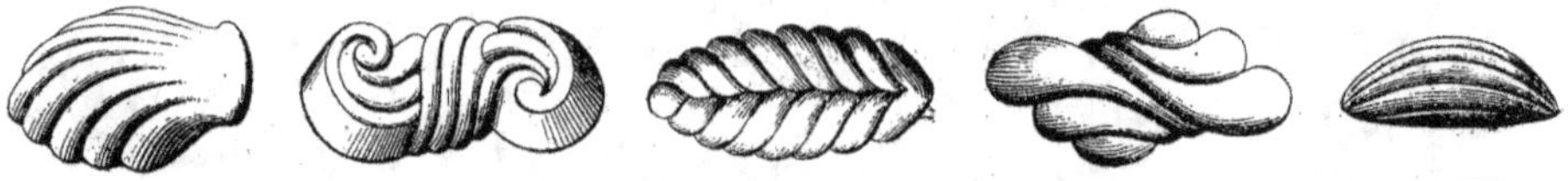

Fig. 794 Fig. 795 Fig. 796 Fig. 797 Fig. 798

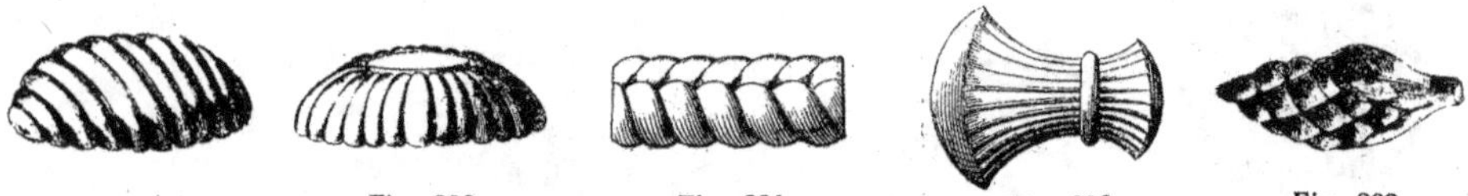

Fig. 799 Fig. 800 Fig. 801 Fig. 802 Fig. 803

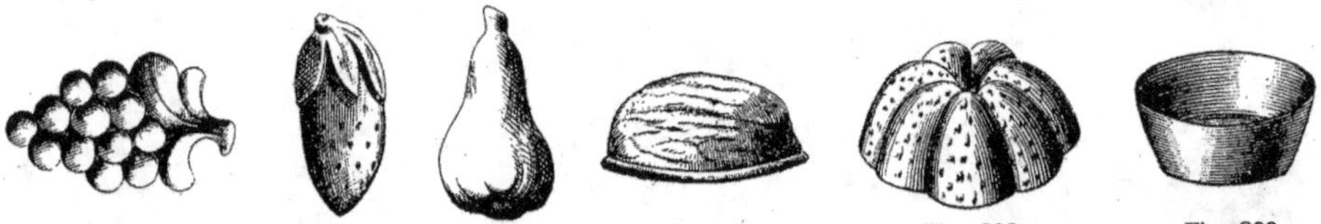

Fig. 804 Fig. 805 Fig. 806 Fig. 807 Fig. 808 Fig. 809

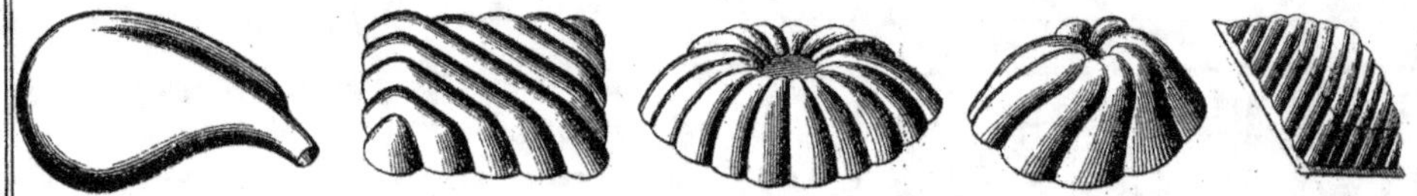

Fig. 810 Fig. 811 Fig. 812 Fig. 813 Fig. 814

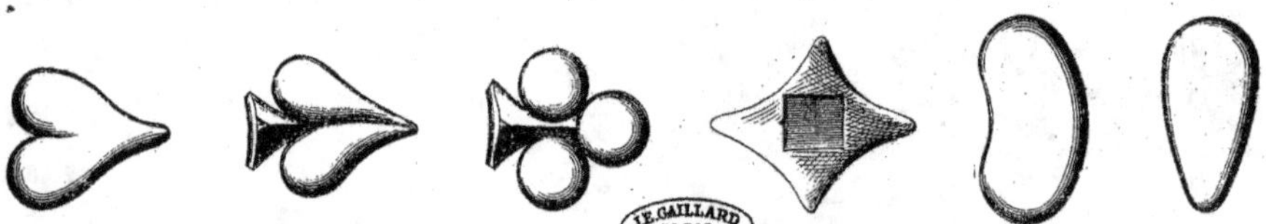

Fig. 815 Fig. 816 Fig. 817 Fig. 818 Fig. 819 Fig. 820

J.E. GAILLARD PARIS 81 FAUB. S.T DENIS

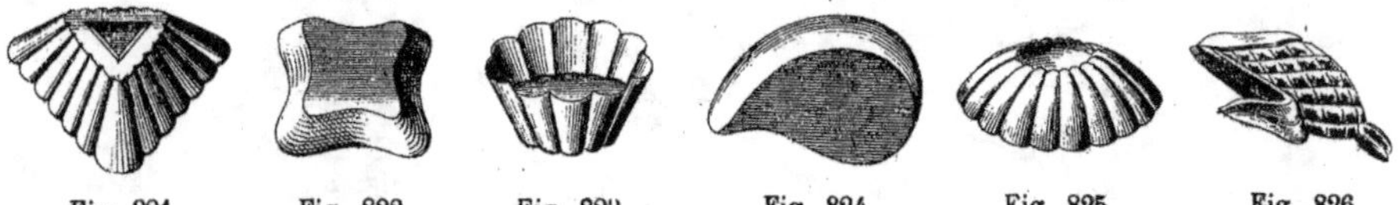

Fig. 821 Fig. 822 Fig. 823 Fig. 824 Fig. 825 Fig. 826

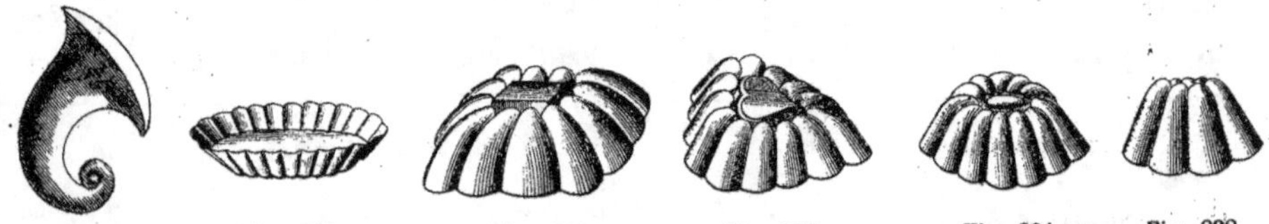

Fig. 827 Fig. 828 Fig. 829 Fig. 830 Fig. 831 Fig. 832

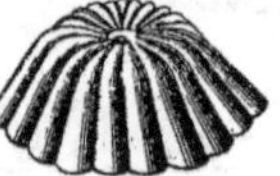

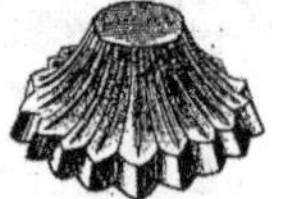

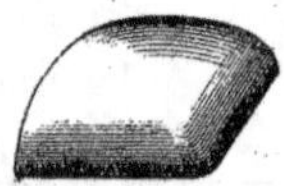

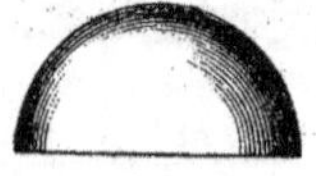

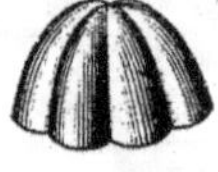

Fig. 833 Fig. 834 Fig. 835 Fig. 836 Fig. 837

Prix, la douzaine. 1.40

PETITS FOURS, en plaque

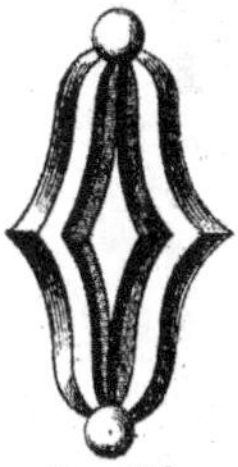

Fig. 838  Fig. 839 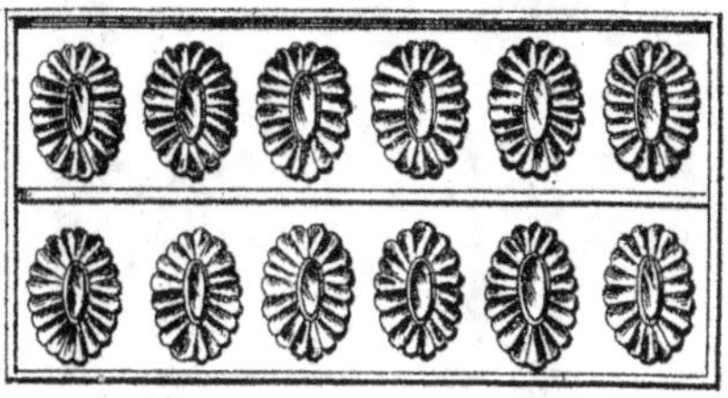  Fig. 840  Fig. 841

Fig. 842  Fig. 843  Fig. 844  Fig. 845  Fig. 846  Fig. 847

Fig. 848 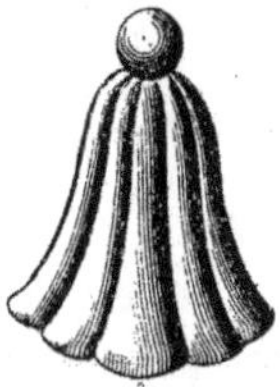 Fig. 849 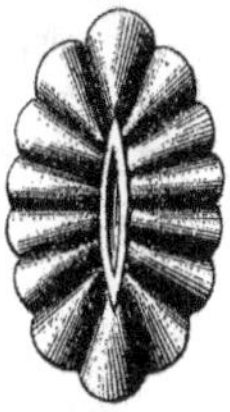 Fig. 850  Fig. 851  Fig. 852  Fig. 853

Fig. 854  Fig. 855  Fig. 856 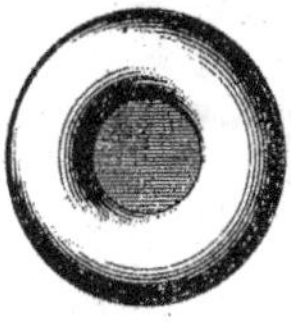 Fig. 857 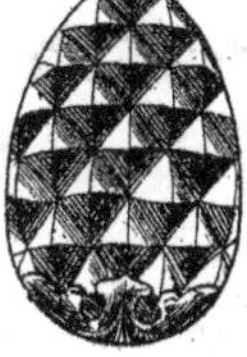 Fig. 858 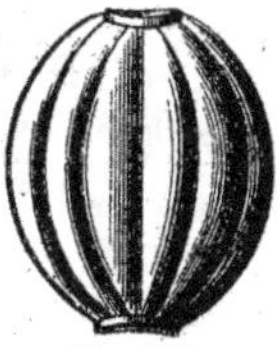 Fig. 859

Fig. 860  Fig. 861 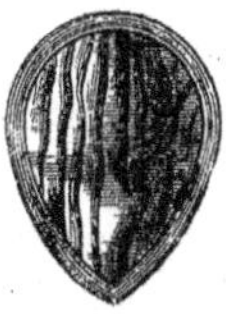 Fig. 862  Fig. 863 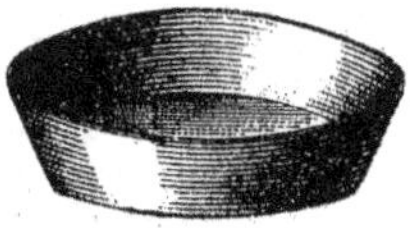 Fig. 864

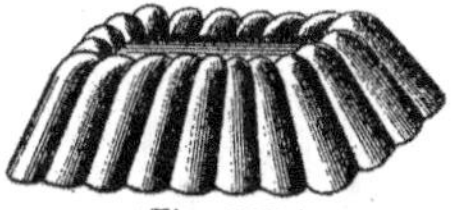

Fig. 865 Fig. 866 Fig. 867 Fig. 868

Par 12 à la plaque. . Prix. 1.80
Se font aussi par 24, 36, 48 à la plaque

Biscuit décoré

Fig. 869

En plaque de 12 de 80 %   1.25
— — 90 %   1.45

Biscuit décoré

Fig. 870

En plaque de 12 de 95 %
Prix . .   1.45

Biscuit decoré

Fig. 871

En plaque de 12 de 90 %
Prix . .   1.70

Biscuit décoré

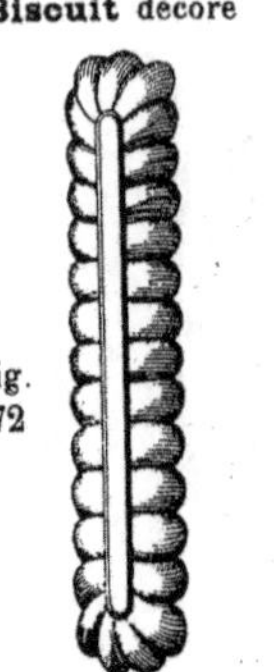

Fig. 872

En plaque de 12 de 80 %
Prix . .   1.25

Biscuit Champagne, avec verre ou bouteille

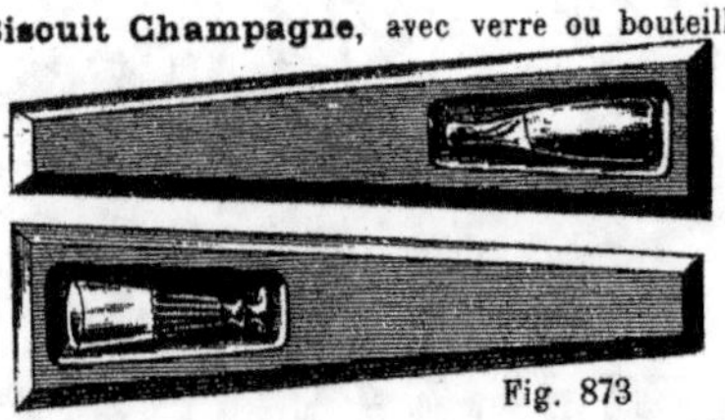

Fig. 873

Par 6 à la plaque		Par 12 à la plaque	
LONGUEURS	PRIX	LONGUEURS	PRIX
110 %	1.25	110 %	2.10
130 —	1.60	130 —	2.60

Biscuit boudoir

Fig. 874

En plaque de 12 de 85 %   1.25
— — 105 %   1.55

Biscuit décoré, torse

Fig. 875

En plaque de 12
Prix . .   1.25

Biscuit Reims, fond bombé, uni

Fig. 876

LONGUEURS	PRIX, la plaque	LONGUEURS	PRIX, la plaque
65 %	1. »	85 %	1.45
70 —	1.15	90 —	1.60
75 —	1.30	95 —	1.70
80 —	1.40	100 —	1.80

Biscuit Chablis, uni

Fig. 877

LONGUEURS	PRIX, la plaque	LONGUEURS	PRIX, la plaque
80 %	1.70	100 %	2.10
85 —	1.80	110 —	2.35
90 —	2. »		

Biscuit Champagne, cannelé

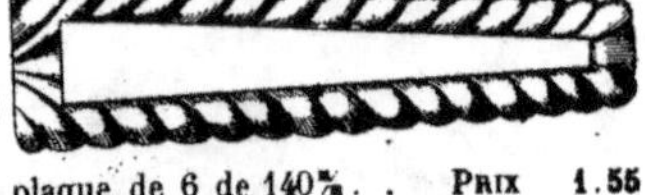

Fig. 878

En plaque de 6 de 140 % . .   PRIX   1.55
— 12 de 140 — . . —   2.55
Ces Biscuits se font aussi unis

Biscuit Champagne, bouteille

Fig. 879

En plaque de 12 de 120 % . .   PRIX   2.15
— — 150 — . . —   2.55

Biscuit uni

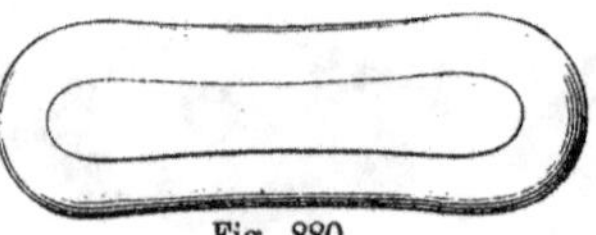

Fig. 880

En plaque de 12 de 90 %. PRIX   1.25

Biscuit Tom-Pouce
Longueur 50 %

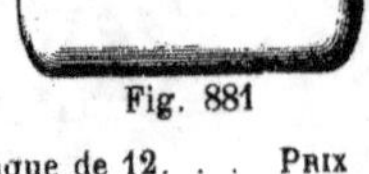

Fig. 881

En plaque de 12 . . .   PRIX   0.95
— 24 . . . —   1.80
— 36 . . . —   2.55
— 48 . . . —   3.40

Biscuit, langue de chat

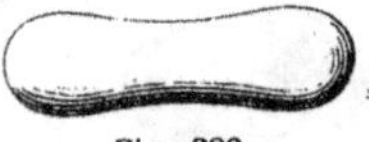

Fig. 882

En plaque de 7 de 67 %. PRIX   1. »
— 12 de 75 — —   1.25

Biscuit décoré

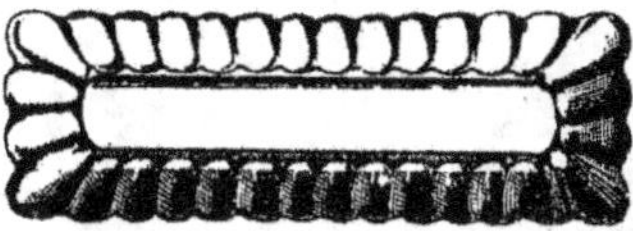

Fig. 883

En plaque de 12 de 92%. . . . PRIX 1.25

Biscuit décoré

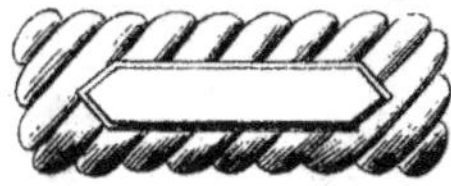

Fig. 884

En plaque de 12 de 70%. . . PRIX 1.25

Biscuit décoré

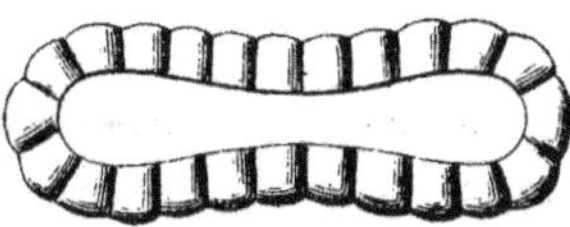

Fig. 885

En plaque de 12 de 90%. . . PRIX 1.25

J.E. GAILLARD PARIS 81, FAUBG ST DENIS

Biscuit décoré

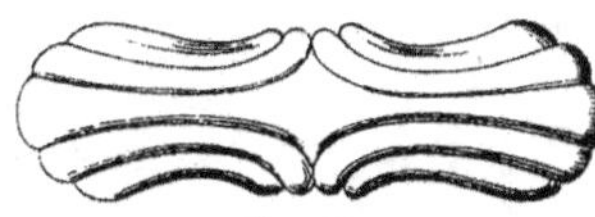

Fig. 886

En plaque de 12 de 100%. . . PRIX 1.60

— — 105—. . . — 1.80

Biscuit décoré

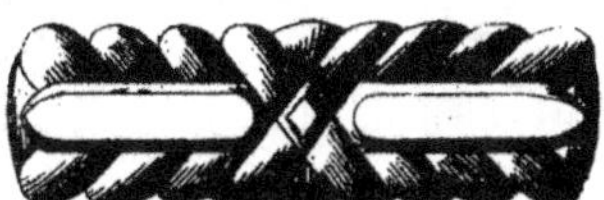

Fig. 887

En plaque de 12 de 90%. . . PRIX 1.25

— — 110—. . . — 1.60

Spécimen d'une plaque de biscuit
forte bordée

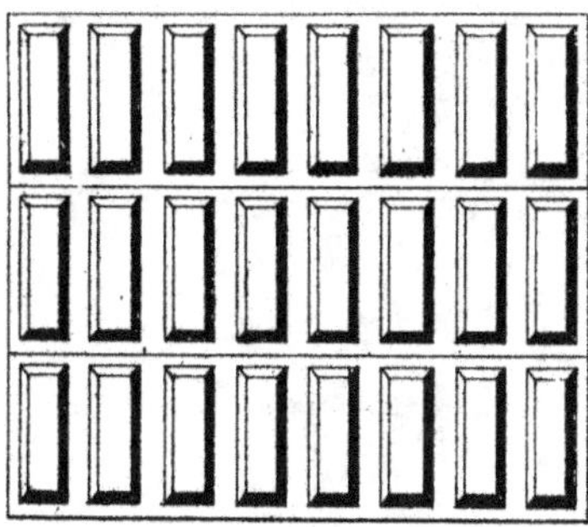

Fig. 888

Boîte coupe-pâte
cannelée ronde

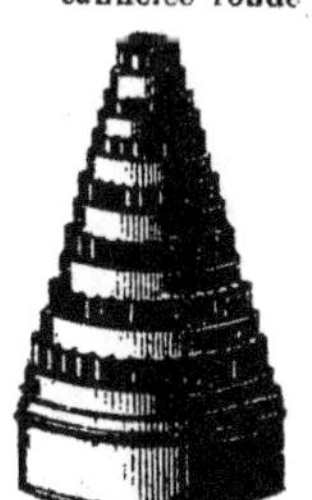

Fig. 889

PIÈCES	PRIX
7	3.40
8	4.15
9	4.70
11	6.60

Boîte coupe-pâte
cœur, cannelée

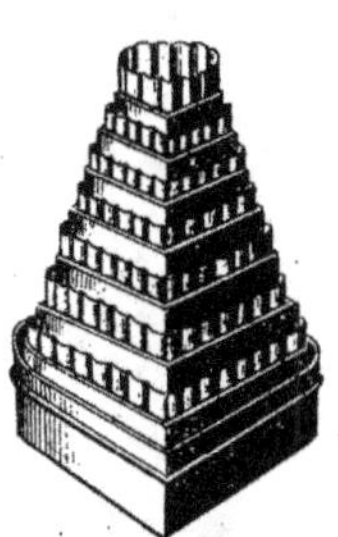

Fig. 890

PRIX . . 7 60

Boîte coupe-pâte
à pans, cannelée

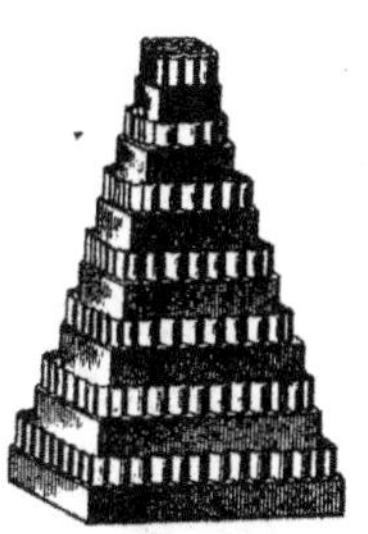

Fig. 891

PRIX . . 6.60

Boîte coupe-pâte
poire, cannelée

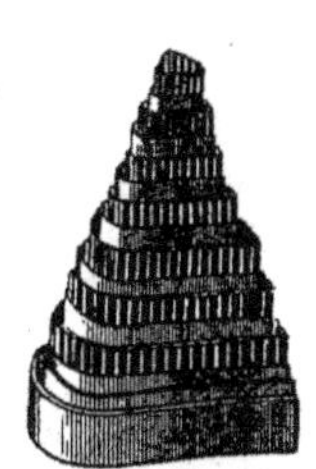

Fig. 892

PRIX . . 6.45

Boîte coupe-pâte unie
ronde et ovale

Fig. 893

Pièces	Ronde	Ovale
16	3.10	—
18	3.50	4.70
20	4.20	5.15

Boîte coupe-pâte
ronde et ovale, cannelee

Fig. 894

Ronde. 7 pièces. . 5.05
Ovale.. 7 pièces. . 6.20

Boîte découpoir
trèfle

Fig. 895

Prix. . 7.30

Boîte découpoir
rosace

Fig. 896

Prix. . 7.30

Boîte découpoir
Etoile

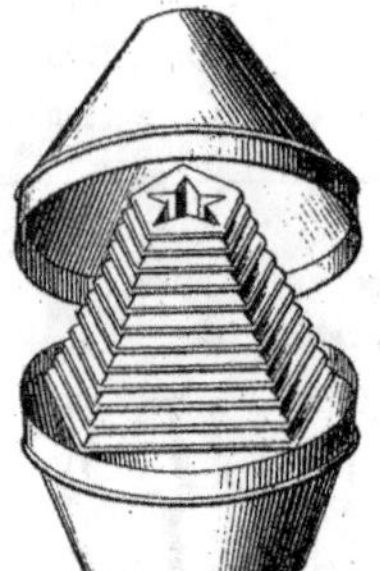

Fig. 897

Prix. . 7. »

Boîte découpoir
Poire

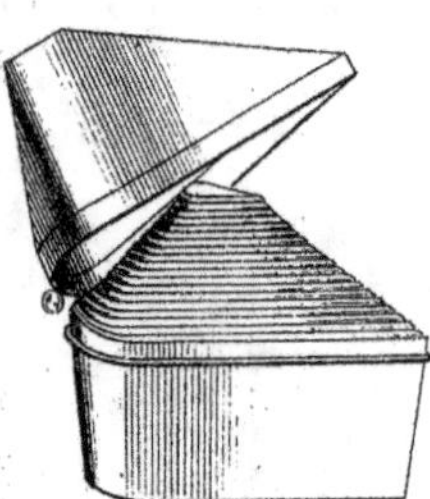

Fig. 898

Prix. . 5.05

Boîte découpoir
hexagone

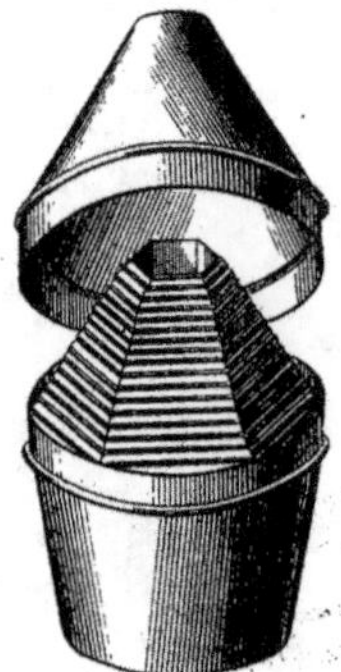

Fig. 899

Prix. . 6.45

Boîte découpoir
4 pointes

Fig. 900

Prix. 6.45

Boîte petits évasés. pour décorer

Fig. 901

Pièces.	12	24	36	48
Prix. .	6.20	11.80	18.50	24.10

Découpoir cannelé pour sablé

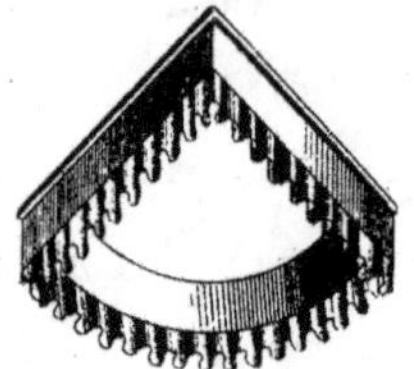

Fig. 902

Prix. . . 1.60

Fig. 903

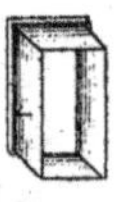

Fig. 904

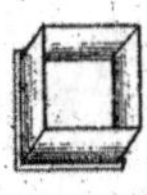

Fig. 905

Fig. 906

Fig. 907

Fig. 908

Fig. 909

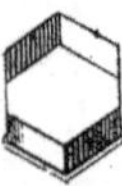

Fig. 910

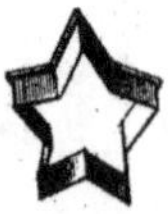

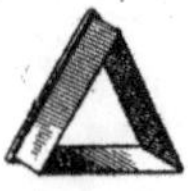

Fig. 912

Fig. 913

Découpoirs détachés, assortis, unis
Prix, la pièce. . 0.35

Découpoirs, assortis, cannelés

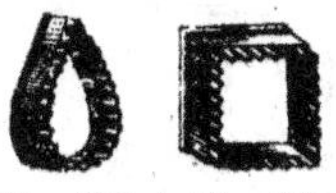      

Fig. 914 Fig. 915  Fig. 916 Fig. 917 Fig. 918 Fig. 919 Fig. 920 Fig. 921 Fig. 922 Fig. 923

PRIX, la pièce. . . . 0.70

Boîte vide-pomme	**Douille** unie 19 modèles	**Douille** à décors à dents, 50 modèles	**Douille** à petits fours 36 modèles	**Douille** façonnée 24 modèles

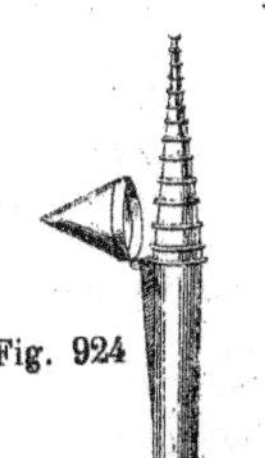

Fig. 924

PIÈCES	PRIX
13	2.80
16	3.40
19	3.80
22	4.80

Fig. 925

La pièce 0.20

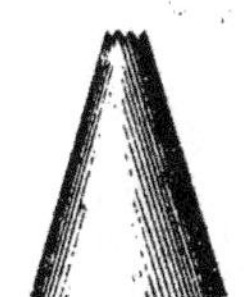

Fig. 926

La pièce 0.25

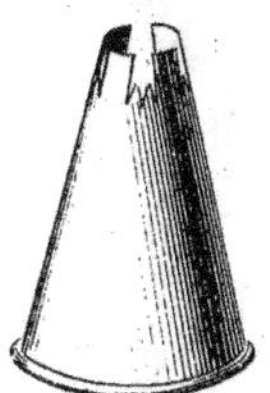

Fig. 927

La pièce 0.35

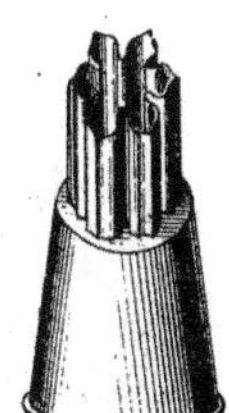

Fig. 928

La pièce 0.65

Douille noisette à décors, 6 modèles	**Douille** fendue 12 modèles	**Douille** à trous	**Douille** à petits fours	**Douille** à petits fours

Fig. 929

La pièce 0.30

Fig. 930

La pièce 0.25

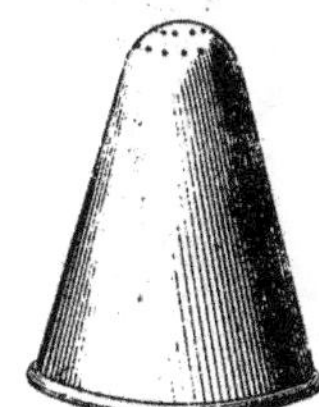

Fig. 931

La pièce 0.65

Fig. 932

La pièce 0.25

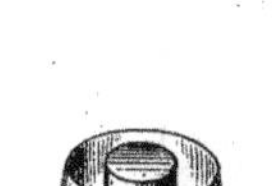 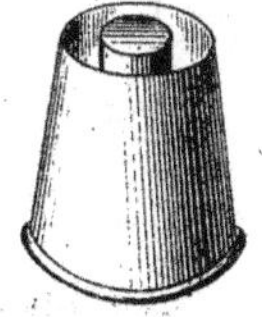

Fig. 933

La pièce 0.25

Douille à petits fours	**Douille** à petits fours	**Douille** à petits fours	**Douille** à petits fours

Fig. 934

La pièce. . 0.25

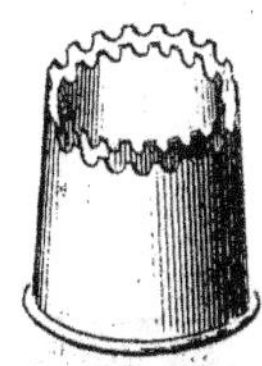

Fig. 935

La pièce. . 0.40

Fig. 936

La pièce. . 0.25

Fig. 937

La pièce. . . 0.25

Poche en coutil fort, à pâtisserie et à dresser

Fig: 938

Longueurs	Prix	Longueurs	Prix
20%	0.40	36%	0.95
24—	0.50	40—	1. »
26—	0.70	46—	1.35
30—	0.80	55—	1.70
34—	0.85		

Candissoir, fer étamé, extra-fort brasé

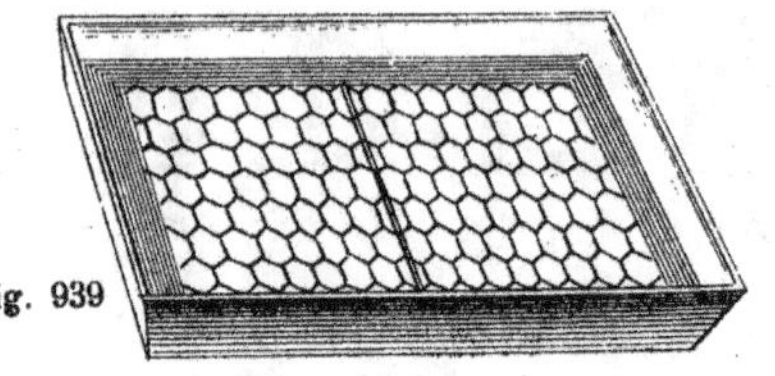

Fig. 939

Dimensions	Prix	Grille Grillagée
30×20	2.80	0.90
35×25	3.25	1.25
40×30	4.15	1.45
45×32	4.40	1.80
48×34	4.80	2. »
50×35	6.20	2.50

Egouttoir à babas et savarins, avec grille

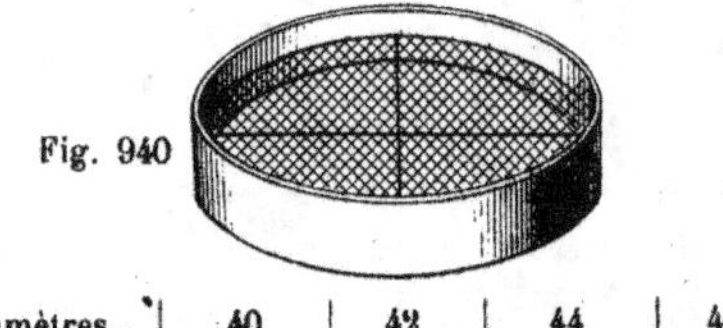

Fig. 940

Diamètres .	40	42	44	46%
Prix. . . .	8.40	9.80	10.40	11.80

Coquille œufs, pour chocolat, sucre

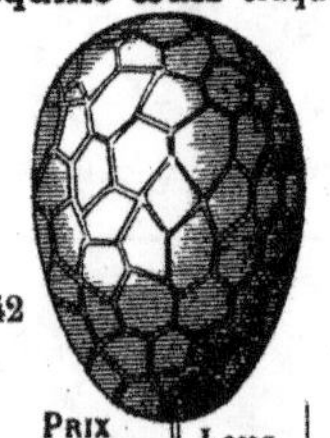

Fig. 941

Longueurs	Prix la coquille	Longueurs	Prix la coquille	Longueurs	Prix la coquille
30%	0.35	75%	1.25	130%	2.25
35—	0.40	80—	1.40	140—	2.55
40—	0.45	90—	1.60	150—	3.10
45—	0.60	95—	1.70	160—	3.60
50—	0.65	100—	1.80	180—	4.70
60—	0.75	110—	1.90	200—	5.85
65—	0.90	115—	2.10	220—	6.80
70—	1.15	120—	2.20	240—	7.60

Coquille œufs craquelée

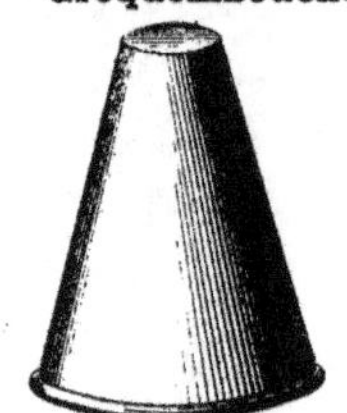

Fig. 942

Long.	Prix la coquille	Long.	Prix la coquille
40%	0.85	90%	1.90
45—	0.90	105—	2.25
50—	1. »	115—	2.70
60—	1.20	125—	3.25
70—	1.35	135—	3.80
85—	1.70		

Croquembouche

Fig. 943

Hauteurs.	19	21	23%
Prix . . .	2.05	2.55	3.05

Sabot, pour chocolat, sucre

Fig. 944

Long.	Prix	Long.	Prix
75%	1.10	130%	2.60
85—	1.20	160—	3.10
95—	1.30	200—	4.80
115—	1.40		

Fig. 945

Coussin carré

Diamètres	Prix, la coquille
14%	1.35
16—	1.55
18—	1.80
20—	2.25

Fig. 946

Raclette à pâte étamée

Prix. . . 0.85

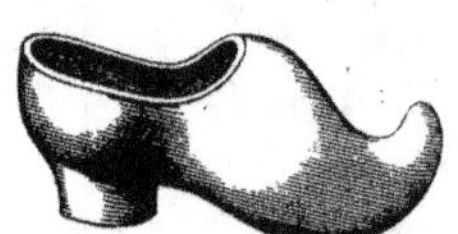

Raclette ramasse-tout

étamée

Fig. 947

Numéros.	1	2	3
Prix . . .	0.75	1. »	1.25

Corne à ramasser

Fig. 948

Numéros	Prix	Numéros	Prix
1	0.30	4	0.60
2	0.40	5	0.75
3	0.45	6	1. »

Seringue à beurre et macaron

Fig. 949

Diam.	Prix	Diam.	Prix
40%	3.05	65%	5.05
45—	3.25	70—	6.20
55—	3.95		

Glacière à sucre

droite, fer étamé

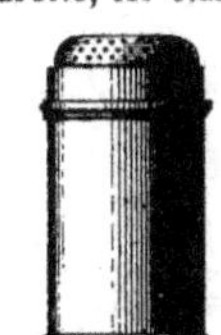

Fig. 950

Numéros	1	2
Prix .	0.75	0.80

Glacière à sucre cambrée

Fig. 951

Fer étamé	Prix	2.55
Nickelée	—	6.45
Argentée	—	7.30

Grille rectangulaire, fil droit, extra-forte

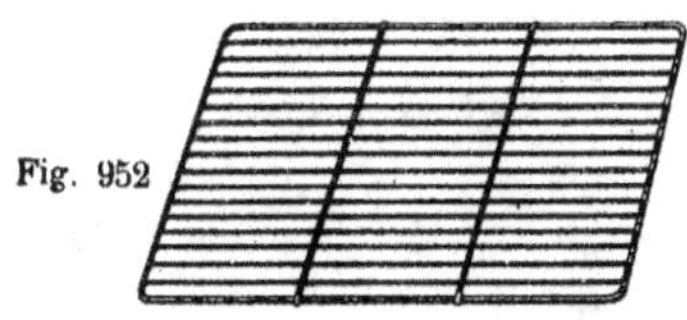

Fig. 952

Dimensions	Prix	Dimensions	Prix
25×20	1.25	40×35	2.80
30×25	1.70	45×40	3.15
35×30	2. »	50×40	3.65
40×30	2.35		

Grille rectangulaire, grillagée, extra-forte

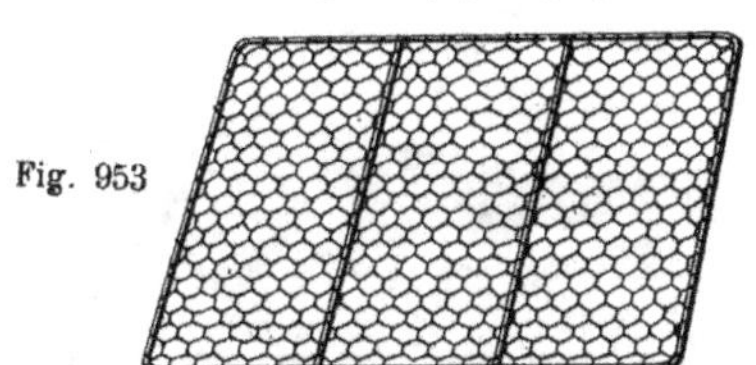

Fig. 953

Dimensions	Prix	Dimensions	Prix
25×20	1.35	40×35	3.05
30×25	1.80	45×40	3.40
35×30	2.15	50×40	3.95
40×30	2.60		

Grille ronde, fil tourné, extra-forte

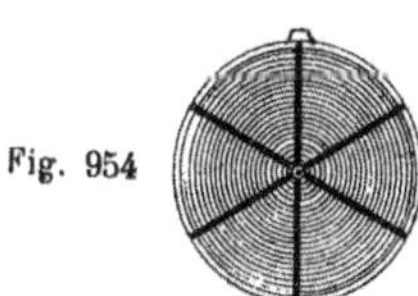

Fig. 954

Diam.	Prix	Diam.	Prix	Diam.	Prix
14%	0.30	24%	0.80	34%	1.60
16—	0.35	26—	1. »	36—	1.80
18—	0.40	28—	1.15	38—	2.05
20—	0.45	30—	1.30	40—	2.55
22—	0.60	32—	1.45		

Grille rectangulaire, façon argent

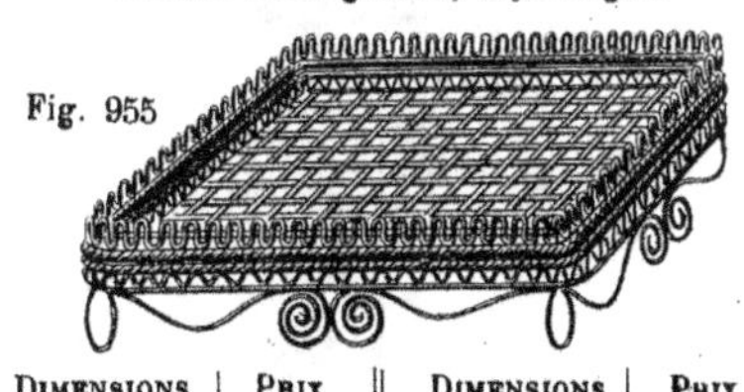

Fig. 955

Dimensions	Prix	Dimensions	Prix
19×27	3.65	25×35	4.80
20×30	3.95	30×40	5.50

Fig. 956

Grille rectangulaire, riche, à pieds et galerie

Dimensions .	19×27	20×30	25×35	30×40
Prix	3.05	3.25	3.95	4.40

Grille à pieds, à galerie, riche

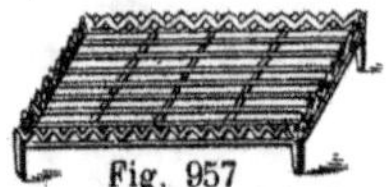

Fig. 957

DIMENSIONS	PRIX	DIMENSIONS	PRIX
18×28	1.70	27×38	2.50
20×30	2. »	30×41	2.80
23×34	2.15		

Corbeille carrée, à pieds

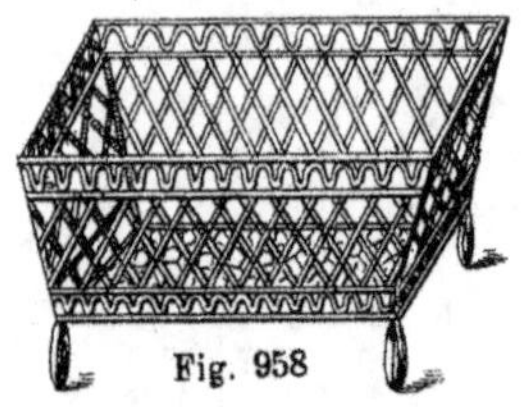

Fig. 958

DIMENSIONS	PRIX	DIMENSIONS	PRIX
15×25	5.05	25×35	5.90
20×30	5.35		

Gril à pain de mie, extra-fort

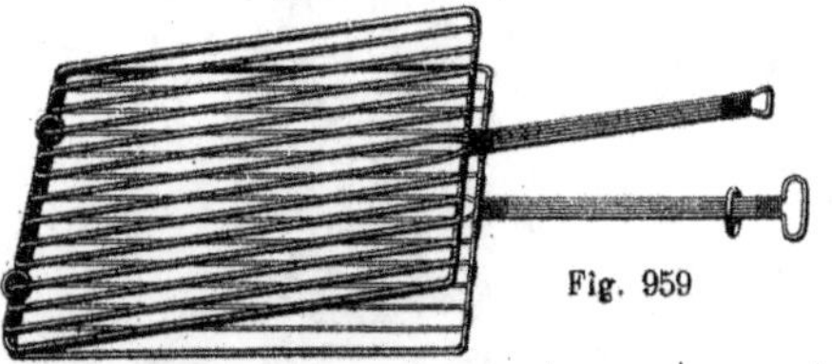

Fig. 959

LONG.	SIMPLE	DOUBLE	LONG.	SIMPLE	DOUBLE
16½	0.70	1.15	24½	1.25	2.35
19—	0.85	1.60	27—	1.60	2.80
22—	1. »	1.80	30—	1.80	3.65

Fouet à blanc, manche bois

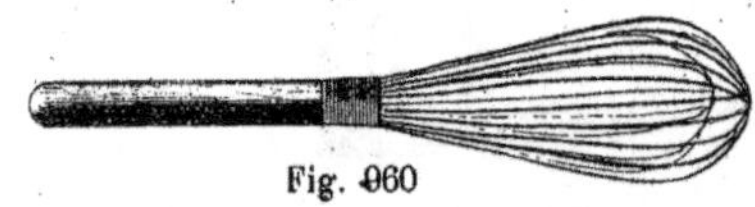

Fig. 960

LONGUEURS	PRIX	LONGUEURS	PRIX
30½	1. »	45½	1.60
35—	1.10	50—	2. »
40—	1.45	55—	2.15

Fouet, fil de fer, manche fer

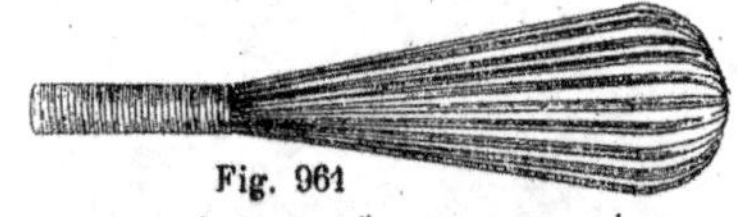

Fig. 961

LONGUEURS	PRIX	LONGUEURS	PRIX
22½	0.50	35½	0.90
25—	0.50	38—	1. »
27—	0.60	40—	1.40
30—	0.75	45—	1.75
33—	0.85		

Pocheuse à œufs

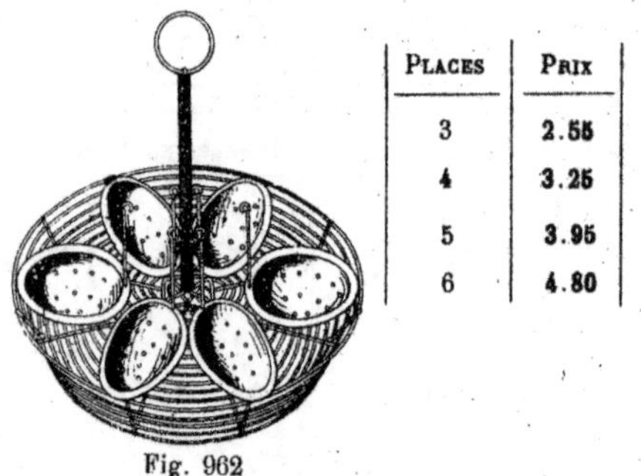

Fig. 962

PLACES	PRIX
3	2.55
4	3.25
5	3.95
6	4.80

Poche à filtrer les sirops, molleton ou feutre

Fig. 963

HAUTEURS	PRIX	HAUTEURS	PRIX
25½	1.70	45½	3.95
30—	2. »	50—	4.40
35—	2.55	55—	5.05
40—	3.10		

Ces Poches se font aussi en caoutchouc

Fouet à manivelle

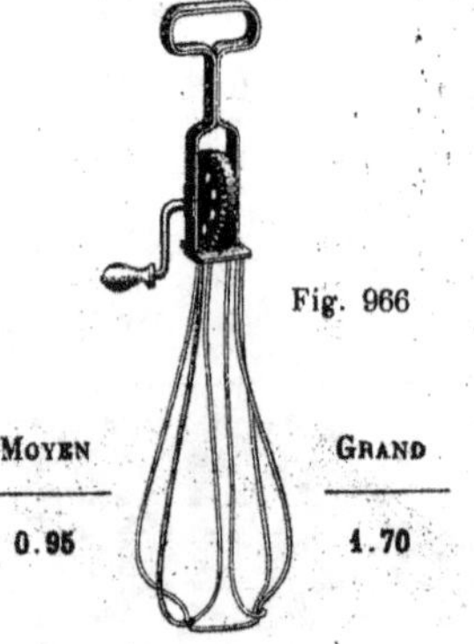

Fig. 966

MOYEN	GRAND
0.95	1.70

Fourchette à tremper

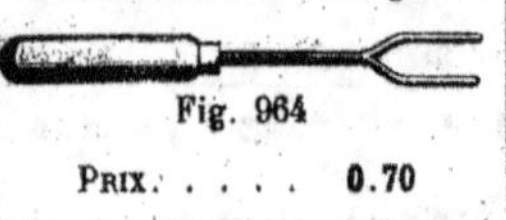

Fig. 964

PRIX 0.70

Cuillère à tremper

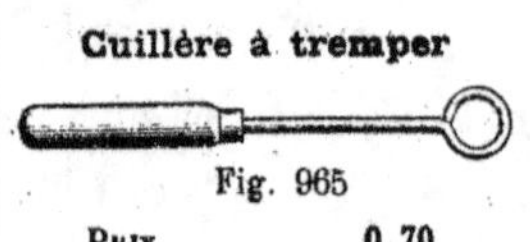

Fig. 965

PRIX 0.70

Pèse-sirop gradué

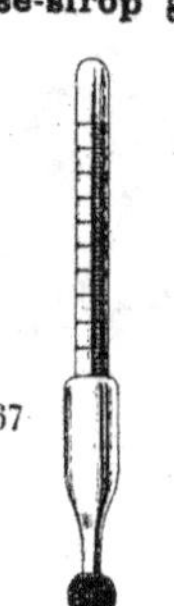

Fig. 967

PRIX . . . 1.15

Etui pour pèse-sirop

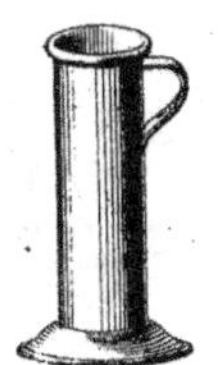

Fig. 968

PRIX . . . 1.25

Etuve, porte-en-ville
forte, ovale

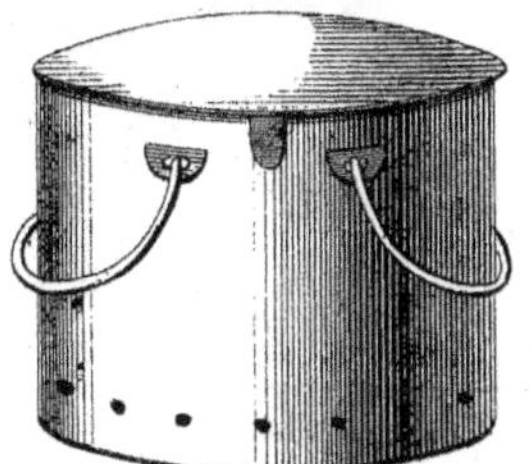

Fig. 969

45% A 1 étage. . .	PRIX	24.65
45— A 2 — . . .	—	30.25
55— A 1 étage. . .	—	31.40
55— A 2 — . . .	—	35.85

Porte en ville, rond, fort

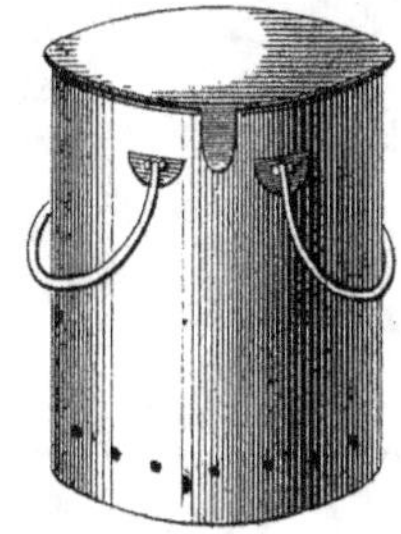

Fig. 970

25% à 1 étage.	12.90
25— à 2 —	14. »
30— à 1 —	14. »
30— à 2 —	17.40

Découpoir à caramel, renforcé

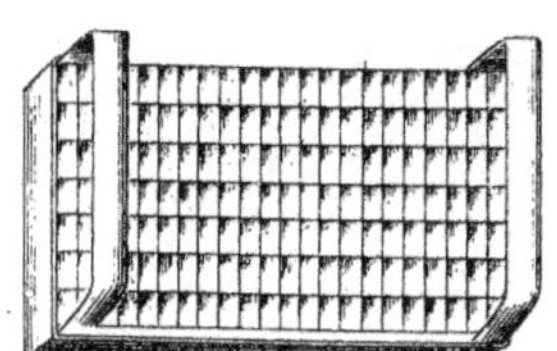

Fig. 971

CASES	PRIX	CASES	PRIX
30	2.80	70	4.20
40	3.10	80	4.50
50	3.60	88	4.80
60	3.80		

Buisson à écrevisses
démontable

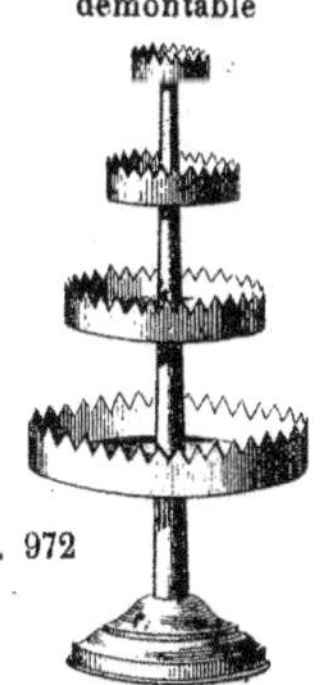

Fig. 972

ÉTAGES	PRIX	ÉTAGES	PRIX
3	3.05	5	4.20
4	3.65	6	5.50

Tambour à sucre et farine
soie et peau

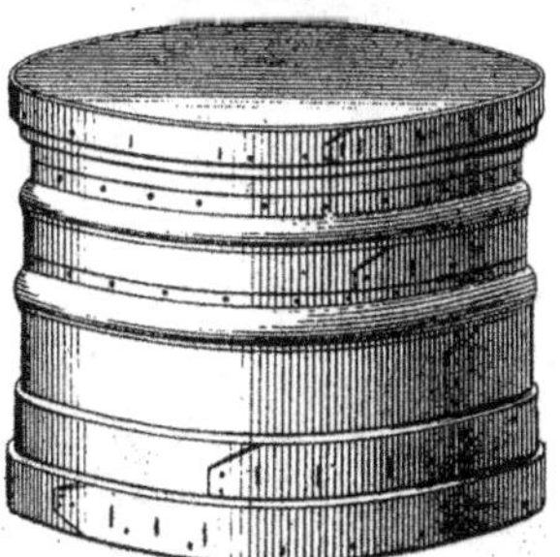

Fig. 973

Numéros .	1	2	3
PRIX . . .	9.55	10.95	12.90

Tamis soie, venise, bois simple

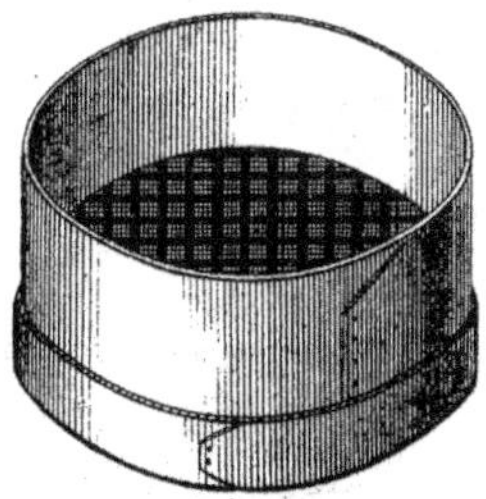

Fig. 974

DIAM.	PRIX	DIAM.	PRIX
20%	1.80	35%	4.40
25—	2.80	40—	5.05
30—	3.65	45—	5.50

Chinois, toile métallique

Fig. 975

Diamètres	Prix	Diamètres	Prix
12½	2.80	15½	3.60
13—	3.05	16—	3.80
14—	3.25	17—	4.20

Tamis à crème, avec 3 fonds mobiles

Fig. 976

Diamètres.	23	26	29½
Prix . . .	3.40	3.95	4.50

Fond métallique de rechange

Fig. 977

Numéros	1	2	3
Prix . .	0.45	0.50	0.60

Tamis casquette, soie, crin et venise

Fig. 978

Prix. . . 2.60

Etouffoir renforcé, tôle pour boulangers et pâtissiers

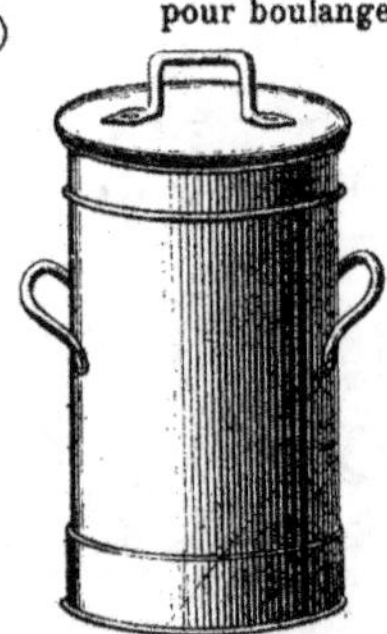

Fig. 979

DIMENSIONS

50×80	57× 90
52×85	57× 95
55×90	60×100
55×95	

Prix : le kilog. 1.40

Se fait en toutes forces

Bassin à blanc, cuivre martelé à anneau ou à poignées

Fig. 980

de 22 à 60½ par 2½

Prix du Kilogramme

Bassin à blanc, creux et ½ creux

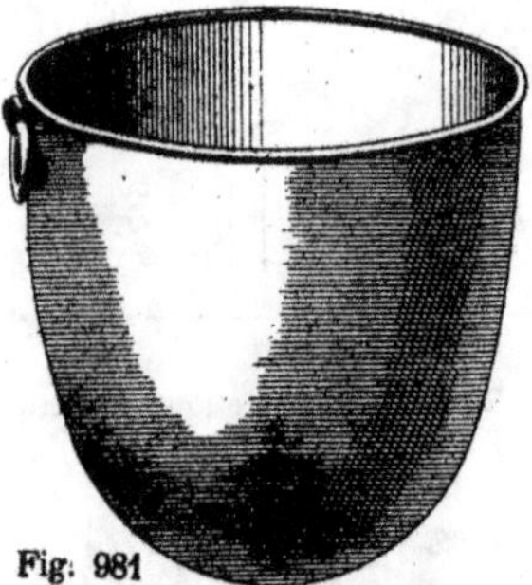

Fig. 981

de 24 à 42½

Prix du Kilogramme

Bassine à crème et blanc étamée, renforcée, à pied

Fig. 982

Diam.	Prix	Diam.	Prix
24½	6.20	35½	15.15
26—	6.75	40 —	20.20
28—	7.85	45—	24.65
30—	9.85	50—	27.45
32—	12.60		

Bassine à confiture, cuivre martelé

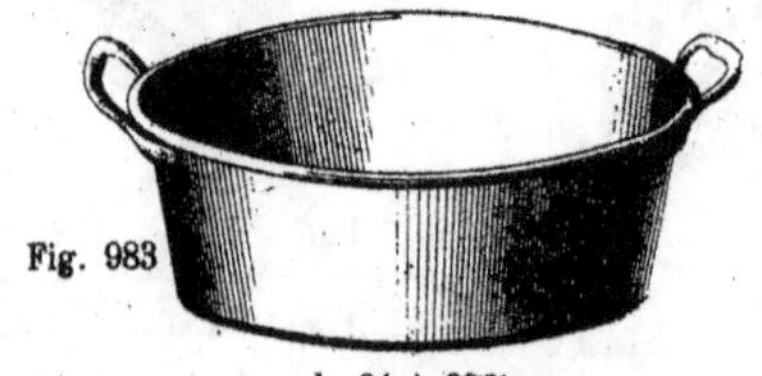

Fig. 983

de 24 à 60½

Prix du Kilogramme

Poêlon à sirops, cuivre martelé, à bec

Fig. 984

de 10 à 24½

Prix du Kilogramme

Poêlon à pastilles et à filer, cuivre martelé

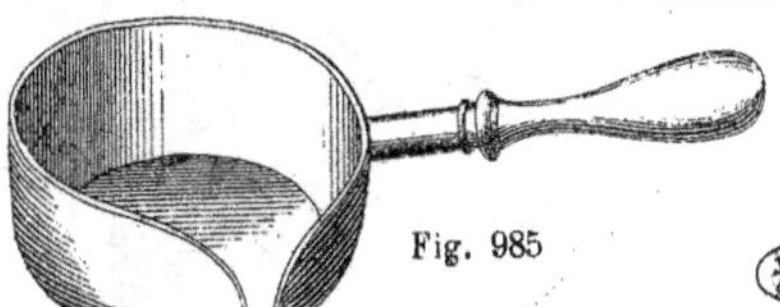

Fig. 985

Poêlon, cuivre, à séparation

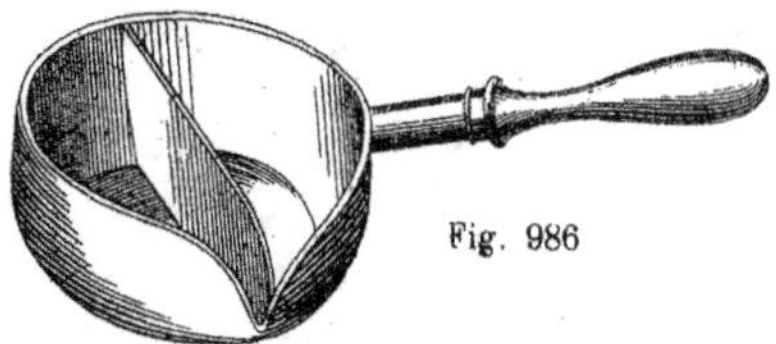

Fig. 986

DIAMÈTRES	PRIX	DIAMÈTRES	PRIX
10 %	5.05	13 %	7. »
11 —	5.35	14 —	8.85
12 —	6.05	15 —	9.80

DIAMÈTRES	PRIX	DIAMÈTRES	PRIX
10 %	6.20	13 %	8.15
11 —	6.60	14 —	10. »
12 —	7.30	15 --	11.50

Caisse à bain-marie, cuivre martelé
poignées tombantes bronze

Fig. 987

de 40 à 120 % de longueur par 5 %
PRIX DU KILOGRAMME

Bain-marie à sauce, cuivre martelé

Fig. 988

DIAMÈTRES	CONTENANCE	DIAMÈTRES	CONTENANCE
8 %	0 lit. 40	16 %	3 lit. 24
9 —	0 — 57	17 —	3 — 85
10 —	0 — 78	18 —	4 — 58
11 —	1 — 04	19 —	5 — 38
12 —	1 — 35	20 —	6 — 28
13 —	1 — 72	22 —	8 — 36
14 —	2 — 15	24 —	10 — 84
15 —	2 — 65		

PRIX DU KILOGRAMME

Plaque à pâtisserie, ronde, cuivre martelé

Fig. 989

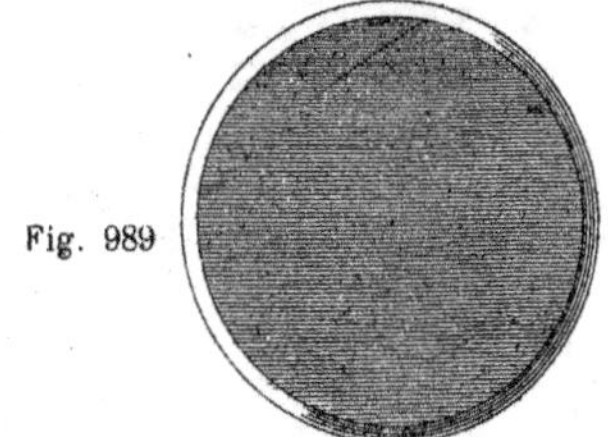

de 20 à 40 % par 2 %
PRIX DU KILOGRAMME

Plaque à pâtisserie, ronde, tôle d'acier
Diamètres : 20, 22, 24, 26, 28, 30, 32, 34, 36, 38, 40 %
PRIX DU KILOGRAMME . . 1. »

Plaque à patisserie, rectangulaire, tôle d'acier
extra-forte

Fig. 990

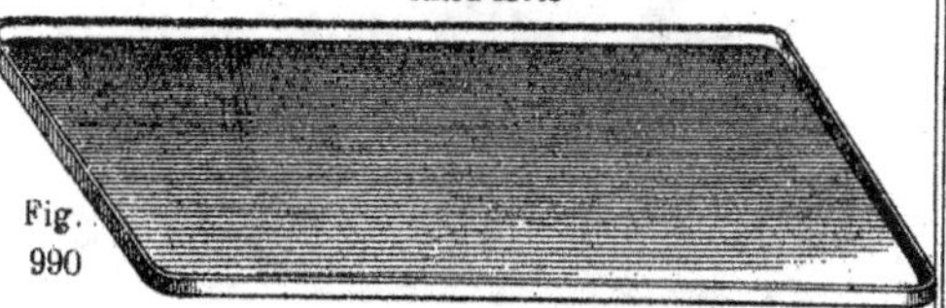

Dimensions : 35×30   40×35   45×35   50×40
55×45   60×50   65×50   70×55
PRIX DU KILOGRAMME. . 1. »

Plaque à pâtisserie, rectangulaire
cuivre martelé, de 30 à 70 % par 2 %
PRIX DU KILOGRAMME

Fourneau à gaz à tremper
avec poêlon et bain-marie en cuivre

Fig. 991

Numéros . . .	1	2
PRIX	43.15	52.10

Fourneau à gaz

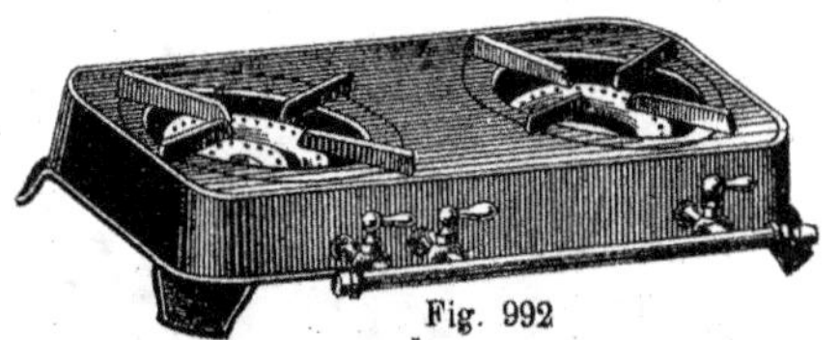

Fig. 992

Carré à 2 robinets.   PRIX   8.15
Fig. 992   Rectangulaire à 2 trous

2 robinets	3 robinets	4 robinets
12.60	14. »	16.80

Entonnoir à amidon

Fig. 993

HAUTEURS	PRIX	HAUTEURS	PRIX
12½	2.55	14½	3.10
13—	2.80	15—	3.40

Clayon en osier

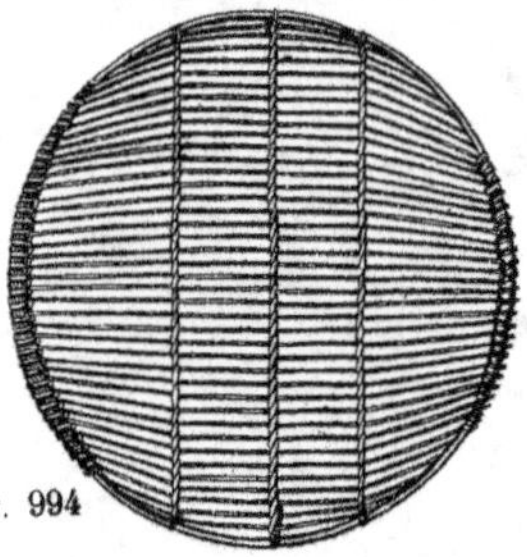

Fig. 994

DIAMÈTRES	PRIX	DIAMÈTRES	PRIX
20½	0.25	35½	0.60
22—	0.25	39—	0.70
25—	0.30	42—	0.80
28—	0.35	44—	0.85
30—	0.40	47—	1.15
33—	0.50	50—	1.40

Manne en osier, pour pâtissier

Fig. 995

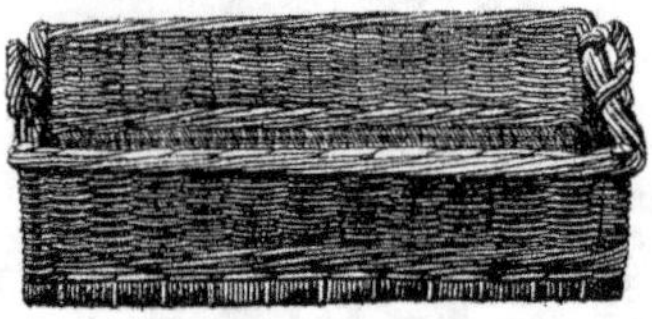

LONGUEURS	PRIX	LONGUEURS	PRIX
35½	2.55	58½	5.05
41—	3.10	63—	5.90
46—	3.95	70 –	6.75
52—	4.20		

Verge en osier

Fig. 996

Numéros. .	1	2	3
PRIX . . .	0.85	1.15	1.40

Rouleau à Raviolis

Fig. 996 A

5 divisions PRIX 2.70   7 divisions PRIX 4.50
6   »   »   3.90   8   »   »   5.75

Rouleau à caramel

Fig. 997

LONG.	PRIX	LONG.	PRIX	LONG.	PRIX
15½	19.05	22½	23.55	30½	26.90
18½	21.30	26½	25.80		

Rouleau à pâtisserie, à poignées

Fig. 998

LONG.	BUIS	GAIAC	LONG.	BUIS	GAIAC
40½	1.40	1.60	50½	2.»	2.25
45—	1.70	1.90	55—	2.55	2.70

Rouleau, sans poignée

Fig. 999

LONG.	BUIS	GAIAC	LONG.	BUIS	GAIAC
40½	1.60	1.70	50½	2.»	2.35
45—	1.80	2.»	55—	2.55	2.80
			60—	2.80	3.25

Rouleau à caramel, cuivre

Fig. 1000

Longueur 21 ½

PRIX 6.45

Pinceau rond, à dorer

Fig. 1001

NUMÉROS	PRIX	NUMÉROS	PRIX
1	0.70	3	0.90
2	0.80	4	1.»

Pinceau plat, à dorer

Fig. 1002

NUMÉROS	PRIX	NUMÉROS	PRIX
1	0.60	4	0.90
2	0.70	5	1.»
3	0.80		

Blaireau, soie première qualité

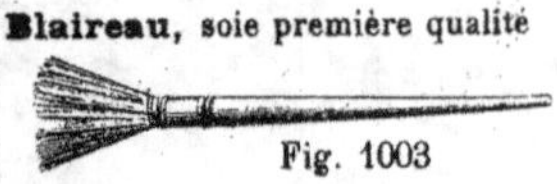

Fig. 1003

Numéros	1	2	3
PRIX . .	1.25	1.70	1.90

Roulette à pâte

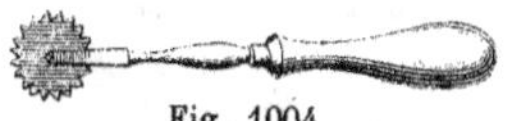

Fig. 1004

Simple. . . . . Prix 0.65
Double. . . . . . . — 0.85

Ecumoire à confiture, cuivre martelé

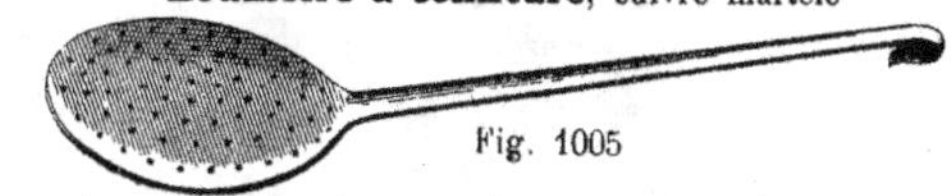

Fig. 1005

Longueurs	Prix	Longueurs	Prix
45 %	3 25	60 %	6.60
50 —	5.05	65 —	8.15
55 —	6.30		

Ecumoire, à douille cuivre, percée

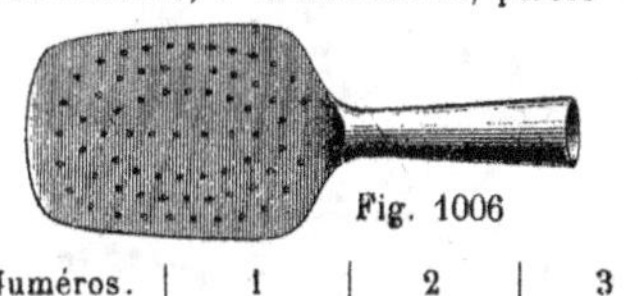

Fig. 1006

Numéros.	1	2	3
Prix . . .	5.35	6.45	7.60

Pince à pâte, métal

Fig. 1007

Prix. . . 0.90

Règle fer poli
pour couler le sucre

Fig. 1008

Couteau
à décorer les citrons

Fig. 1009

Prix. . . 1.15

Couteau cannelé

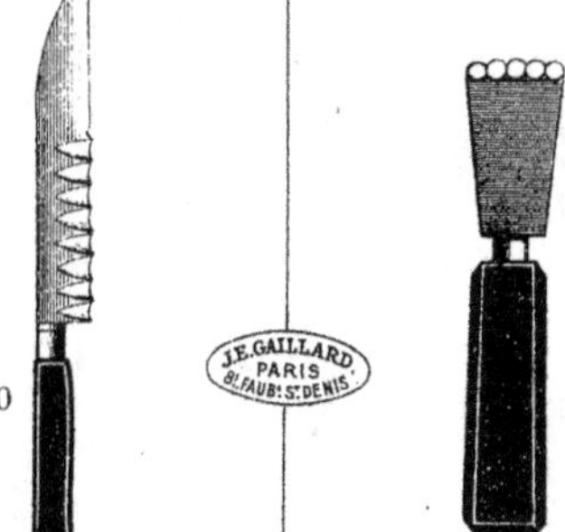

Fig. 1010

Prix. . . . 2. »

Couteau à zester

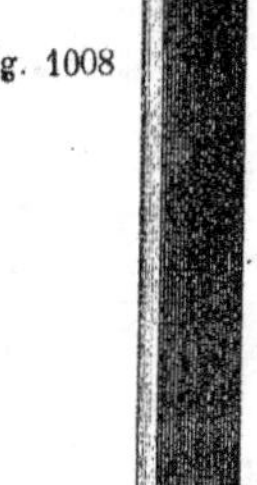

Fig. 1011

Prix. . . 1.70

Prix : le mètre 3.10

Couteau à beurre
coquille

Fig. 1012

Prix. . . 1.15

Couteau à marron

Fig. 1013

Prix. . . 1.15

Tire-vis pour pommes de terre, assortis

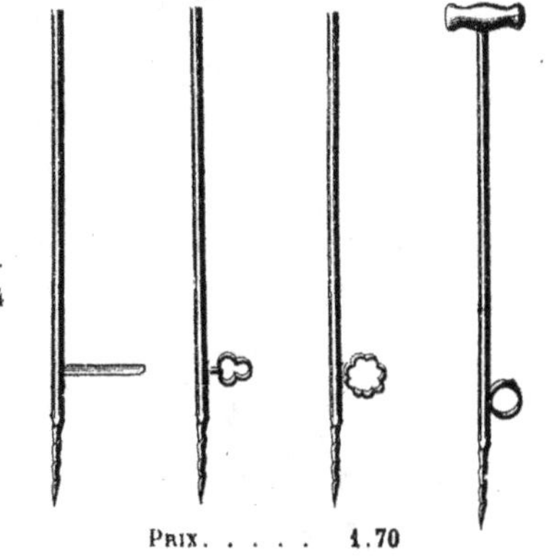

Fig. 1014

Prix. 1.70

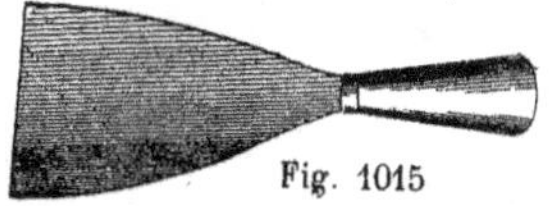

Fig. 1015

Couteau à racler les marbres

Numéros	Prix	Numéros	Prix
1	1.40	4	2.05
2	1.60	5	2.15
3	1.80	6	2.55

Machine à broyer les amandes à volant cylindre granit

Fig. 1016

Réglage automatique, grand modèle
PRIX . . . . .　195.50

Machine à broyer les amandes
Réglage automatique

Fig. 1017

Moyen modèle . . . .　PRIX　173.60
Petit　—　. . . . .　—　140. »

Machine à battre les blancs, adossée au mur
avec volant à main complète

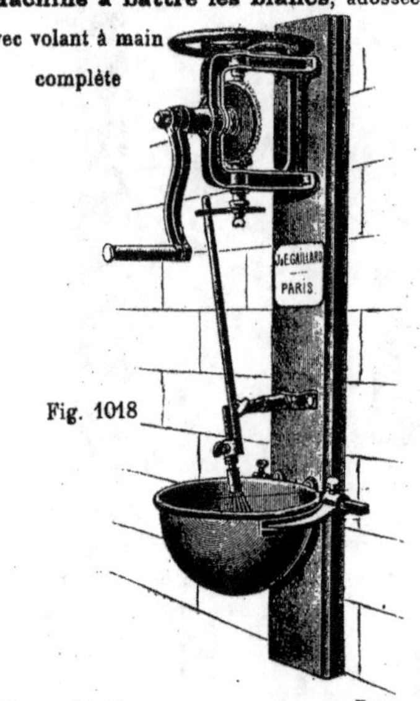

Fig. 1018

Pour　35 blancs . . . .　PRIX　106.40
　—　60　—　. . . . . . .　—　162.40
　—　80　—　. . . . .　—　173.60
*Cette Machine se fait également pour marcher
au moteur*

Machine à effiler, râper, hacher les amandes

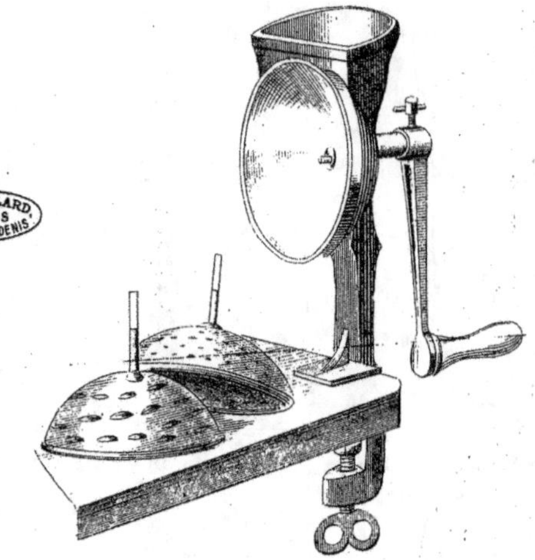

Fig. 1019

avec 3 disques acier
PRIX . . . .　35.85

Fig. 1020

Presse à fruits, étamée

Numéros . . .	21	24	46
PRIX	19.25	25.20	151.20

Machine à effiler et hacher les amandes
à poussoirs

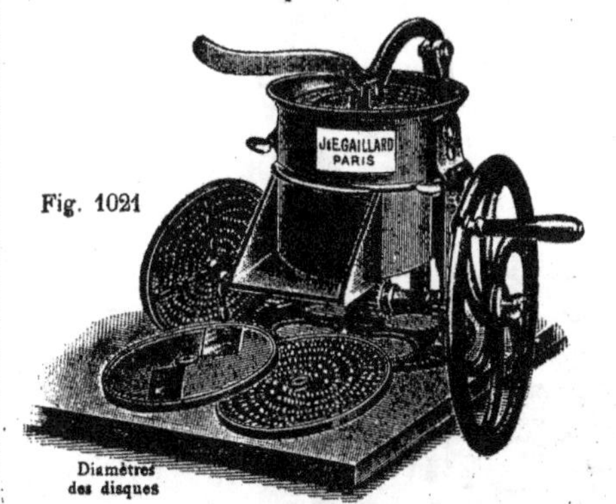

Fig. 1021

	Diamètres des disques			
N° 1	17½	à manivelle et 2 disques	PRIX	72.80
N° 2	24½	à volant et 2 disques . .	—	151.20
—	—	avec poulies fixe et folle	—	156.80
N° 3	35½	à volant et 2 disques . .	—	291.20
—	—	avec poulies fixe et folle	—	324.80

Seringue mécanique pour pâtes

Fig. 1022

N° 1	Avec 1 filière	PRIX	84. »
N° 2	— —	—	140. »

Filière de rechange, acier

PRIX : la pièce. 1.40

Machine à peler les fruits
couper en tranches et extraire le trognon

Fig. 1023

PRIX . . . . . 14. »

Machine à peler les fruits

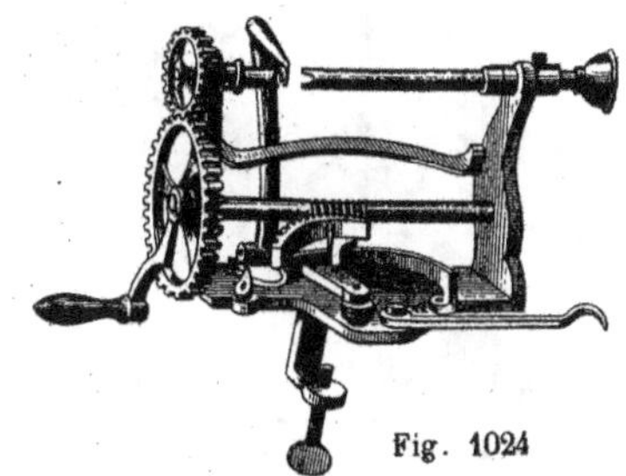

Fig. 1024

PRIX 18.50

Machine à peler les pommes

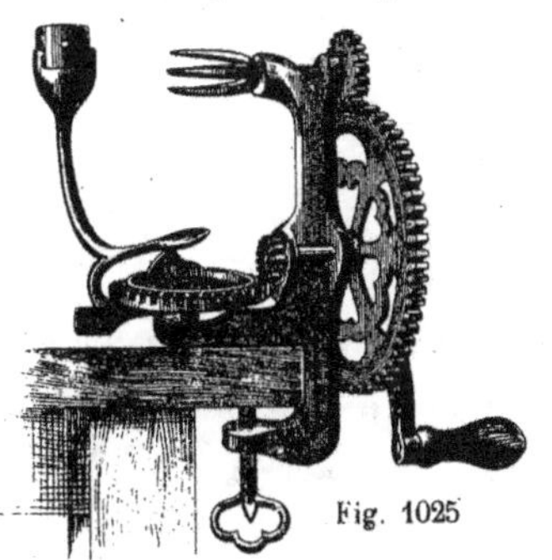

Fig. 1025

N°ˢ . .	1	2
PRIX :	6.20	10.65

Dénoyauteur à olives

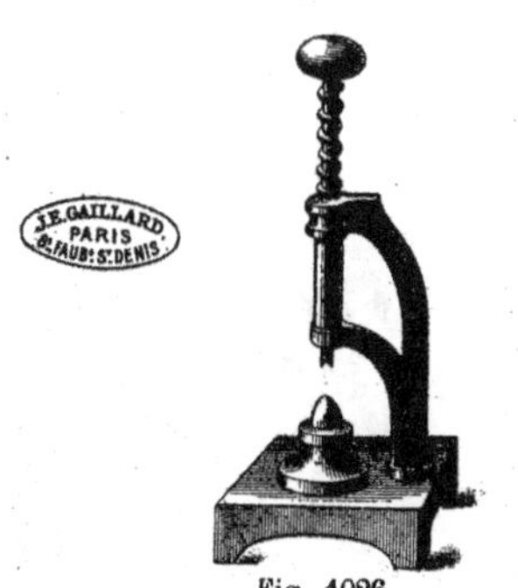

Fig. 1026

PRIX . . 3.10

Fourneau à gaufres, *article spécial*

Avec ferrures acier poli, monté avec carcasse en tôle renforcée

Chauffé au coke ou au charbon de bois

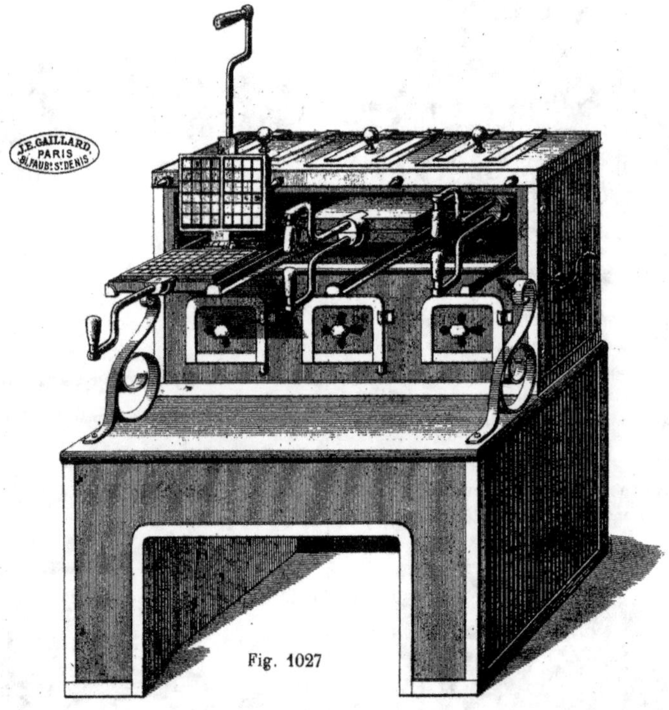

Fig. 1027

Nombre de Fers	Longueurs	Largeurs des Corps	Hauteurs totales	Prix
2	0^m67	36 ½	1^m10	291.20
3	0.92	36—	1.10	403.20
4	1.17	36—	1.10	532. »
5	1.42	36—	1.10	660.80

Ces prix s'entendent avec les gaufriers

Ces fourneaux se font avec chauffage au gaz avec une légere plus-value

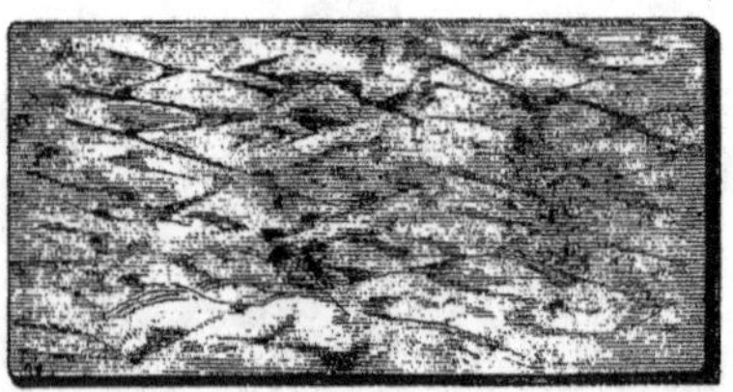

Fig. 1028

Marbre de Pâtisserie, blanc poli

Se fait aux mesures des tables et aux épaisseurs

demandées

FOURNEAU A GAUFRES, chauffage au gaz

monté sur pieds fonte

Fig. 1129

A 2 Gaufriers . . . . Prix   280. »
A 3   —   . . . .   —   336. »
A 4   —   . . . .   —   397.60

Le prix des gaufriers varie suivant les modèles

AVIS IMPORTANT

Nous proposons à notre Clientèle nos nouveaux Appareils Spéciaux pour **CUISINE, CAFETERIE, PATISSERIE, etc.**, *à gaz avec dispositifs spéciaux simplifiant le service, tout le travail se faisant par le même appareil.*

Ces Fourneaux sont construits avec :

Étuve Chauffe Assiette,

Salamandre à Toast

Grillade

Bain-Marie Eau Chaude

Marmite à Eau

Marmite à Café

Copettes

Tout ceci dans le même Appareil avec service de gaz à chaque article.

Nous demander les Plans et Devis pour ces Appareils

81, Faubourg Saint-Denis, PARIS (Xᵉ Arrᵗ)

ARTICLES

pour

GLACERIE

Conservateurs à glaces sorbets avec isolations renforcées et fermetures hermétiques.

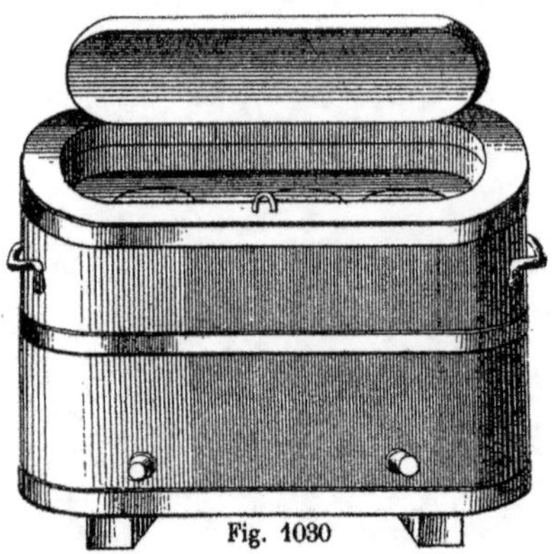

Fig. 1030

Conservateurs à 2 sorbetières porcelaine sur un rang.

Contenance Litres	4	6	9
Prix	180. »	245. »	298. »

A 3 sorbetières porcelaine sur un rang.

Contenance Litres	4	6	9
Prix	220. »	290. »	355. »

A 4 sorbetières porcelaine sur un rang.

Contenance Litres	4	6	9
Prix	258. »	345. »	395. »

A 5 sorbetières porcelaine sur un rang.

Contenance Litres	4	6	9
Prix	315. »	565. »	655. »

A 6 sorbetières porcelaine sur un rang.

Contenance Litres	4	6	9
Prix	370. »	625. »	745. »

Conservateurs à 5 sorbetières porcelaine sur deux rangs.

Contenance Litres	6	9
Prix	475. »	558. »

A 6 sorbetières porcelaine sur deux rangs.

Contenance Litres	4	6	9
Prix	360. »	490. »	585. »

A 7 sorbetières porcelaine sur deux rangs.

Contenance Litres	4	6	9
Prix	470. »	585. »	720. »

Conservateurs avec l'extérieur en Chêne, forme carrée et avec isolations.

Se font sur toutes dimensions demandées et du nombre de sorbetières que l'on veut.

Machine à glacer Viennoise, modèle fort, avec turbine nickel pur, marchant avec volant à main.

Fig. 1031

Nos	1	2	3	4	5	6	7
Conten. litres	9	12	16	20	25	30	35
Prix	210. »	240. »	337. »	412 »	495. »	585. »	735. »

Machine à glacer, même modèle, avec turbine etain marchant avec volant à main.

Nos	1	2	3	4	5	6	7
Conten. lit.	9	12	16	20	25	30	35
Prix	351. »	396.50	468. »	546. »	669.50	767. »	884. »

Machine à glacer Viennoise, modèle fort avec turbine nickel pur, marchant au moteur avec poulie folle et poulie fixe.

Nos	1	2	3	4	5	6
Cont. lit.	12	16	20	25	30	35
Prix	279.50	374. »	448.50	533. »	624. »	773.50

Machine à glacer, même modèle avec turbine étain, marchant au moteur avec poulie folle et poulie fixe.

Nos	1	2	3	4	5	6
Cont. lit.	12	16	20	25	30	35
Prix	435.50	520. »	585. »	702. »	806. »	936. »

Machine à glacer viennoise, extra-renforcée avec turbine étain et volant.

Conten. litres	4	7	9	18	36	74
Prix	260. »	425. »	550. »	830. »	1150. »	2200. »

Cette machine se fait avec poulie pour marcher au moteur.

Machine à glacer, avec turbine étain fin
baquet chêne renforcé

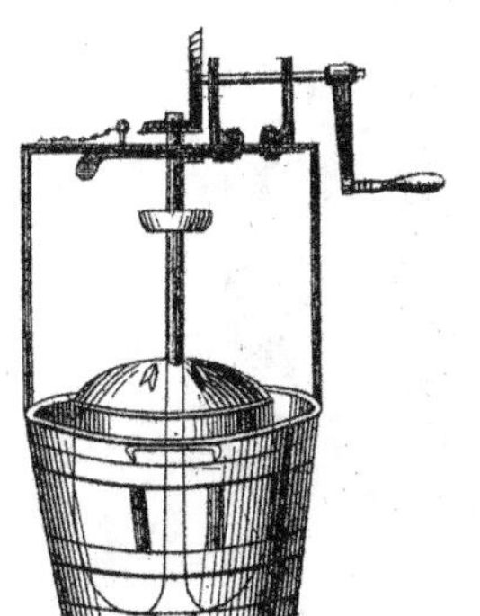

Fig. 1032

CONTENANCE DE LA TURBINE	PRIX	CONTENANCE DE LA TURBINE	PRIX
4 litres	79.35	25 litres	235.75
6 —	97.75	30 —	273.70
9 —	112.70	35 —	310.50
12 —	132.25	40 —	333.50
15 —	149.50	45 —	391. »
18 —	189.75	50 —	425.50
21 —	212.75		

Avec volant **23** fr. en plus par machine

Machine à glace américaine, à double évolution

Fig. 1033

CONTENANCE DE LA TURBINE	Turbine B PRIX	Turbine G PRIX
1 litre	11.25	13.25
2 —	14.70	16.25
3 —	16.40	20.15
4 —	19.30	24.15
6 —	25.30	31.05
8 —	31.65	40.25
10 —	42.55	53.50
14 —	54.65	66.70

Turbine C, à volant

CONTENANCE DE LA TURBINE	PRIX
8 litres	92. »
10 —	100.50
14 —	120.75
18 —	155.25
24 —	184. »
32 —	224.25

Seau à glace, chêne cerclé à poignées ou à anse

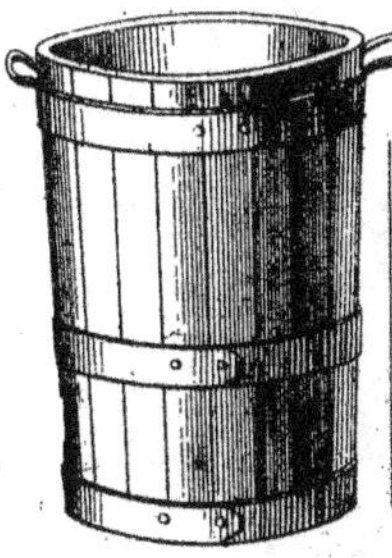

Fig. 1034

Fig. 1035

HAUTEURS INTÉRIEURES	DIAMÈTRES INTÉRIEURS	PRIX 1er CHOIX	PRIX 2e CHOIX
23½	17½	7.20	5.65
25—	19—	7.80	6.25
27—	21—	8.05	6.65
24—	19—	7.50	5.65
25—	20—	7.85	6.25
26—	22—	8.05	6.65
28—	24—	9.05	7.50

Ces Seaux se font sur dimensions demandées

Bac à sangler, chêne renforcé, cerclé ovale

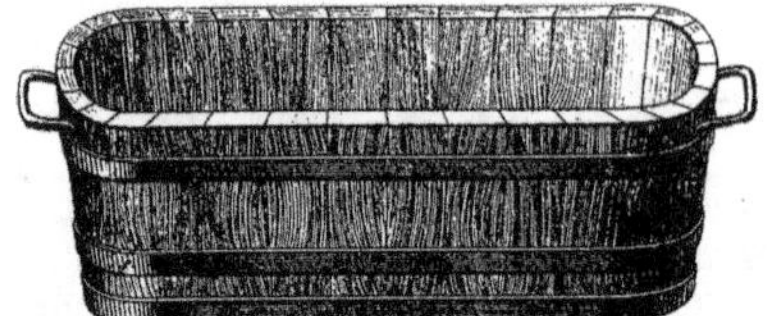

Fig. 1036

Ce bac se fait aussi carré et rectangulaire.

Se font aux dimensions demandées

Cave à glace ronde, forte, avec réfrigérant tout autour et sur la porte vernie

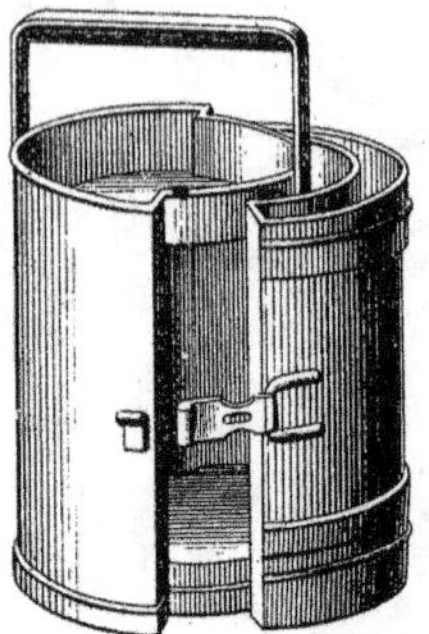

Fig. 1037

Diamètres	Prix	Diamètres	Prix
16 ¼	21.30	22 ¼	28.50
18—	22.45	24—	31.05
20—	23. »		

Cave à glace carrée forte, vernie, avec réfrigérant

Fig. 1038

Dimensions	Hauteurs	Prix
16×16	24 ¼	21.30
18×18	24—	23. »
20×20	24—	25.40
24×24	30—	33.95

Ces Caves se font sans réfrigérant

Cave à glace, tôle gavanisée, à poignées avec réfrigérant tout autour et bouchon de vidange

Fig. 1039

Numéros	Dimensions	Hauteurs	Prix
1	20×25	25 ¼	39.10
2	25×25	28 ¼	44.85
3	30×30	32—	55.20
4	35×35	36—	64.20
5	40×35	40—	74.40

Ces Caves se font aussi sur dimensions spéciales

Sorbetière à glace, etain fin

Contenance	Prix
1 lit.	16.10
1 — ½	22.45
2 —	27.05
2 — ½	31.05
3 —	35.10
4 —	42.55
5 —	46.60
6 —	54.35
8 —	66.15
10 —	78.20

Ces Sorbetières se font aussi en ferblanc

Fig. 1040

Machine à broyer la glace en neige à levier et volant

Fig. 1040bis

PRIX. . . . . . 39. »

Machine à broyer la glace

Fig. 1041

Machine à broyer la glace, nouveau modèle

A bras et au moteur, sans engrenage
avec poulie folle et fixe pour marcher au moteur

PRIX . . . . 365. »

Machine à broyer la glace

Fig. 1042

Machine à broyer la glace
nouveau modèle monté sur pieds en fer et fonte
avec poulie folle et poulie fixe
pour marcher au moteur avec arbres acier, graisseurs
la trémie en tôle galvanisée

PRIX . . . . 425. »

Machine à broyer la glace,
à volant double cylindre,
entonnoir galvanisé

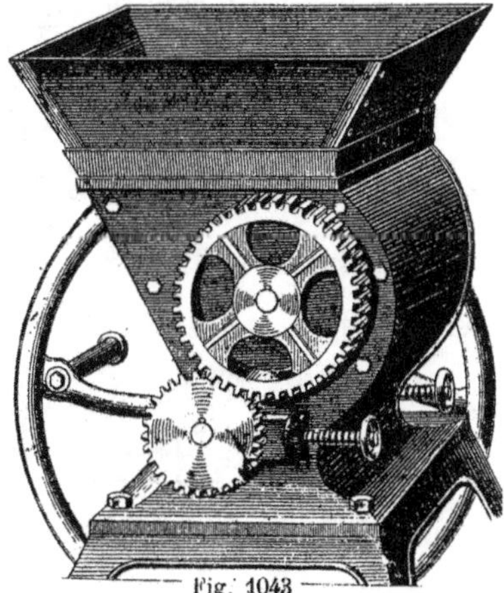

Fig. 1043

Avec supports pour sceller au mur

Numéros	1	2
PRIX	201.25	247.25

Avec grand pied pour mettre
au milieu de la pièce

PRIX 304.75

Machine à broyer la glace
à volant

Fig. 1044

Cylindre de 18½ et tiroir

PRIX . . . . . 158. »

Bombe à glace extra-forte

Fig. 1047

CONTEN.	PRIX	CONTEN.	PRIX
0 lit.15	1.70	1 lit.	3. »
0 — 20	1.75	1 — ¼	3.45
0 — 25	1.85	1 — ½	3.95
0 — 30	1.95	1 — ¾	4.25
0 — 35	2.15	2 —	4.60
0 — 50	2.30	2 — ½	5.20
0 — 75	2.60	3 —	5.05

Fromage à glace, à côtes assorties

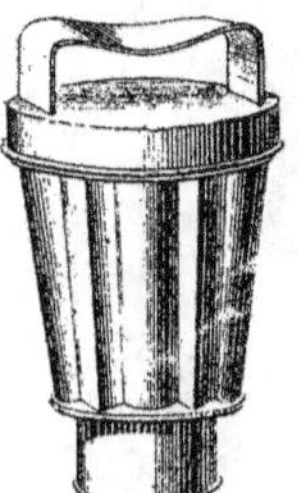

Fig. 1048

CONTEN.	PRIX	CONTEN.	PRIX
0 lit.15	2.60	1 lit. ¼	4.50
0 — 20	3. »	1 — ½	5.20
0 — 25	3.10	1 — ¾	5.60
0 — 30	3.20	2 —	6.65
0 — 35	3.45	2 — ½	7.25
0 — 50	3.90	3	8.35
0 — 75	4.05	4 —	9. »
1 — 00	4.35		

Fromage à glace à côtes rondes

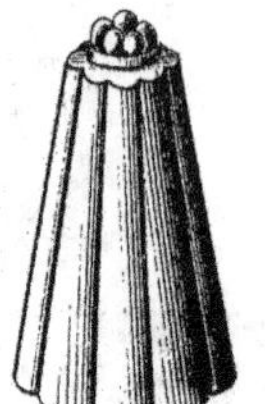

Fig. 1049

CONTEN.	PRIX	CONTEN.	PRIX
0 lit.15	2.60	1 lit. ¼	4.50
0 — 20	3. »	1 — ½	5.20
0 — 25	3.10	1 — ¾	5.60
0 — 30	3.20	2 —	6.65
0 — 35	3.45	2 — ½	7.25
0 — 50	3.90	3	8.35
0 — 75	4.05	4 —	9. »
1 — 00	4.35		

Parfait, fond décoré

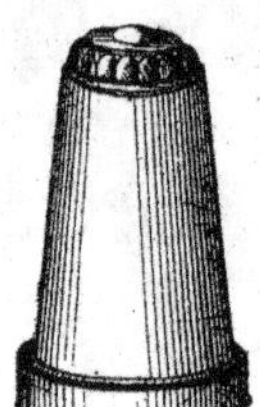

Fig. 1050

CONTEN.	PRIX	CONTEN.	PRIX
0 lit.50	2.60	1 lit. ¾	4.75
0 — 75	3. »	2 —	5.10
1 —	3.35	2 — ¼	5.40
1 — ¼	3.75	2 — ½	5.65
1 — ½	4.35	3 —	6.35

Bombe à 6 pans

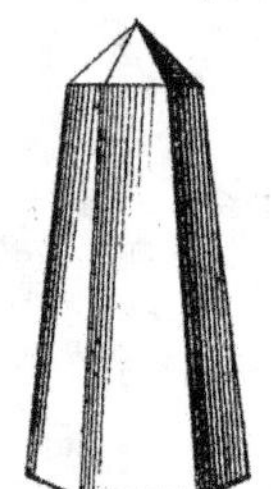

Fig. 1051

CONTEN.	PRIX	CONTEN.	PRIX
0 lit.50	5.10	1 lit. ½	7.20
0 — 75	5.55	1 — ¾	7.85
1 —	6.45	2 —	8.35
1 — ¼	6.90		

Fromage décoré

Fig. 1052

CONTENANCE	PRIX
10 décilitres	9.10
16 — ½	10.55
23 —	10.95

Ces Moules se font de 30 modèles différents

Fromage décoré, double rang

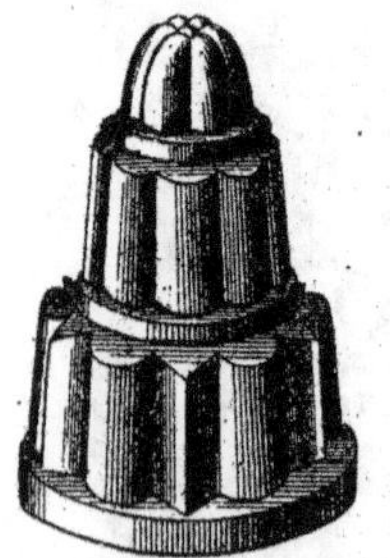

Fig. 1053

CONTEN.	PRIX	CONTEN.	PRIX
1 lit.	7.80	2 lit.	10.55
1 — ½	9.50	2 — ½	11.75

Ces Moules se font de 30 modèles différents

Bouteille Champagne

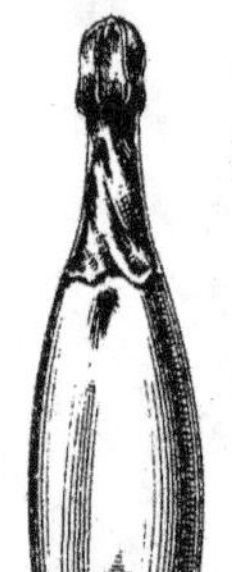

Fig. 1054

CONTEN.	PRIX	CONTEN.	PRIX
¼ litre	5.65	¾ litre	6.90
½ —	6.35	1 —	7.20

Biscuit brique, renforcé, cerclé fond mobile

Fig. 1055

DIVISIONS	PRIX	DIVISIONS	PRIX
6	4.35	12	8.05
8	6.05	14	10.25
10	7.50	16	12.95

Comtesse Marie

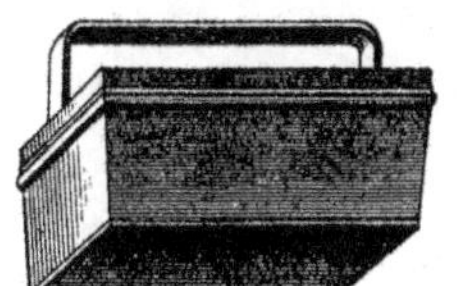
Fig. 1056

CONTEN.	PRIX	CONTEN.	PRIX
0 lit.50	3.75	1 lit.½	5.20
0 — 75	4.35	1 — ¾	5.40
1 —	4.50	2 —	5.65
1 — ¼	4.75		

Parfait glacé, carré

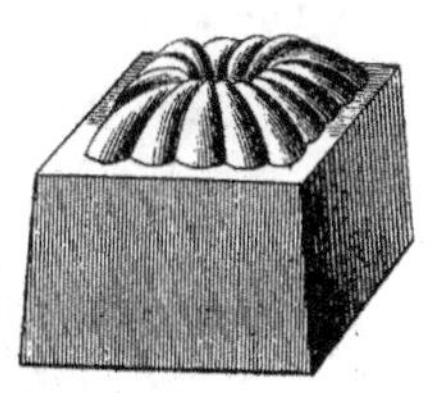
Fig. 1057

CONTEN.	PRIX	CONTEN.	PRIX
0 lit.50	5.20	1 lit.½	6.55
0 — 75	5.50	1 — ¾	6.90
1 —	6. »	2 —	7.20
1 — ¼	6.25		

Bombe cuivre et couvercle

Fig. 1058

DIAMÈT.	PRIX	DIAMÈT.	PRIX
8½	9.50	12½	14.70
9—	10.55	13—	15.55
10—	12.10	14—	16.35
11—	13.25	15—	17.85

Bombe obus, cuivre et couvercle

Fig. 1059

DIAMÈT.	PRIX	DIAMÈT.	PRIX
10½	12.10	13½	15.55
11—	13.35	14—	16.25
12—	14.70		

Mousse fond mobile

Fig. 1060

DIAMÈT.	PRIX	DIAMÈT.	PRIX
10½	2.60	13½	4.75
11—	3.10	14—	5.20
12—	3.85	15—	6.25

Fromage glacé

Fig. 1061

CONTEN.	PRIX
0 lit.35	4.35
0 — 50	4.50
0 — 75	5.10
1 —	5.50
1 — ¼	5.90
1 — ½	6.45
1 lit. ¾	7.20
2 —	7.95
2 — ¼	8.55
2 — ½	9.50
2 — ¾	10.35

Plum-Pudding uni

Fig. 1062

DIAMÈT.	PRIX	DIAMÈT.	PRIX
10½	2.55	15½	3.35
11—	2.65	16—	3.75
12—	2.80	17—	3.95
13—	3.05	18—	4.35
14—	3.25		

Plum-Pudding cannelé

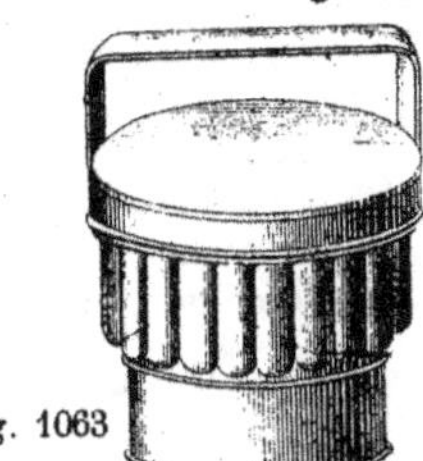
Fig. 1063

DIAMÈT.	PRIX	DIAMÈT.	PRIX
10½	2.65	15½	3.95
11—	2.80	16—	4.35
12—	3.10	17—	4.85
13—	3.45	18	5.10
14—	3.70		

Plum-Pudding décoré

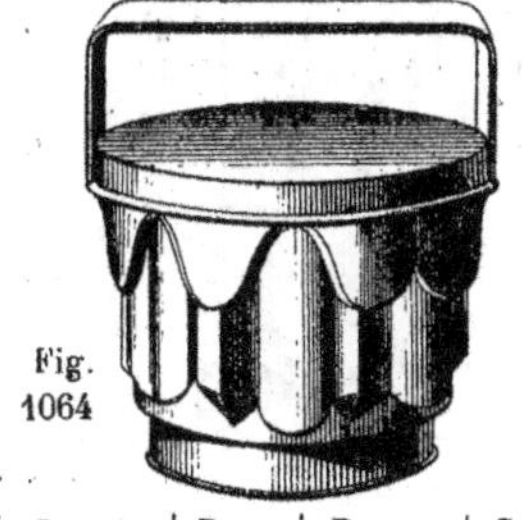
Fig. 1064

DIAMÈT.	PRIX	DIAMÈT.	PRIX
13½	3.45	16½	4.25
14—	3.75	18—	4.95
15—	3.95		

Pudding ovale, fond raisin

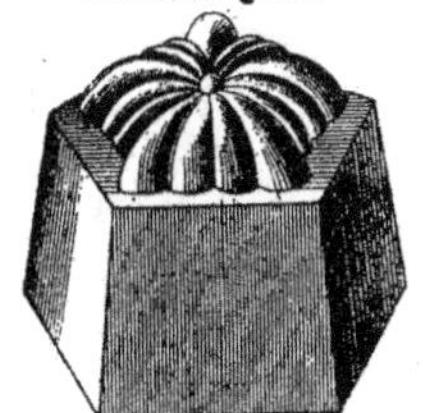
Fig. 1065

DIAMÈTRES	PRIX
15½	5.20
16—	5.50
17—	6.05
18—	6.80

Parfait glacé

Fig. 1066

CONTEN.	PRIX	CONTEN.	PRIX
0 lit.50	5.20	1 lit.½	6.65
0 — 75	5.50	1 — ¾	7.05
1 —	5.65	2 —	8.20
1 — ¼	6.25		

Plum-Pudding, 6 pans

Fig. 1067

DIAMÈT.	PRIX	DIAMÈT.	PRIX
11½	4.25	15½	6.45
12—	4.50	16—	6.90
13—	5.20	17—	7.95
14—	5.65		

J. & E. GAILLARD

Parfait glacé

Fig. 1068

Conten.	Prix	Conten.	Prix
0 lit.50	3.45	1 lit.½	5.20
0 — 75	3.95	1 — ¾	5.65
1 —	4.15	2 —	6.65
1 — ¼	4.75		

Parfait glacé

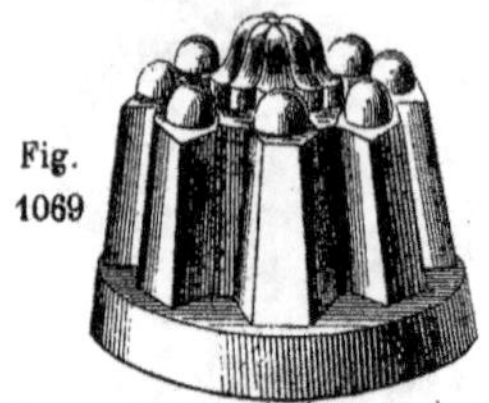

Fig. 1069

Conten.	Prix	Conten.	Prix
0 lit.75	7.80	1 lit.½	9.70
1 —	8.35	1 — ¾	9.90
1 — ¼	9. »	2 —	10 35

Pudding ovale, fond grenade

Fig. 1070

Diamét.	Prix	Diamét.	Prix
14 %₀	5.20	18 %₀	7.05
16—	5.50	20—	7.80

Biscuit glacé rosace

Fig. 1071

Diam.	Prix	Diam.	Prix
10 %₀	1.75	18 %₀	3.20
12—	2.20	20—	3.70
14—	2.50	22—	4.15
16—	3. »		

Biscuit glacé Cœur

Fig. 1071 bis

Diam.	Prix	Diam.	Prix
12 %₀	1.05	18 %₀	2.20
14—	1.30	20—	2.60
16—	1.85	22 –	3.05

Plum-Pudding, melon

Fig. 1072

Diamètres	Prix
11 %₀	3. »
12—	3.45
13—	3.75
14—	3.95

Bombe sphérique

Fig. 1072 bis

Cont.	Prix	Cont.	Prix
0 lit. 25	3.35	1 lit. ¼	5.65
0 — 50	3.80	1 — ½	6.55
0 — 75	4.35	2	7.20
1 —	4.75		

Glaces en étain pour sorbets, assorties de modèles

Fig. 1073

Fig. 1074

Fig. 1075

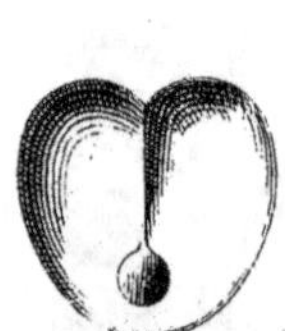

Fig. 1076

Fig. 1077

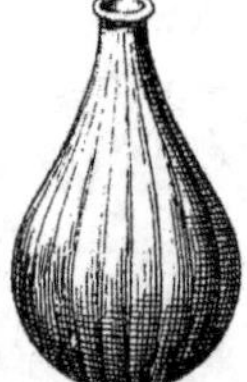

Fig. 1078

Fig. 1079

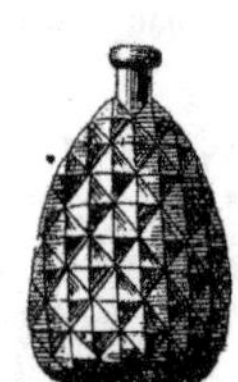

Fig. 1080

Fig. 1081

Pour demi-glace . . . . Prix 1.45

— glace entiére . . . . — 1.95

80 Modèles différents

Glaces en étain pour sorbets, assorties de modèles *(Suite)*

Fig. 1082   Fig. 1083   Fig. 1084   Fig. 1085   Fig. 1086   Fig. 1087

Fig. 1088   Fig. 1089   Fig. 1090   Fig. 1091   Fig. 1092   Fig. 1093

Fig. 1094   Fig. 1095   Fig. 1096   Fig. 1097   Fig. 1098   Fig. 1099

Fig. 1100   Fig. 1101   Fig. 1102   Fig. 1103   Fig. 1104

Fig. 1105   Fig. 1106   Fig. 1107   Fig. 1108   Fig. 1109

Fig. 1110   Fig. 1111   Fig. 1112   Fig. 1113   Fig. 1114   Fig. 1115

Pour demi-glace . . . . PRIX **1.45**

— glace entiére . . . . — **1.95**

80 Modèles différents

Glaces en étain pour sorbets
Assortis de modèles (*Suite*)

Fig. 1116   Fig. 1117   Fig. 1118   Fig. 1119   Fig. 1120   Fig. 1121

Pour demi-glace . . . . PRIX **1.45**
   » glace entière . . . . » **1.95**

Glace en étain pour décors, par trois
Fraise Ananas, Rose, Marguerite, Pomme, Poire

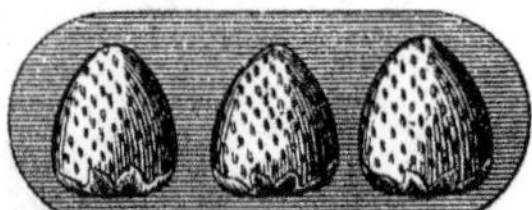

Fig. 1122   Fig. 1123   Fig. 1124

Fig. 1125   Fig. 1126

PRIX **3.35**

Strakine, trois pièces, étain

Fig. 1127

PRIX **4.05**

Ananas à bouquet, étain

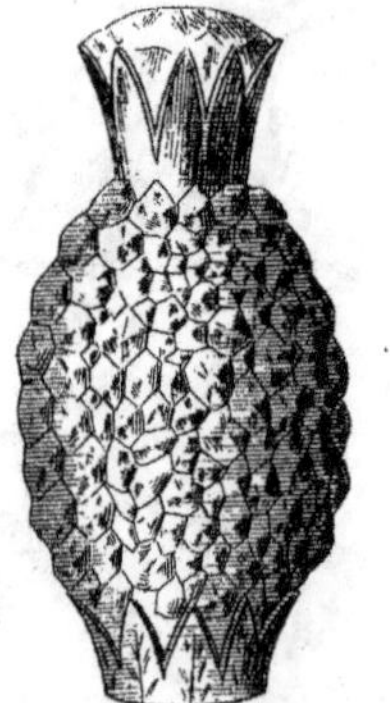

Fig. 1128

Contenance.	1 litre	1 lit. ½
PRIX	**27.05**	**39.10**

Ananas, étain

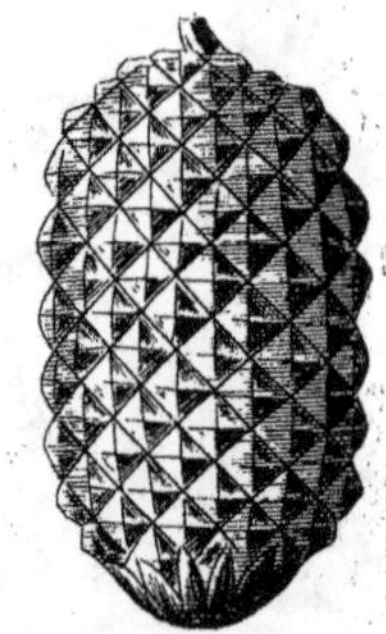

Fig. 1129

Contenance. . .	¾ litre
PRIX	**21.30**

Botte d'asperges, étain

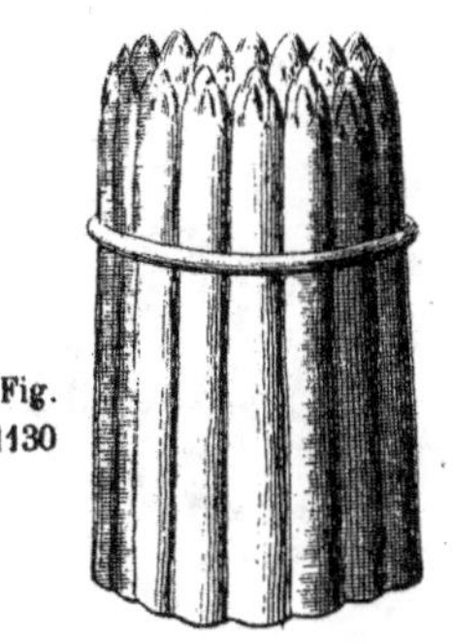

Fig. 1130

Contenance. . . . 1 litre

PRIX. 21.30

Melon, étain

Fig. 1131

CONTENANCE	PRIX
½ litre	13.25
¾ —	17.25
1 —	19.85
1 — ½	25.90
2 —	31.80

Cygne, étain

Fig. 1132

Contenance	1 litre	1 lit. ½
PRIX. . . .	26.20	50.60

Canard, étain

Fig. 1133

Contenance. . . . . . 1 lit. ½

PRIX. 36.25

Lion, étain

Fig. 1134

Contenance.	1 lit. ¼	3 lit. ½
PRIX.	34.50	64.40

Dauphin, étain

Fig. 1135

Contenance. . . . . 1 litre

PRIX. 29.35

Chien, étain

Fig. 1136

Contenauce	¾ litre	1 lit. ½	Mont-St-Bernard 1 litre ½
PRIX. . . .	32.20	36.80	48.50

Lapin, étain

Fig. 1137

Contenance.	1 litre
Prix.	25.30

Poisson, étain

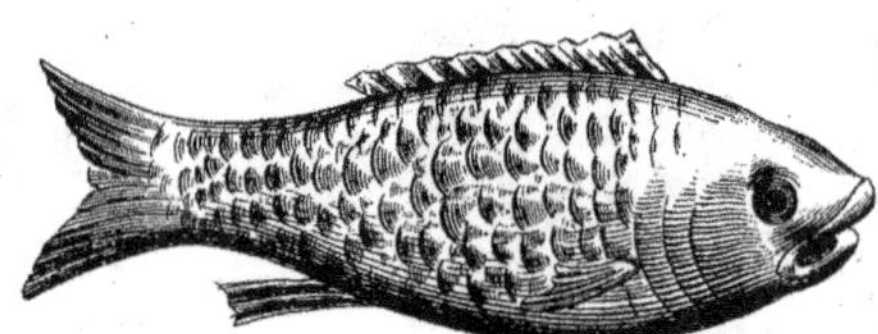

Fig. 1138

Contenance.	1 litre
Prix.	26.20

Poule, étain

Fig. 1139

Contenance.	1 litre
Prix.	26.20

Nid, étain

Fig. 1140

Contenance. . . .	¾ litre	1 litre
Prix.	27.60	34.50

Sabot, étain

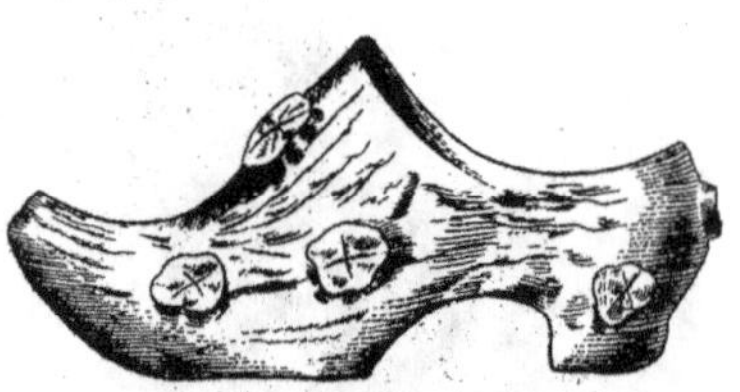

Fig. 1141

Contenance. . . .	1 litre	1 lit. ½
Prix.	27.60	31.05

Coq sur Poule, étain

Fig. 1142

Prix.	2.60

Houlette à glace
cuivre avec manche bois

Fig. 1143

NUMÉROS	PRIX
1	4.35
2	4.50
3	5.10

Pilon à glace
gaïac ferré au bout

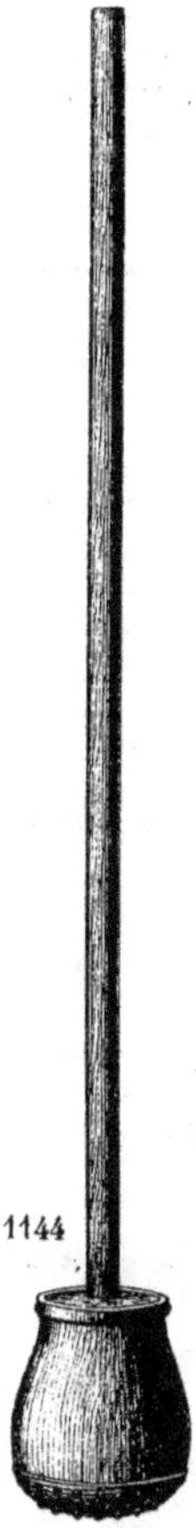

Fig. 1144

NUMÉROS	PRIX
1	8.95
2	10.95
3	12.40

Pic à glace
à pointe acier tête fonte

Fig. 1145

PRIX . . 1.30

Pic à glace
tête fonte, à dents

Fig. 1146

PRIX . . 1.65

Pic à glace
tête bois

Fig. 1147

PRIX . . 1. »

Couteau à glace
cuivre

Fig. 1148

NUMÉROS	PRIX
1	3.20
2	4.05
3	5.20

Pic à glace, marteau à pointe

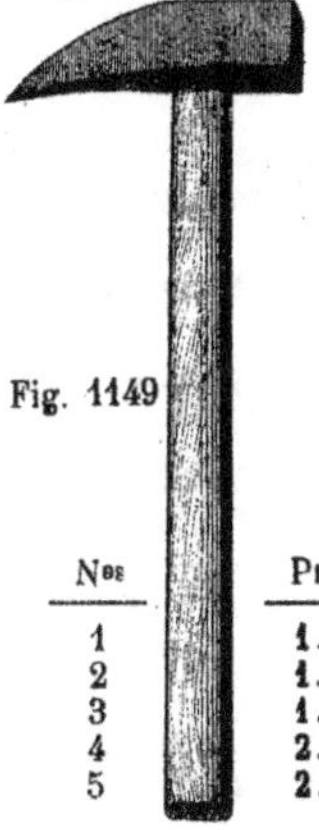

Fig. 1149

Nos	PRIX
1	1.30
2	1.55
3	1.85
4	2.10
5	2.60

Cuillère à glace, cuivre

NUMÉROS	PRIX
1	3.95
2	4.90
3	5.20

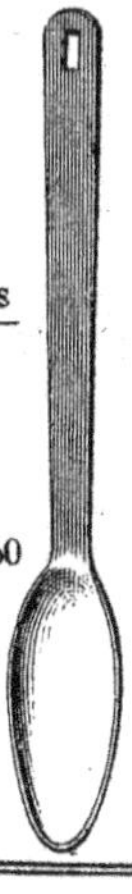

Fig. 1150

Cuillère à glace
napolitaine, bronze

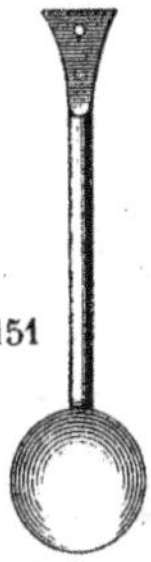

Fig. 1151

NUMÉROS	PRIX
1	3.20
2	4.35
3	5.10

Spatule à glace, buis
renforcée

Fig. 1152

LONG.	PRIX	LONG.	PRIX
70 %	1.65	90 %	3.10
75 —	1.95	100 —	4.15
80 —	2.20	105 —	4.50
85 —	2.60		

Spatule à glace
ferblanc, forte

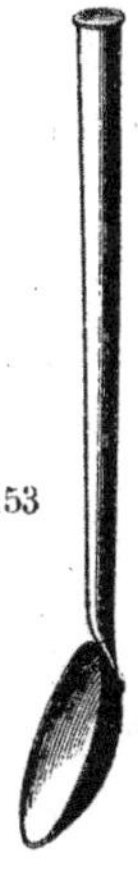

Fig. 1153

PRIX . . . 1.45

AVIS IMPORTANT

Nous avons l'avantage d'informer notre nombreuse Clientèle que nous sommes à sa disposition pour la Fabrication, au plus juste prix, dans nos Ateliers, de toutes pièces spéciales en CUIVRERIE, TOLERIE BRUTE, ÉTAMÉE ou GALVANISÉE, FERBLANTERIE, etc., suivant modèles ou plans côtés.

Nous fournissons à vue les Batteries de Cuisine NICKEL et ALUMINIUM ayant toujours en Magasin un Stock important de ces Articles.

TARIFS SPÉCIAUX SUR DEMANDE

Nous faisons les Installations Complètes de toutes les Cuisines d'ensemble comprenant tous travaux et fournitures.

Pour HOTELS

RESTAURANTS

BRASSERIES

PATISSERIES

GLACIERS

CHATEAUX

MAISONS BOURGEOISES, etc.

ARTICLES

BI-MÉTAL, ARGENT

et CUIVRE

BI-MÉTAL, Argent et Cuivre

Marmite droite et couvercle

Fig. 1154

Diamètres	Prix	Diamètres	Prix
16½	75.05	24½	179.20
18—	94.10	26—	221.80
20—	117.60	28—	274.40
22—	145.60	30—	319.20

Marmite bombée et couvercle

Fig. 1155

Contenance	Prix	Contenance	Prix
1 litre	42.50	4 litres	84. »
2 —	61.60	5 —	94.10
3 —	72.80		

Bassine ou Faitout droit

Fig. 1156

Diamètres	Prix	Diamètres	Prix
12½	22.40	22½	87.40
13—	24.65	24—	106.40
15—	34.75	25—	115.60
16—	40.35	26—	126.60
18—	44.80	27—	136.65
19—	57.15	28—	147.85
20—	72.80	30—	170.25

Faitout conique

Fig. 1157

Diamètres	Prix	Diamètres	Prix
16½	44.80	24½	112. »
18—	65. »	26—	136.65
20—	78.40	28—	147.85
22—	95.20	30—	173.60

Soupière à pied

Fig. 1158

Diamètres	Prix	Diamètres	Prix
12½	22.40	22½	87.40
13—	24.65	24—	106.40
15—	34.75	25—	115.60
16—	40.35	26—	126.60
18—	44.80	27—	136.65
19—	57.15	28—	147.85
20—	72.80	30—	170.25

Soupière sans pied

Fig. 1159

Diamètres	Prix	Diamètres	Prix
16½	44.80	24½	112. »
18—	65. »	26—	136.65
20—	78.40	28—	147.85
22—	95.20	30—	173.60

Moule charlotte

Fig. 1160

Diamètres	Prix	Diamètres	Prix
9½	16.80	13½	34.75
10—	21.30	14—	40.35
11—	24.65	15—	44.80
12—	30.25	16—	50.40

Légumier fantaisie, ovale

Fig. 1162

Longueurs	24½	29½
Prix...	81.80	100.80

Casserole daubière, ovale et couvercle

Fig. 1164

Longueurs	Prix	Longueurs	Prix
12½	53.25	22½	97.45
14—	61.60	24—	108.70
16—	66.10	26—	128.80
18—	70.60	28—	147.85
20—	79.55	30—	174.85

Plat à sauter
queue courte

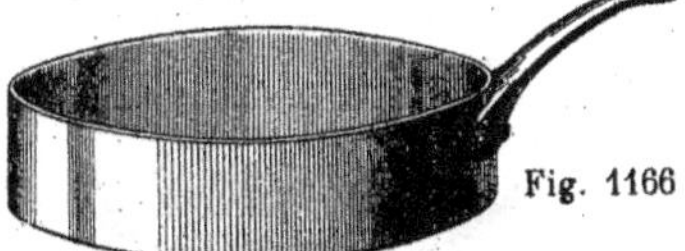

Fig. 1166

Diamètres	Prix	Diamètres	Prix
15½	25.20	23½	56.60
16—	27.75	24—	63. »
17—	30.25	25—	70.60
18—	32.80	26—	79.25
19—	35.30	27—	88.20
20—	39.05	28—	98.55
21—	42.85	29—	106.50
22—	47.90	30—	122.10

Bain-marie

Fig. 1161

Diamètres	Prix	Diamètres	Prix
9½	25.20	13½	52.95
10—	30.25	14—	65.55
11—	34.75	15—	77.85
12—	40.35	16—	90.75

Légumier ovale

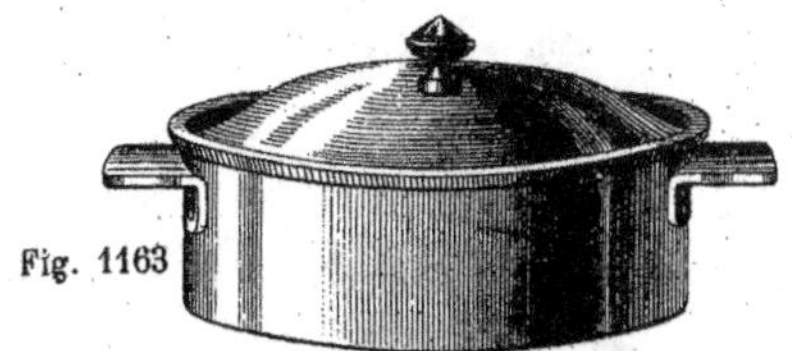

Fig. 1163

Diamètres	Prix	Diamètres	Prix
14½	28.95	20½	49. »
16—	32.80	22—	52.95
18—	37.80	24—	61.60

Casserole

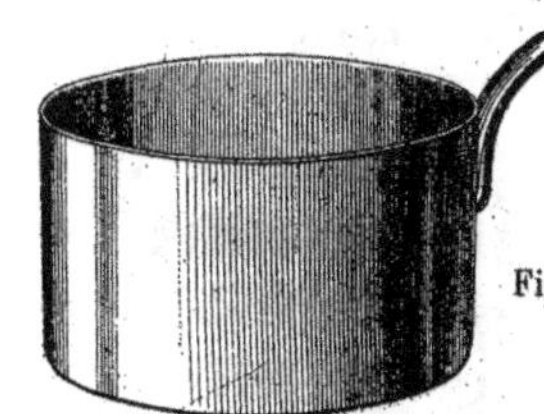

Fig. 1165

Diam.	Prix	Diam.	Prix	Diam.	Prix
7½	8.80	15½	26.45	23½	63. »
8	9.80	16—	30.25	24—	69.20
9—	10.95	17—	33.90	25—	76.60
10—	12.60	18—	37.80	26—	85.70
11—	13.75	19—	42.85	27—	98.55
12—	16.35	20—	47.90	28—	114.25
13—	18.80	21—	52.95	29—	132.20
14—	22.70	22—	57.70	30—	151.20

Daubière

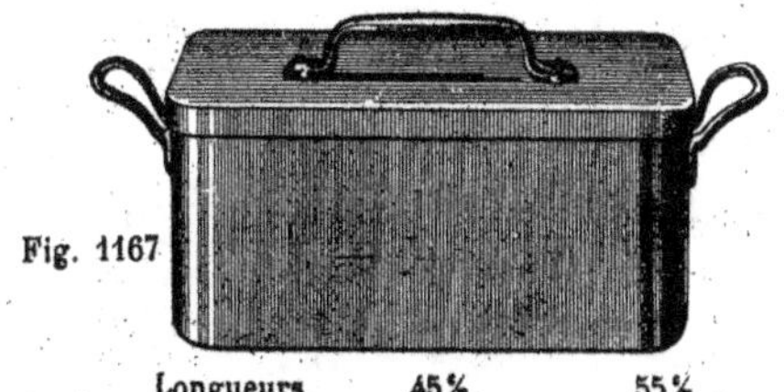

Fig. 1167

Longueurs	45½	55½
Prix...	436.80	504. »

Poêle à frire

Fig. 1168

DIAM.	PRIX	DIAM.	PRIX
16½	20.20	26½	42.35
18—	22.40	28—	49. »
20—	26.90	30—	56.60
22—	31.40	32—	65.55
24—	35.85		

Timbale

Fig. 1169

PRIX. . . . 12.60

Soufflé

Fig. 1170

DIAM.	PRIX	DIAM.	PRIX
12½	21.30	18½	33.60
14—	25.20	20—	40.35
16—	28.85		

Bol à bouillon

Fig. 1171

Diamètres.	13	14	15½
PRIX. . .	24.65	30.25	35.85

Verseuse

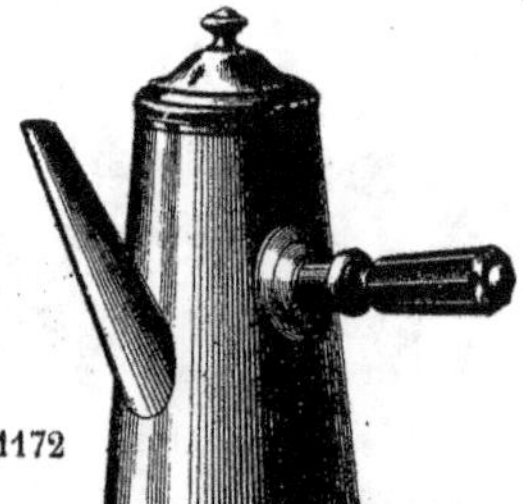

Fig. 1172

TASSES	PRIX	TASSES	PRIX
2	21.30	10	50.40
3	26.35	12	56. »
4	31.40	14	62.75
6	37.80	16	68.90
8	44. »		

Chocolatière

Fig. 1173

TASSES	PRIX	TASSES	PRIX
2	18.80	10	47.60
3	23.80	12	54.05
4	28.85	14	60.50
6	35.30	16	66.65
8	41.45		

Saupoudrière

Fig. 1174

	Cylindrique	Cambrée
PRIX. .	22.70	26.35

Plat ovale, à gratin, à poignées

Fig. 1175

LONGUEURS	PRIX	LONGUEURS	PRIX
24½	25.20	34½	46.50
26—	28.85	36—	52.95
28—	32.80	38—	59.10
30—	36.40	40—	65.55
32—	41.45	42—	71.70

Plat rond à œufs, à anses

Fig. 1176

DIAMÈTRES	PRIX	DIAMÈTRES	PRIX
12½	7.60	22½	31.40
14—	10.10	24—	37.55
16—	12.60	26—	44. »
18—	18.80	28—	50.40
20—	25.20	30—	56.60

Plat ovale d'office

Fig. 1177

Longueurs	Prix	Longueurs	Prix
30 ½	31.40	40 ½	50.40
31 —	33.60	41 —	53.80
32 —	34.75	42 —	57.15
33 —	37. »	43 —	59.40
34 —	39.20	44 —	63.85
35 —	40.35	45 —	67.20
36 —	41.45	46 —	71.70
37 —	43.70	47 —	75.05
38 —	44.80	48 —	78.40
39 —	47.05	50 —	87.40

Plat ovale, à gratin, à queue

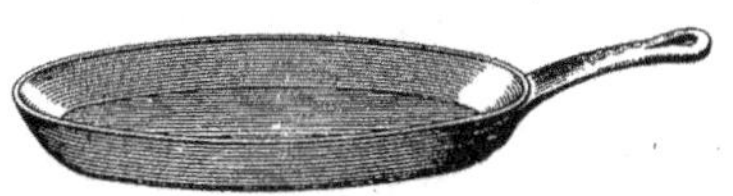

Fig. 1178

Longueurs	Prix	Longueurs	Prix
24 ½	25.80	34 ½	48.20
26 —	29.15	36 —	54.35
28 —	34.20	38 —	60.50
30 —	37. »	40 —	66.10
32 —	42.60	42 —	73.95

Cassolette, Bouchée à la Reine
à queue

Fig. 1179

Prix 5.45

Caisse à cailles

Fig. 1180

Prix 12.60

Poissonnière pour truite au bleu
avec grille spéciale à mouvement et couvercle

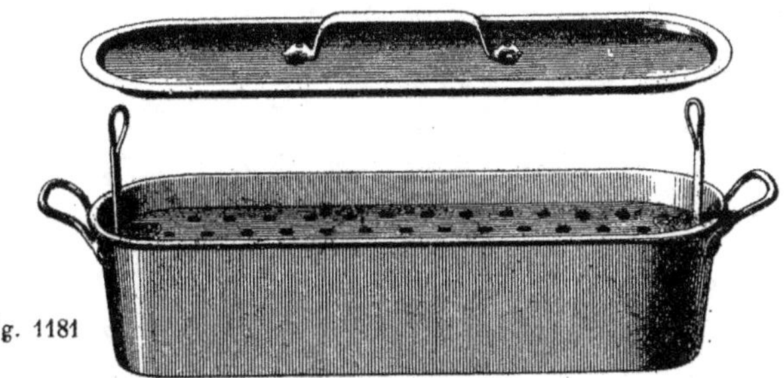

Fig. 1181

Longueurs	25	28	30	32	36	40 ⁰/ₘ
Prix	95. »	122. »	148. »	162. »	195. »	258. »

Poissonnière cuivre, argentée pour truite au bleu

Longueurs	25	28	30	32	36	40 ½
Prix	75. »	95. »	120. »	135. »	165. »	194. »

MOULES en PLATRE

Nous fournissons à tous nos Clients

PATISSIERS

CONFISEURS

GLACIERS

tous les Moules en Plâtre de tous les Sujets existants que les Clients voudront bien nous demander.

Pour ces Moules nous faisons des Prix Spéciaux très réduits pour tous les Sujets, Pièces Montées, Décors de Table, etc.

Sur demande nous envoyons l'Album Spécial avec toutes les figures.

ARGENTERIE

ARGENTERIE

LOUIS XIV

POMPADOUR

Fig. 1182

Fig. 1183

LOUIS XIV

Couteau de table. . 24 gram.	*La douz.*	35.20
Cuillère — . . 84 —	—	33. »
Fourchette — . . 84 —	—	33. »
Cuillère à dessert . 60 —	—	27.50
Fourchette — . 60 —	—	27.50
Cuillère à café . . . 18 —	—	18. »

Tous les Articles de service se font également

dans ce style

POMPADOUR

Couteau de table. . 24 gram.	*La douz.*	35. »
Cuillère — . . 84 —	—	31.90
Fourchette — . . 84 —	—	31.90
Cuillère à dessert . 60 —	—	25.30
Fourchette — . 60 —	—	25.30
Cuillère à café . . . 18 —	—	16.50

Tous les Articles de service se font également

dans ce style

ROSES ET BOUTONS

VICTORIA

Fig. 1184

Fig. 1185

ROSES ET BOUTONS

VICTORIA

ROSES ET BOUTONS				VICTORIA			
Couteau de table. .	24 gram.	*La douz.*	33.10	Couteau de table. .	24 gram.	*La douz.*	31.00
Cuillère —	. . 84 —	—	28.50	Cuillère —	. . 84 —	—	25.90
Fourchette —	. . 84 —	—	28.50	Fourchette —	. . 84 —	—	25.90
Cuillère à dessert .	60 —	—	23.30	Cuillère à dessert .	60 —	—	20.70
Fourchette —	. 60 —	—	23,30	Fourchette —	. 60 —	—	20.70
Cuillère à café . . .	18 —	—	14.70	Cuillère à café . . .	18 —	—	12.65

Tous les Articles de service se font également
dans ce style.

Tous les Articles de service se font également
dans ce style

RÉGENCE

Cuillère à Ragout

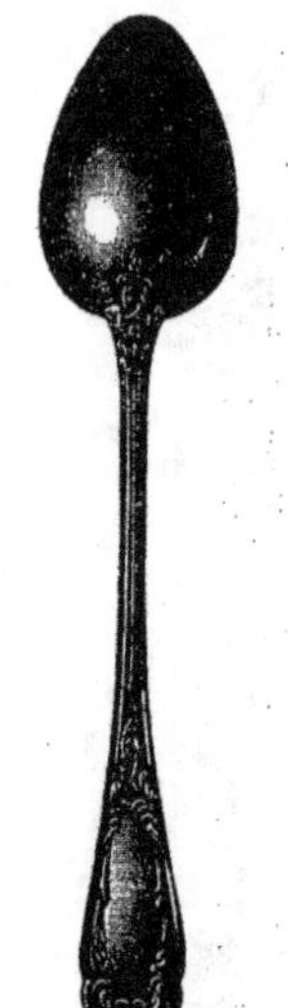

Fig. 1189

6 grammes

La pièce . . . . . 8. »

Fig. 1186	Fig. 1187	Fig. 1188
Couteau de table	**Cuillère de table**	**Fourchette de table**
24 grammes	84 grammes	84 grammes
La douzaine. 38.50	La douzaine. 36.30	La douzaine. 36.30

Cuillère à dessert

Fig. 1190

60 grammes

La douzaine. . . 30.80

Cuillère à œufs

Fig. 1191

15 grammes

La douzaine. 22.75

Cuillère à glace

Fig. 1192

15 grammes

La douzaine. 23.10

Pelle à sel

Fig. 1193

1 gramme

La pièce. . . . . . 2. »

Fourchette à huitres

Fig. 1194

15 grammes

La douzaine. . . 23.65

Cuillère à moutarde

Fig. 1195

1 gramme

La pièce. . . . 2.50

RÉGENCE (Suite)

Louche à potage

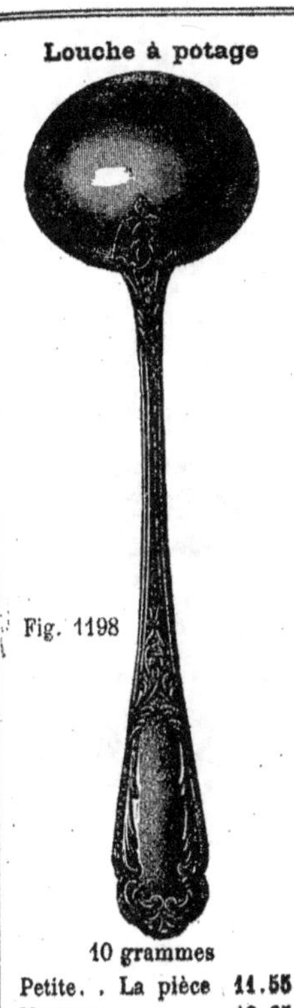

Fig. 1198

10 grammes

Petite. . La pièce **11.55**
Moyenne — **12.65**

Cuillère à sauce

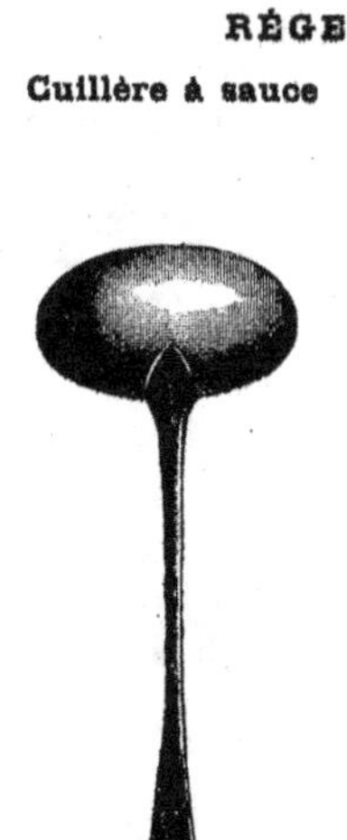

Fig. 1199

3 grammes
La pièce. . **7.05**

Pelle à tarte

Fig. 1200

4 grammes
La pièce. . **11. »**

Cuillère à compote

Fig. 1201

3 grammes
La pièce. . **6.90**

Service à glace, Couteau et Pelle

Fig. 1202

5 grammes

Le service. . . **24.50**

Service à découper

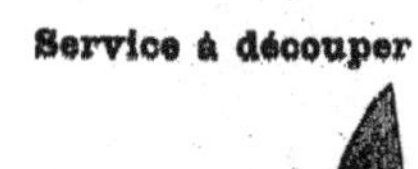
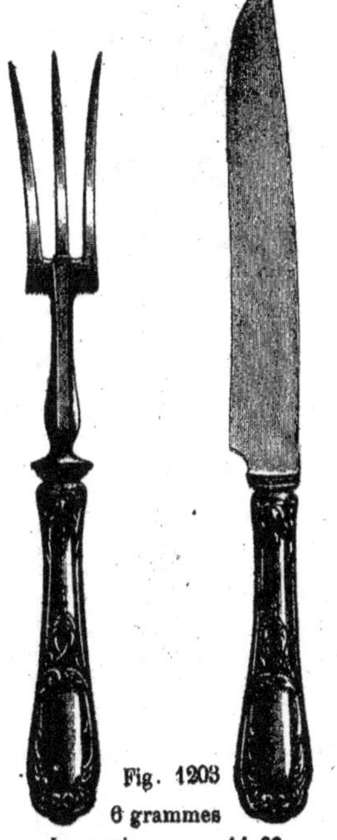

Fig. 1203

6 grammes

Le service. . . **14.60**

Service à salade

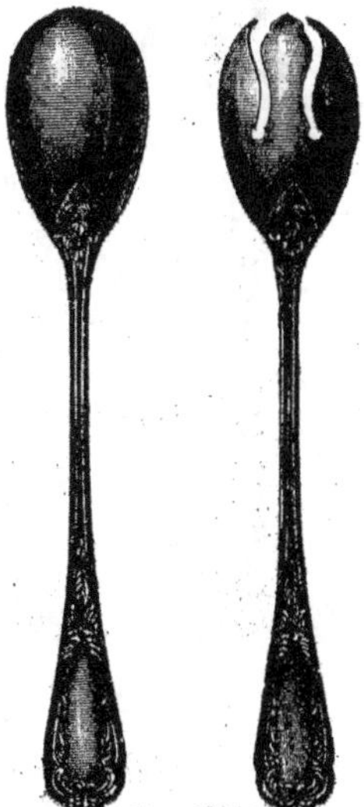

Fig. 1204

11 grammes

Le service. . . **18.50**

RÉGENCE (*Suite*)

Pince à sucre, 2 grammes

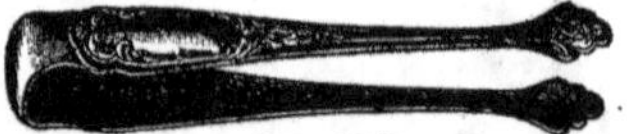

Fig. 1205

Petite. . . . . . La pièce **6.35**
Grande . . . . . — **7.45**

Fourchette à sardines, 2 grammes

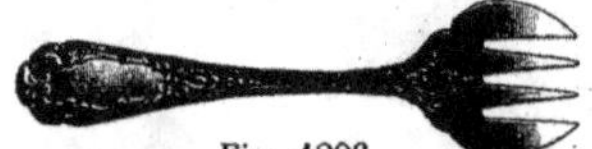

Fig. 1206

La pièce. **6.35**

Pelle à beurre, 2 grammes

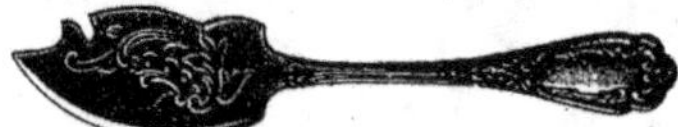

Fig. 1207

La pièce. **7.15**

Pelle à thon, 2 grammes

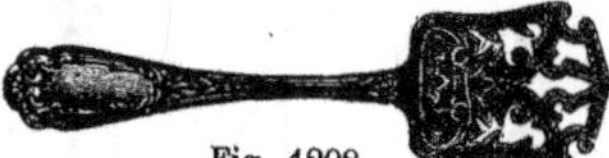

Fig. 1208

La pièce. **7.15**

Fourchette à cornichon, 2 grammes

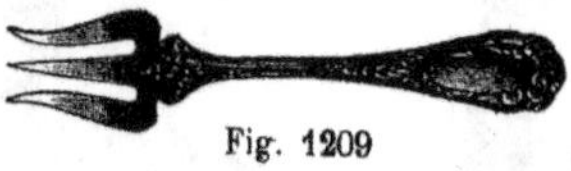

Fig. 1209

La pièce. **6.60**

Cuillère à olives, 2 grammes

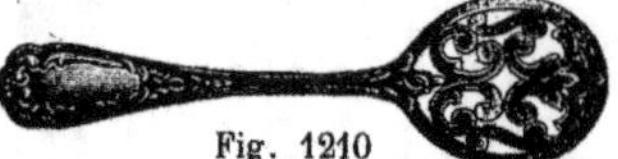

Fig. 1210

La pièce. **9.10**

Couvert à poisson

J.E.GAILLARD PARIS 81 FAUB ST DENIS

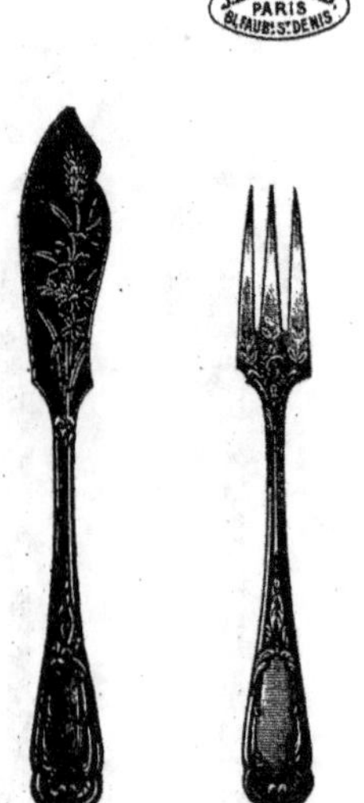

Fig. 1211

4 grammes
Le couvert. . . . **10.45**

Truelle à poisson

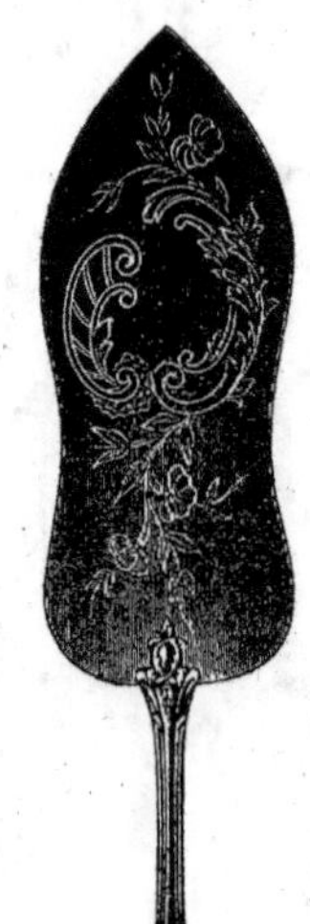

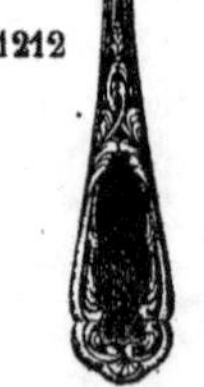

Fig. 1212

4 grammes
La pièce . . . **11.55**

Service à poisson, Couteau et Fourchette

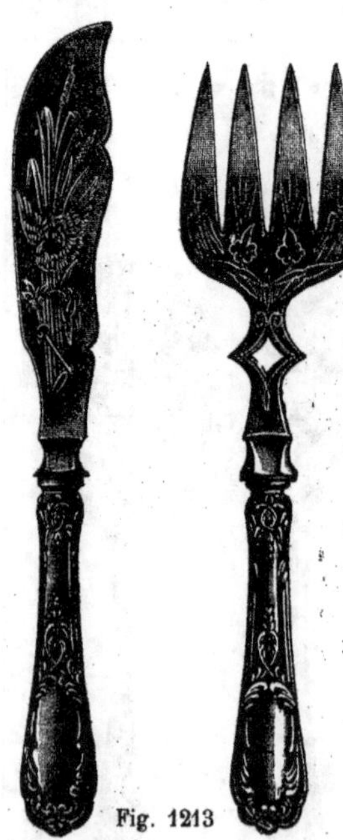

Fig. 1213

8 grammes
Le service. **25.30**

BAGUETTE

Fig. 1217   Fig. 1218   Fig. 1219

Couteau de table
24 grammes
La douzaine 30. »

Cuillère de table
84 grammes
La douzaine. 25. »

Fourchette de table
84 grammes
La douzaine. 25. »

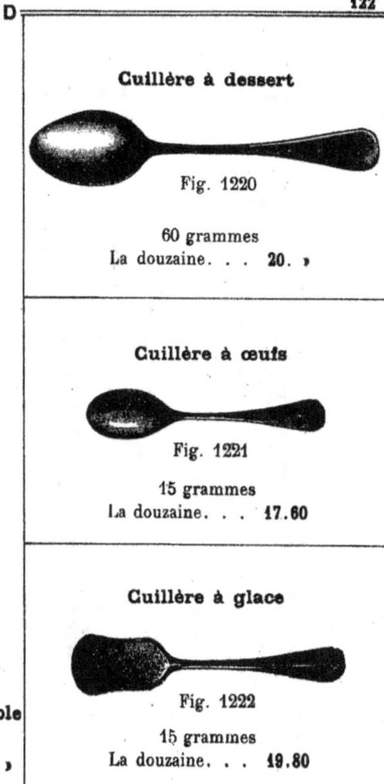

Cuillère à dessert

Fig. 1220

60 grammes
La douzaine. . . **20. »**

Cuillère à œufs

Fig. 1221

15 grammes
La douzaine. . . **17.60**

Cuillère à glace

Fig. 1222

15 grammes
La douzaine. . . **19.80**

Pelle à sel

Fig. 1223

1 gramme
La douzaine. . . **9.90**

Fourchette à huîtres

Fig. 1224

15 grammes
La douzaine. . . **17.90**

Cuillère à moutarde

Fig. 1225

1 gramme
La pièce. . . . **1.40**

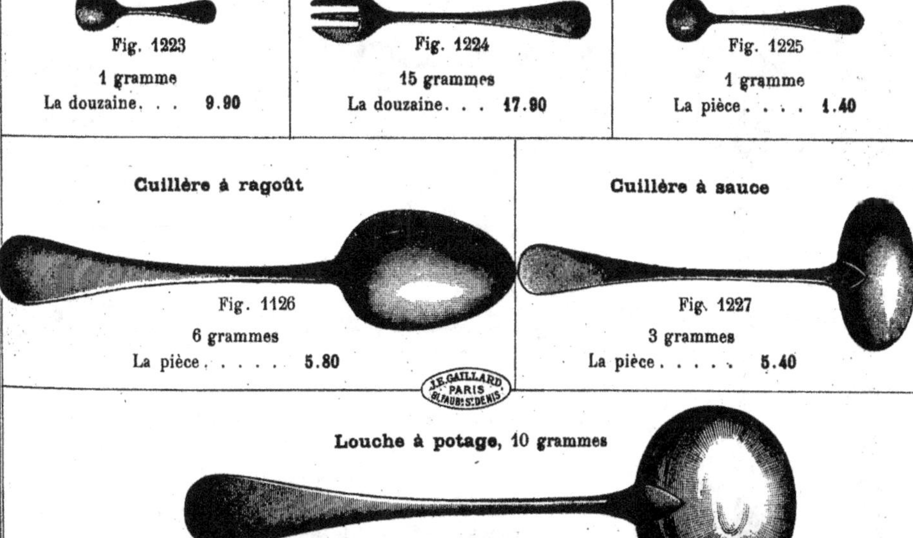

Cuillère à ragoût

Fig. 1126

6 grammes
La pièce. **5.80**

Cuillère à sauce

Fig. 1227

3 grammes
La pièce. **5.40**

Louche à potage, 10 grammes

Fig. 1228

Petite. . . . . La pièce **8.50**
Grande . . . . — **9.10**

Pelle à tarte

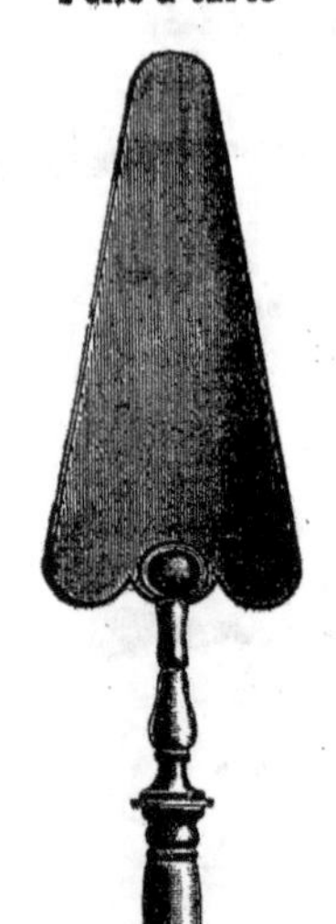

Fig. 1230

4 grammes
La pièce . . 9.90

Cuillère à compote

Fig. 1231

3 grammes
La pièce . . 5.35

Service à glace

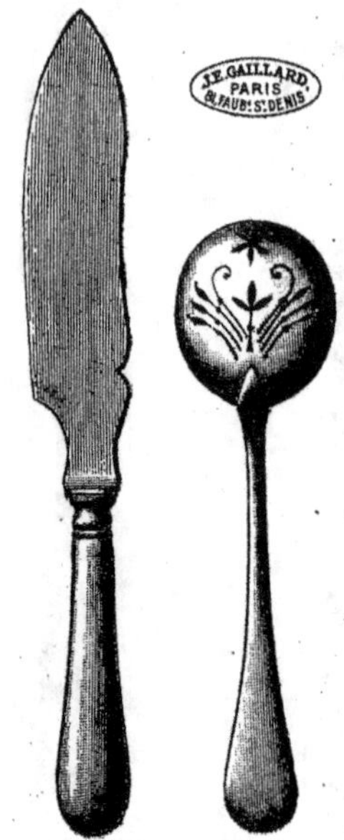

Fig. 1232

Couteau et Pelle, 8 grammes
Le service . . . 18.15

Service à découper

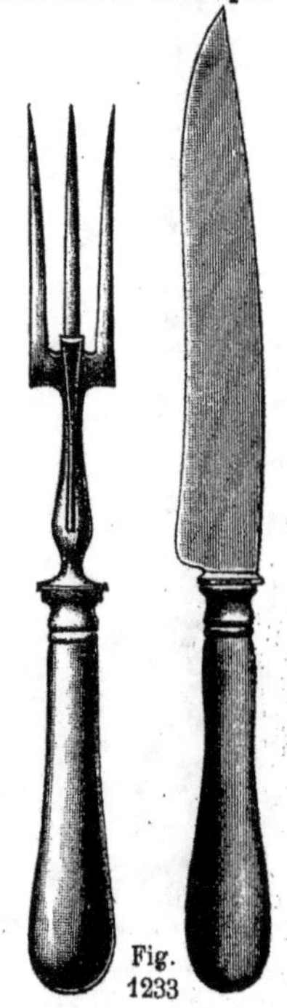

Fig. 1233

6 grammes
Le service . . . 11.85

Service à salade

Fig. 1234

11 grammes
Le service . . . 20.65

Pince à sucre

Fig. 1235

2 grammes
La pièce 5.25

Fourchette à sardines

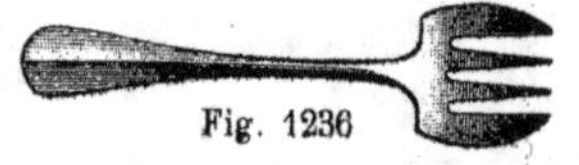

Fig. 1236

2 grammes
La pièce 5.25

Pelle à beurre

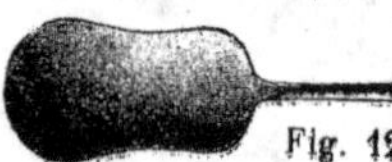

Fig. 1237

2 grammes
La pièce 5.25

Pelle à thon

Fig. 1238

2 grammes
La pièce 5.25

Cuillère à olives

Fig. 1240

2 grammes
La pièce 6.35

BAGUETTE (*Suite*)

Fourchette à cornichon

Fig. 1241

2 grammes
La pièce **4.15**

Couvert à poisson

Fig. 1242   9 grammes
Le couvert. . . . . **16. »**

Cuillère à sucre

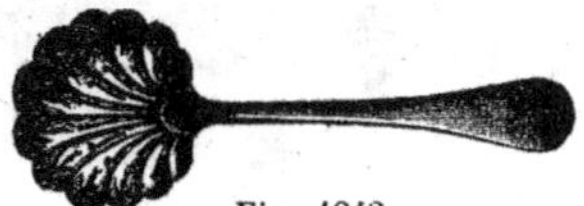

Fig. 1243

3 grammes
Petite. . . . . La pièce   **5.25**
Grande . . . . .   —   **6.90**

Cuillère à fraises

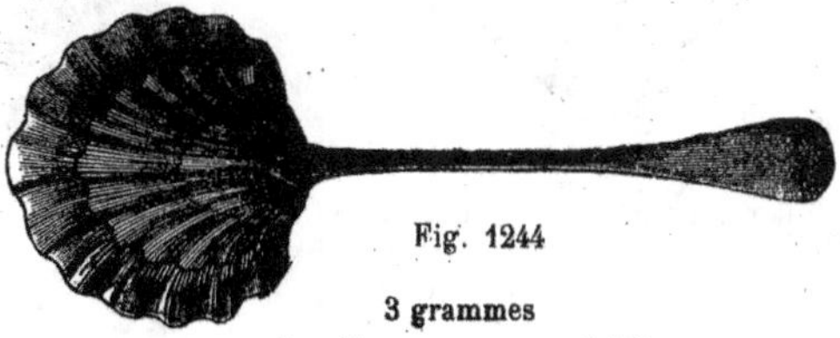

Fig. 1244

3 grammes
La pièce **6.90**

Truelle à poisson

Fig. 1245

4 grammes
La pièce **9.90**

Service à poisson, Couteau et Fourchette

Fig. 1246

8 grammes
Le service . . . . . **18. »**

Bol à potage, fond plat, à oreilles

Fig. 1247

Personnes	Centilit.		Prix
1	40	12 gr.	12.40
2	65	15 —	15.55
3	90	20 —	21. »
4	110	25 —	24.45
6	140	30 —	29.65
10	190	35 —	35.95

Bol à potage, à anses

Fig. 1248

Personnes	Centilit.		Prix
1	40	12 gr.	15.55
2	65	15 —	19.30
3	90	20 —	23.60
4	110	25 —	27.90
6	140	30 —	33.10
10	190	35 —	38.85

Bol à potage, à pied

Fig. 1249

Personnes	Centilit.		Prix
1	40	12 gr.	14.40
2	65	15 —	18.70
3	90	20 —	24.45
4	110	25 —	28.20
6	140	30 —	33.95

Saucière, à pied, bordée

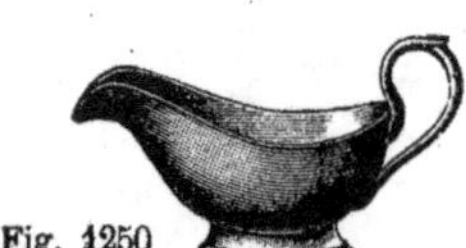

Fig. 1250

Portions	Centilit.		Prix
1	7	8 gr.	15.70
2	12	12 —	19.55
3	19	14 —	22.95
4	26	16 —	26.40
6	38	18 —	33. »
8	50	20 —	37.40

Ces Saucières se font non bordées

Saucière, à pied, à 2 becs
2 anses et plateau

Fig. 1251

Portions	Centilit.		Prix
4	26	24 gr.	46.25
6	38	30 —	52.50
8	50	36 —	58.75

Ces Saucières se font dans tous les styles

Légumier uni, à anses

Fig. 1252

Personnes	Centilit.		Prix
1	40	18 gr.	26.25
2	65	22 —	34. »
3	90	28 —	36.50
4	110	35 —	42. »
6	140	42 —	49. »
10	190	50 —	57.50

Légumier Louis XV, décoré
avec anses

Fig. 1253

Personnes	Contenan.		Prix
3	90 cent.	28 gram.	56 50
6	140 —	42 —	75. »
10	190 —	50 —	93. »

Ce Légumier se fait dans tous les styles

Saupoudreuse à sucre
cristal et bouchon argenté

2 grammes

Fig. 1254

Prix. . . . 4.40

Timbale unie

Fig. 1255

Hauteurs		Prix
6 ½	5 gram.	4.50
7—	6 —	5.50
7—½	7 —	6.05
8—	8 —	6.45

Timbale guillochée

Fig. 1256

Hauteurs		Prix
6 ½	5 gram.	6.05
7—	6 —	6.90
7—½	7 —	7.50
8—	8 —	8.35

Rond de serviette uni
Argenté, 2 grammes

Fig. 1257

Prix. . . 2.30

Rond de serviette gravé
Louis XVI
Argenté, 2 grammes

Fig. 1258

Prix. . . 3.45

Soupière unie, à pied haut et anses

Fig. 1259

2 personnes	15 centimètres. .	Prix	—	40. »
3 —	17 —	. .	—	50. »
4 —	19 —	. .	—	59.75
6 —	22 —	. .	—	77.75
8 —	24 —	. .	—	91. »
10 —	25 —	. .	—	113. »
12 —	26 —	. .	—	123. »
16 —	28 —	. .	—	158. »
20 —	30 —	. .	—	178. »
24 —	34 —	. .	—	210. »

Soupière unie, à pied bas et anses

Fig. 1260

4 personnes	1 lit. 750. . . .	Prix	—	58.50
6 —	2 — 250. . . .	—		72. »
8 —	3 — . . .	—		85. »
10 —	4 — . . .	—		103. »
12 —	5 — . . .	—		121. »
15 —	6 — 250. . .	—		144. »
18 —	7 — 500. . . .	—		162. »

Verseuse gourde, anse insolante

Fig. 1261

1 tasse.	12 grammes.	Prix	—	20. »
2 —	15 —	. . . .	—	25.25
3 —	18 —	. . . .	—	30.25
4 —	22 —	. . . .	--	32.50
6 —	26 —	. . . .	—	40.75
8 —	30 —	. . . .	—	49.50
10 —	34 —	. . . .	—	55. »
12 —	38 —	. . . .	—	61.85

Verseuse limonadier, bec droit

Fig. 1262

1 tasse.	14 grammes.	Prix	—	19.75
2 —	16 —	. . . .	—	23.25
4 —	20 —	. . . .	—	26.25
6 —	22 —	. . . .	—	29.50
8 —	25 —	. . . .	—	33. »
10 —	28 —	. . . .	—	39. »
12 —	31 —	. . . .	—	43. »
14 —	36 —	. . . .	—	50. »
16 —	38 —	. . . .	—	56.25
18 —	42 —	. . . .	—	63. »

Seau à glace pour le champagne

Fig. 1263

¼-bouteille 20 grammes Prix 26.25

1 bouteille 30 — — 34.50

Verseuse conique avec isoloir

Fig. 1264

Contenance		Prix
1 tasse	14 gram.	19.50
2 —	16 —	22. »
3 —	18 —	25. »
4 —	20 —	28.25
6 —	22 —	35. »
8 —	26 —	44.50

Sucrier gourde à pied

Fig. 1265

Petit. . . 20 grammes Prix 29. »

Grand . . 26 — — 38.20

J. & E. GAILLARD

Théière gourde avec isoloir

Fig. 1266

CONTENANCE		PRIX
2 tasses	14 gram.	25. »
3 —	17 —	29.25
4 —	20 —	32.50
6 —	26 —	39.75
8 —	32 —	48.75
12 —	40 —	60.75

Pot à crème conique

Fig. 1267

CONTENANCE		PRIX
½ tasse	5 gram.	9.40
1 —	7 —	11.50
2 —	10 —	14.50
3 —	14 —	18. »
4 —	18 —	21. »
6 —	20 —	27.25

Pot à crème Milanais

Fig. 1268

CONTENANCE		PRIX
½ tasse	5 gram.	10.50
1 —	7 —	12.75
2 —	10 —	15.25
3 —	14 —	19.80
4 —	18 —	22.25
6 —	20 —	29.50

Plat ovale, uni

Fig. 1269

Longueur	23½	8 grammes. .	PRIX	11.50
—	26—	10 — . .	—	12.75
—	29—	12 — . .	—	14.60
—	32—	15 — . .	—	17.75
—	34—	17 — . .	—	20.50
—	37—	19 — . .	—	23.50
—	39—	21 — . .	—	27.25
—	43—	25 — . .	—	31.50

Plat rond, uni

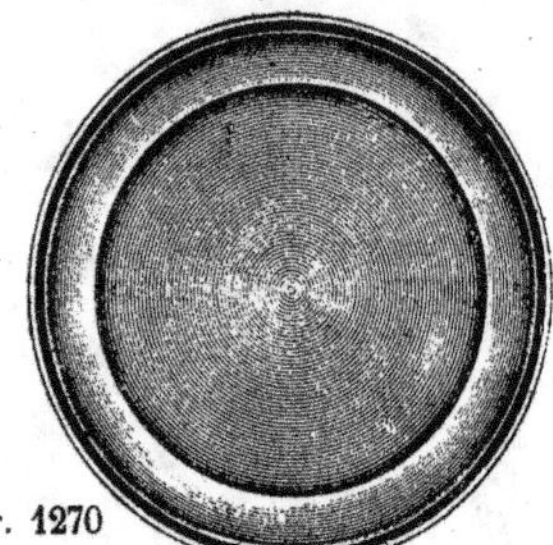

Fig. 1270

Diamètre	19½	8 grammes. . .	PRIX	9.90
—	22—	10 — . . .	—	12. »
—	25—	12 — . . .	—	14.50
—	26—	15 — . . .	—	16.75
—	29—	18 — . . .	—	19.70
—	32—	21 — . . .	—	24. »
—	34—	25 — . . .	—	27.25

Plat ovale, ogive ou mousseline

Fig. 1271

Longueur	24½	20 grammes. .	PRIX	33.50
—	27—	25 — . .	—	36.75
—	30—	30 — . .	—	39. »
—	33—	35 — . .	—	42. »
—	35—	40 — . .	—	47.25
—	38—	45 — . .	—	52.50
—	41—	50 — . .	—	57.75
—	45 —	60 — . .	—	68.25
—	49—	65 — . .	—	75.50
—	55—	80 — . .	—	94.50

Plat rond, ogive ou mousseline

Fig. 1272

Diamètre	19½	18 grammes. . .	PRIX	24. »
—	22—	24 — . . .	—	27.25
—	25—	30 — . . .	—	31.50
—	27—	36 — . . .	—	37.75
—	30—	42 — . . .	—	44. »
—	33—	48 — . . .	—	50. »
—	35—	54 — . . .	—	55. »
—	38—	60 — . . .	—	61. »

Tous les Plats se font dans tous les styles

81, Faubourg Saint-Denis, PARIS (X⁰ Arrⁱ)

COUTELLERIE

de

TABLE

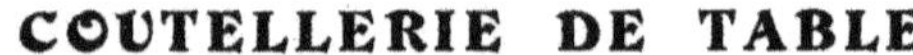

COUTELLERIE DE TABLE

COUTEAUX DE TABLE, lame droite indémanchable

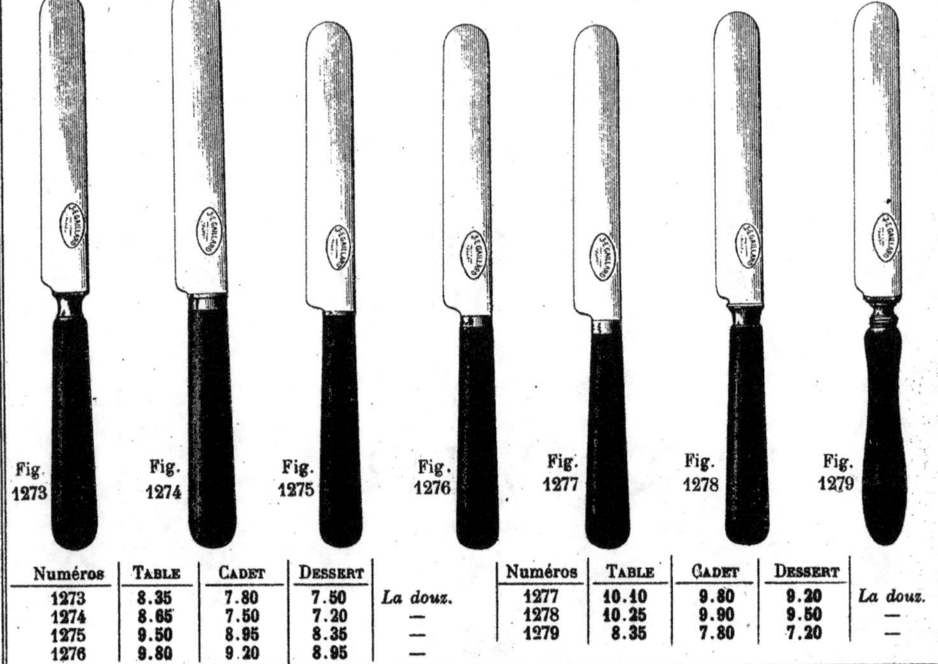

Fig. 1273 · Fig. 1274 · Fig. 1275 · Fig. 1276 · Fig. 1277 · Fig. 1278 · Fig. 1279

Numéros	Table	Cadet	Dessert	
1273	8.35	7.80	7.50	*La douz.*
1274	8.65	7.50	7.20	—
1275	9.50	8.95	8.35	—
1276	9.80	9.20	8.95	—
1277	10.10	9.80	9.20	*La douz.*
1278	10.25	9.90	9.50	—
1279	8.35	7.80	7.20	—

COUTEAUX DE TABLE, lame Yatagan indémanchable

J.E. GAILLARD PARIS 81 FAUBG ST DENIS

Fig. 1280 · Fig. 1281 · Fig. 1282 · Fig. 1283 · Fig. 1284 · Fig. 1285 · Fig. 1286

Numéros	Table	Cadet	Dessert	
1280	8.65	8.65	7.25	*La douz.*
1281	8.95	8.35	7.50	—
1282	9.80	9.20	8.65	—
1283	10.10	9.50	9.20	—
1284	10.35	9.80	9.50	*La douz.*
1285	10.55	10.10	9.80	—
1286	8.05	7.80	7.20	—

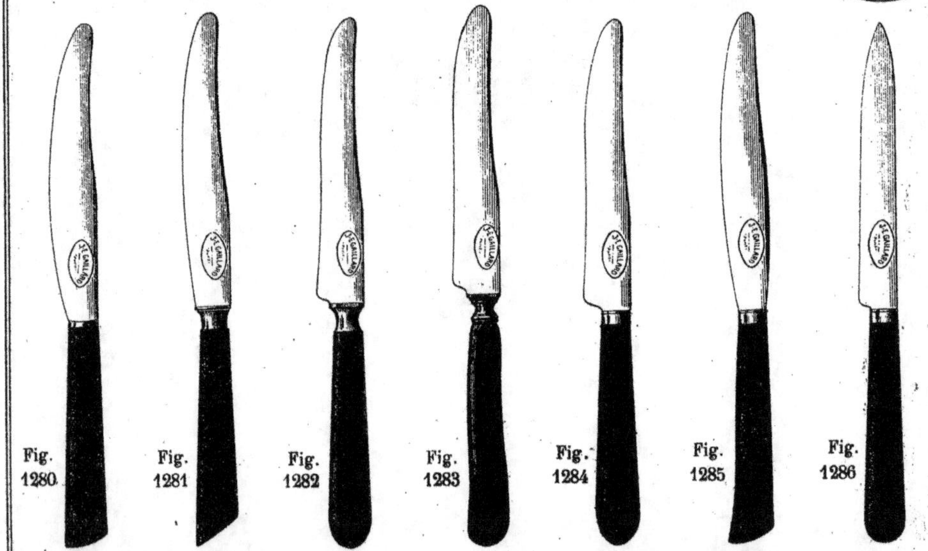

Tout ces couteaux se font avec virole argentée

COUTEAUX DE TABLE, manche corne virole argent

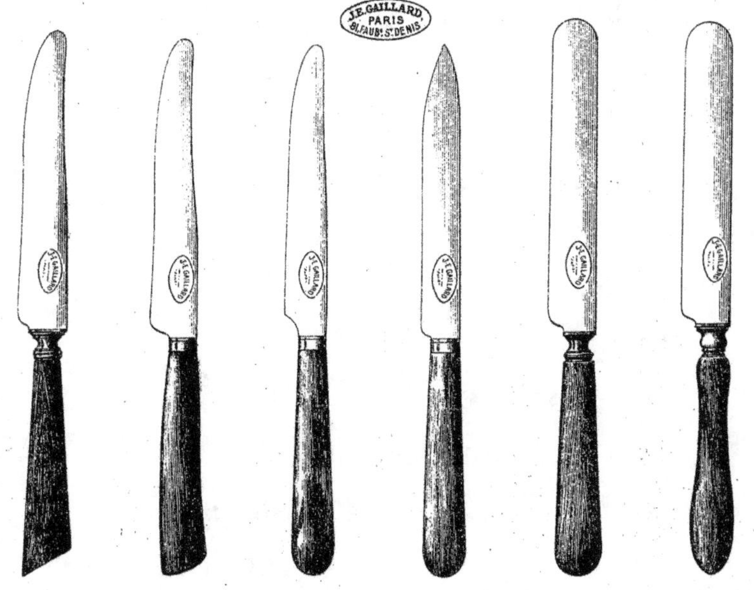

| Fig. 1287 | Fig. 1288 | Fig. 1289 | Fig. 1290 | Fig. 1291 | Fig. 1292 |

	TABLE	DESSERT	
Numéros 1287	23.60	21.30	*La douz.*
— 1288	45.45	37.95	—
— 1289	41.40	35.65	—
— 1290	45.45	39.10	—
— 1291	23.60	21.30	—
— 1292	25.90	23.60	—

COUTEAUX DE TABLE, lame forgée d'une seule pièce avec virole.

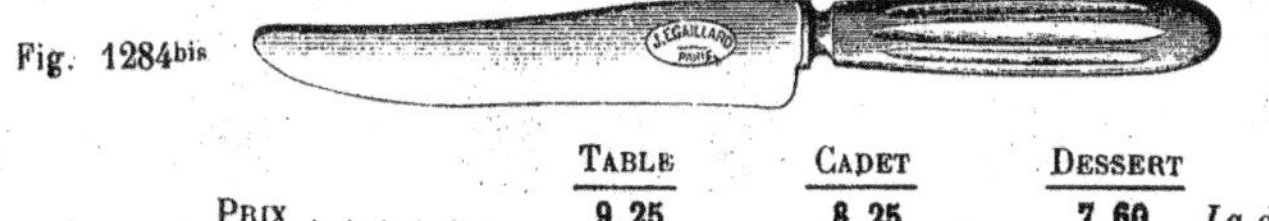

Fig. 1282bis

	TABLE	CADET	DESSERT	
PRIX	7.50	6.75	5.75	*La douz.*

COUTEAUX DE TABLE, d'une seule pièce avec manche cannelé tout acier.

Fig. 1284bis

	TABLE	CADET	DESSERT	
PRIX	9.25	8.25	7.60	*La douz.*

Nous sommes à la disposition de notre Clientèle pour fabriquer toute la Coutellerie de Table suivant modèle fourni ainsi que pour poinçonner l'article au nom du Client ou à la marque de l'Hôtel, Restaurant, etc., etc.

Prix excessivement réduits par quantités.

AVIS IMPORTANT

Nous sommes à la disposition de toutes les Corporations
de l'Alimentation en général

RESTAURANTS

HOTELS

TAVERNES

BRASSERIES

PATISSIERS

CONFISEURS

CERCLES etc.

pour leur établir les Compositions et Devis de matériel nécessaire

comprenant :

BATTERIE DE CUISINE CUIVRE ET FER

MOULES DE TOUTES SORTES

MACHINES ALIMENTAIRES

ARGENTERIE

POTERIE FAIENCE

CHAMBRES FROIDES

TIMBRES

GLACIÈRES

INSTALLATION DE CUISINE

INSTALLATION DE LABORATOIRE, etc.

et sans frais accompagnés également des plans nécessaires

suivant la demande,

ARTICLES

de

CAVE

J. & E. GAILLARD

Hérisson fixe, fer galvanisé

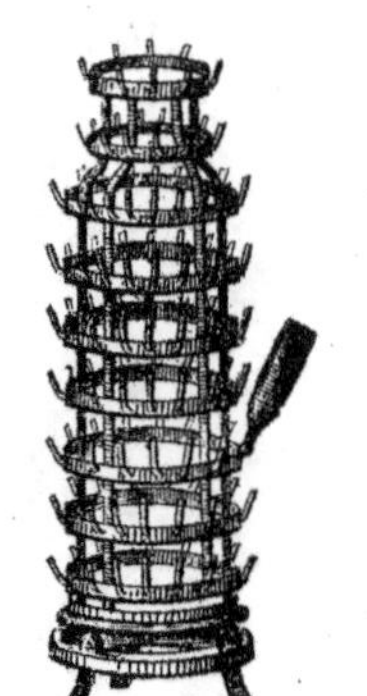

Fig. 1293

Bouteilles	Prix
50	5.65
100	9.80
150	14.85
200	19.85
300	28.75

Hérisson tournant renforcé fer galvanisé

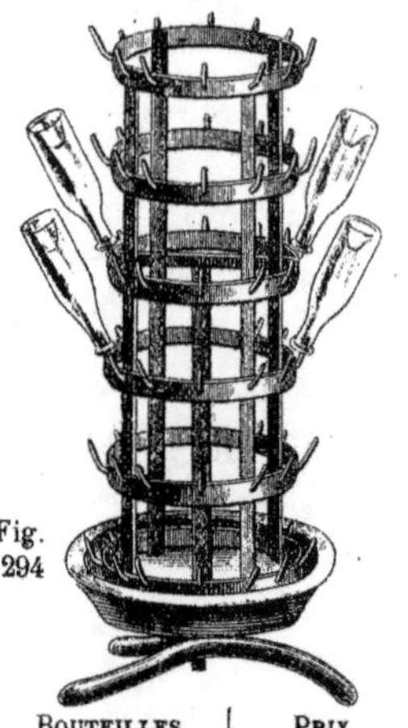

Fig. 1294

Bouteilles	Prix
50	10.35
100	16.25
150	25.30
200	33.95
300	61.10

Porte-bouteilles, fer, ouvert

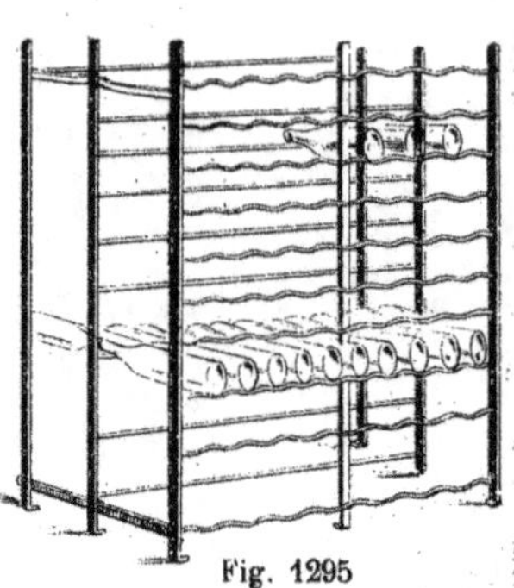

Fig. 1295

Places	Prix
100	6.25
150	8.35
200	9.10
300	12.40
400	16.25

Porte-bouteilles, fer extra-fort, fermé

Fig. 1296

Places	Prix	Places	Prix
100	16.25	300	34.50
150	22.45	400	44.85
200	26.45		

Machines à boucher, renforcées

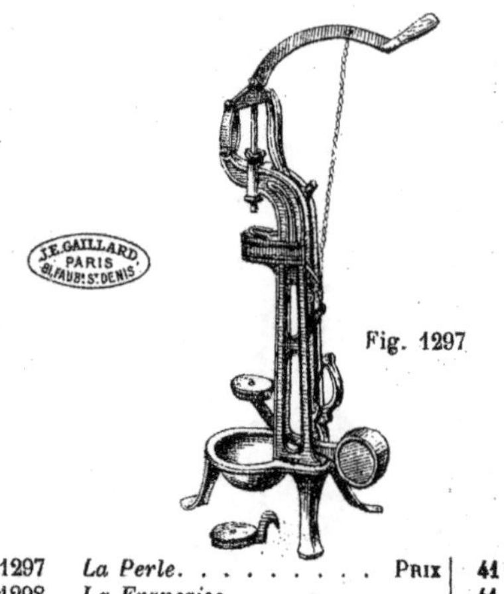

Fig. 1297

			Prix	
1297	La Perle	....		41.40
1298	La Française	....	—	41.40
1299	La Parfaite	....	—	41.40
1300	L'Active	....	—	109.25

Toutes ces Machines sont garanties

Fig. 1298

Panier à bouteilles, rotin

15 cases . . . . Prix 7.20

Panier à bouteilles à jour avec anse

Trous	4	6	8	12
Prix	3.45	4.50	6.05	7.95

Panier à bouteilles, feuillard galvanisé

Trous	4	6	8	12
Prix	1.40	2.10	2.80	4.15

Broc à vin, chêne cerclé

Fig. 1302

Contenance	Prix	Contenance	Prix
1 litre	7.80	6 litres	11.25
2 —	8 05	8 —	12.10
3 —	9.05	10 —	12.95
4 —	9.90	12 —	13.80
5 —	10.55	15 —	14.70

Ces Brocs se font aussi cerclés cuivre

Broc à vin, fer étamé renforcé

Fig. 1303

Contenance	Prix	Contenance	Prix
2 litres	3. »	8 litres	8.55
3 —	3.45	10 —	9.50
4 —	4.40	12 —	10.55
5 —	5.55	15 —	13.25
6 —	6.35	20 —	16.25

Ces Brocs se font aussi en cuivre

Baquet, forme cœur, chêne

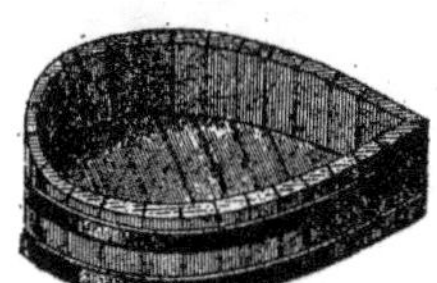

Fig. 1304

Petit modèle . . . . Prix   6.05

Grand —— . . . . —   6.35

Pompe à soutirer extra-forte

avec robinet

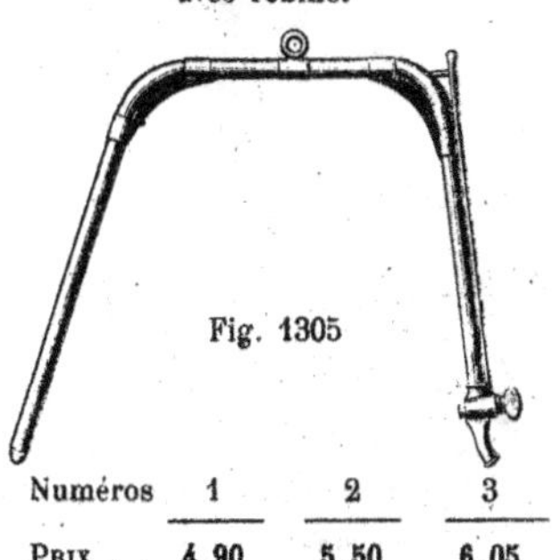

Fig. 1305

Numéros	1	2	3
Prix . .	4.90	5.50	6.05

Entonnoir de cave, fer étamé

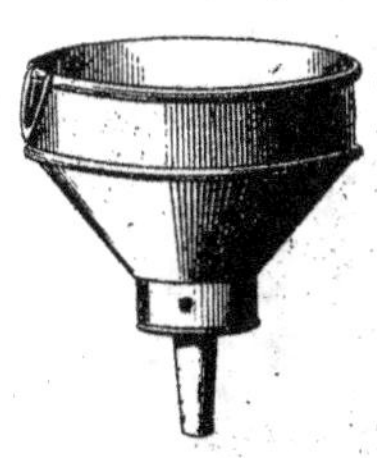

Fig. 1306

Numéros	1	2	3
Prix .	3.35	4.35	4.85

Maillet de tonnelier

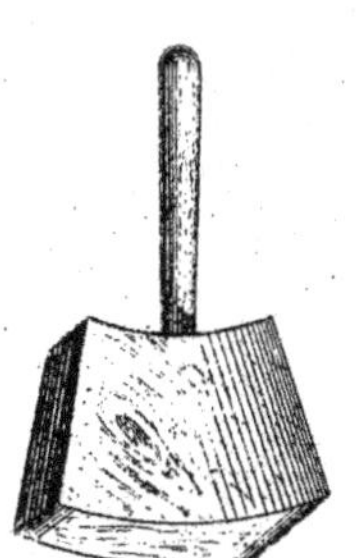

Fig. 1307

La pièce . . .   1.25

Maillet rond, bois dur

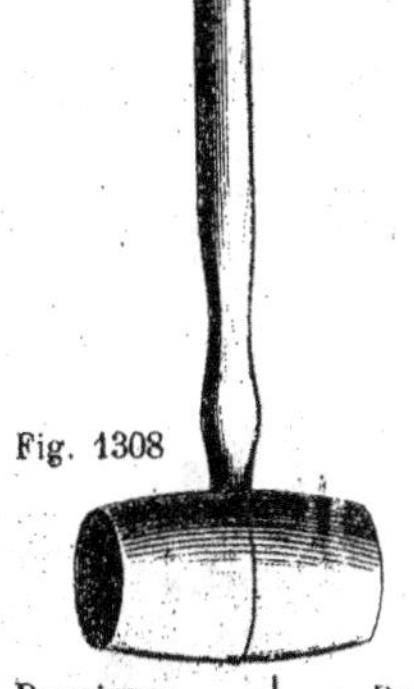

Fig. 1308

Diamètres	Prix
8 ⅜	0.60
9—	0.70
10—	0.85
11—	1. »
12—	1.30

Mesures étain à vin

Fig. 1309

La série de 7 mesures . . Prix **19.25**

Ces mesures se vendent séparées

Broc à vin de comptoir, étain

Fig. 1310

Contenance	Prix	Contenance	Prix
1 litre	9.50	4 litres	19.30
2 —	12.40	5 —	22.45
3 —	14.40		

Entonnoir étain, 1re qualité

Fig. 1311

Diamètres	Prix	Diamètres	Prix
8½	1.40	13¾	3.20
10—	1.80	15—	3.75
12—	2.45	17—	4.85

Entonnoir égouttoir, étain

Fig. 1312

Diamètres. . .	20	22½
Prix.	5.90	6.05

Goupillon pour bouteilles, manche fil de fer
mèches vissées

Fig. 1313

Numéros.	1	2	3	4
Prix. . .	0.30	0.35	0.45	0.60

Goupillon pour carafes, manche jonc à bouquet

Fig. 1314

Numéros.	1	2
Prix.	0.35	0.45

Porte-fût, fer renforcé

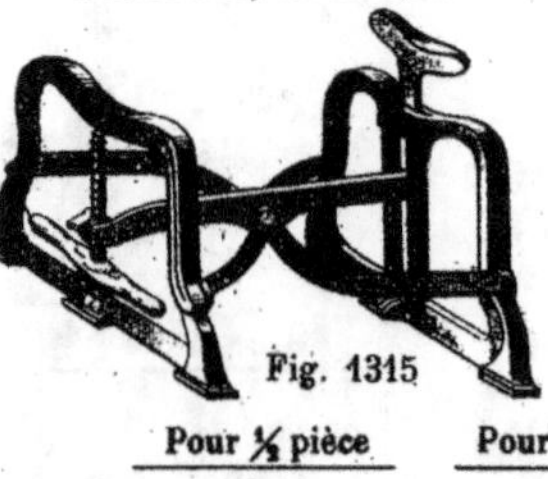

Fig. 1315

	Pour ½ pièce	Pour pièce
Fixe. . . Prix	6.80	7.80
Fig. 1315 A, levier . —	15.85	17.25

Machine à rincer les bouteilles
3 modèles

Fig. 1316

	Petite	Moyenne	Grande
Prix. . .	24.15	43.70	55.20

POTERIE · FAIENCE

et

TERRE de FER

Cocote à poulet ovale,
porcelaine à feu brune ou verte.

Fig. 1317

LONG.	PRIX	LONG.	PRIX
18½	2.35	26½	5.10
20—	2.75	28—	5.90
22—	3.40	30—	6.55
24—	4.25	34—	10.20

Cocotte à poulet ovale
avec une encoche sur le couvercle,
brune ou verte.

Fig. 1318

LONG.	PRIX	LONG.	PRIX
18½	2.55	26½	5.30
20—	3.»	28—	6.40
22—	3.45	30—	6.90
24—	4.65	34—	10.60

Cocotte à poulet ronde
porcelaine à feu, brune ou verte.

Fig. 1319

DIAM.	PRIX	DIAM.	PRIX
11½	1.20	18½	2.85
13—	1.40	20—	3.80
14—	1.80	21—	4.65
15—	2.10	22—	5.20
17—	2.45		

Cocotte à poulet ronde,
avec une encoche sur le couvercle,
brune ou verte.

Fig. 1320

DIAM.	PRIX	DIAM.	PRIX
11½	1.40	18½	3.10
13—	1.60	20—	4.05
14—	2.»	21—	4.95
15—	2.45	22—	5.60
17—	2.65		

Cocotte à poulet ovale,
faïence fine brune, intérieur blanc.

Fig. 1321

LONG.	PRIX	LONG.	PRIX
17½	1.55	29½	3.70
20—	2.»	32—	4.65
23—	2.45	39—	6.05
26—	3.05		

Cocotte à poulet ronde,
faïence fine brune, intérieur blanc,

Fig. 1322

DIAM.	PRIX	DIAM.	PRIX
11½	0.95	19½	2.10
13—	1.15	20—	2.60
15—	1.40	22—	3.45
16—	1.65	24—	4.15
18—	1.80		

Casserole ronde,
terre rouge intérieur, avec couvercle

Fig. 1323

DIAM.	PRIX	DIAM.	PRIX
12½	0.55	20½	1.10
15—	0.65	22—	1.50
17—	0.80	24—	1.65
19—	0.90		

Petite marmite,
terre rouge intérieur

Fig. 1324

Personnes	PRIX	Personnes	PRIX
1	0.50	6	1.05
2	0.60	8	1.20
3	0.80	10	1.40
4	0.90		

Marmite, grès très fin
pour petite marmite, couleur croûte.

Fig. 1325

Personnes	PRIX	Personnes	PRIX
1	2.05	6	4.55
2	2.55	8	6.15
3	3.30	10	7.50
4	3.30	12	7.50

Marmite spéciale,
porcelaine à feu brune ou verte.

Fig. 1326

Personnes	PRIX	Personnes	PRIX
1	1.40	6	4.50
2	1.80	8	5.45
3	2.10	10	7.10
4	3.55	12	7.10

Petite marmite, grès très fin
à feu brun rouge, intérieur blanc.

Fig. 1327

Personnes	PRIX	Personnes	PRIX
1	0.95	4	2.35
2	1.10	6	2.85
3	1.50		

Petite marmite, terre à feu,
couleur croûte.

Fig. 1328

Personnes	PRIX	Personnes	PRIX
1	1.20	6	5.10
2	1.60	8	5.10
3	2.»	10	5.95
4	2.60	12	5.95

Terrine à pâtés, rectangulaire, brun rouge, intérieur blanc.

Fig. 1329

Long.	Prix	Long.	Prix
12 ½	0.95	22 ½	3. »
15—	1.20	24—	3.70
17—	1.70	27—	4.35
20—	2.25		

Terrine à pâtés rectangulaire, terre à feu jaune marbré brun.

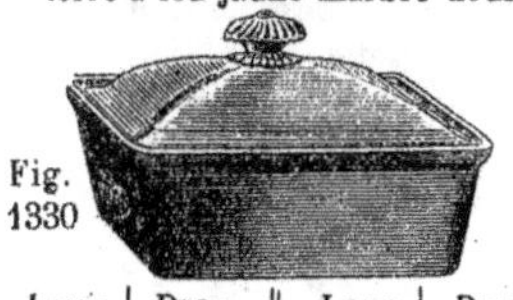

Fig. 1330

Long.	Prix	Long.	Prix
17 ½	0.75	27 ½	1.80
18—	0.95	29—	2.05
20—	1.10	31—	2.45
22—	1.30	33—	3. »
25—	1.50	35—	3.50

La même de forme élevée jaune marbré brun

Long.	Prix	Long.	Prix
17 ½	0.85	25 ½	1.80
18—½	1.10	27—	2.25
20—	1.30	29—	2.50
22—	1.50		

Terrine rectangulaire, porcelaine à feu, brune, verte, pour foie gras etc.

Fig. 1331

Long.	Prix	Long.	Prix
12—½	1.40	18—	2.85
13—½	1.55	20—	3.40
15—	1.85	23—	5.20
16 ½ ½	2.35	25 ½	7. »

Terrine ovale à pâtés, terre fine brun rouge, intérieur blanc.

Fig. 1332

Long.	Prix	Long.	Prix
17 ½	1.40	26 ½	3.05
20—	1.80	29—	3.80
23—	2.35	32—	4.50

Terrine à pâtés ovale, terre à feu jaune unie entièrement droite.

Fig. 1333

Long.	Prix	Long.	Prix
12 ½	0.55	19 ½	1.30
14—	0.70	21—½	1.90
15—	0.90	23—	2.25
17—	1. »	25—	2.90

Terrine à pâtés ovale, terre à feu jaune marbré brun.

Fig. 1334

Long.	Prix	Long.	Prix
18 ½	0.75	25 ½	1.50
19—	0.90	26—	1.80
20—	1.05	27—	2.10
21—	1.15	29—	2.45
23—	1.30	32—	2.90

Cocotte ovale forme basse, porcelaine à feu blanche, brune ou verte pour cailles, grives.

Fig. 1335

Longueurs	Prix	Longueurs	Prix
19 ½	2.10	26 ½	4.50
21—	2.35	29—	5.20
23—	3. »	31—	7.35

Cocotte ronde, forme basse, même modèle et couleurs

Fig. 1336

Diamètres	Prix	Diamètres	Prix
16 ½	1.65	19 ½ ½	3. »
17—	1.80	21—	3.95
18—	2.45	23—	4.95

Casserole ronde, forme basse, porcelaine à feu, brune ou verte sans bouton, celui-ci est remplacé par un creux.

Fig. 1337

Diam.	Prix	Diam.	Prix
16 ½	1.60	19 ½ ½	2.85
17—	1.85	21—	3.80
18—	2.30	23—	4.75

Casserole ovale, même modèle et couleurs que ci-contre, sans bouton pour gibier, dodine.

Fig. 1338

Long.	Prix	Long.	Prix
19 ½	2.05	26 ½	4.25
21—	2.30	29—	4.90
23—	2.85	31—	5.70

Marmite ronde, terre jaune, avec grille intérieure pour cuire les pommes de terre à la vapeur.

Fig. 1339

Kilog.	Prix	Kilog.	Prix
½	1.40	1½	2.90
¾	1.80	2	3.55
1	2.25		

La même, porcelaine à feu, brun rouge intérieur blanc.

Kilog.	½	¾	1
Prix.	1.55	2.05	2.70

Plat ovale, porcelaine croûte bords découpés pour gelée et hors-d'œuvre.

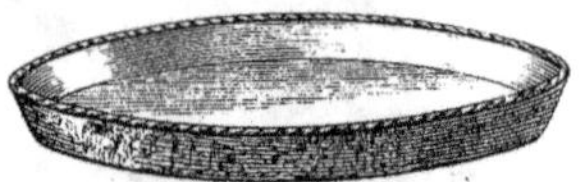

Fig. 1340

LONG.	PRIX	LONG.	PRIX
18¾	1.30	31¾	4.25
20—	1.70	33—	5.45
21½	2.05	35—	7.»
23—	2.35	39—	8.55
26—	2.75	41—	9.70
28—	3.30	44—	12.80

Plat ovale, porcelaine à feu, brune ou verte, bord uni pour gratin, poissons.

Fig. 1341

LONG.	PRIX	LONG.	PRIX
22¾	1.40	32¾	2.75
24—	1.70	34—	3.60
26—	2.25	37—	5.15
29—	2.30	40—	6.20

Plat rond bas à gratin porcelaine à feu, brune ou verte.

Fig. 1342

DIAM.	PRIX	DIAM.	PRIX
14¾	0.90	22¾	2.50
16—	1.50	25—	3.60
19—	2.10	27—	4.10

Plat ovale, terre à feu, pour viandes en gelée.

Fig. 1343

LONG.	PRIX	LONG.	PRIX
15¾	0.50	29—	1.70
18—	0.65	32—	2.»
20—	0.85	34—	2.60
24—	1.»	38—	3.70
26—	1.20	40—	4.95

Les 2 grands numéros sont employés pour servir les plats du jour.

Plat rond creux, grès très fin à feu, bord uni pour gratins divers.

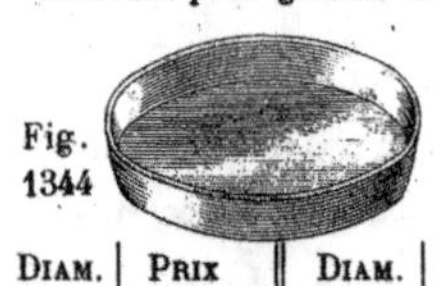

Fig. 1344

DIAM.	PRIX	DIAM.	PRIX
15¾	0.70	21¾	1.10
17—	0.80	23—	1.40
19—	0.90	25 —	2.05

Plat rond creux même qualité et forme que ci-contre, mais avec bords découpés.

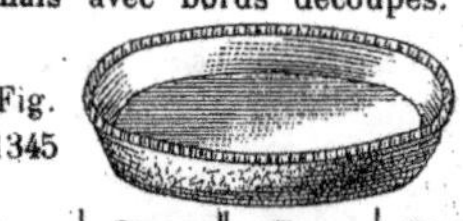

Fig. 1345

DIAM.	PRIX	DIAM.	PRIX
15¾	0.80	23¾	1.60
17—	0.90	25—	2.»
19—	1.»	27—	2.60
21—	1.20		

Plat ovale, terre brune, intérieur jaune pour boulangère.

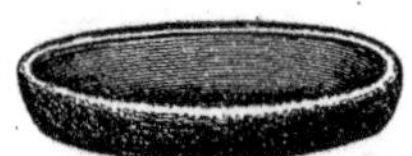

Fig. 1346

LONG.	PRIX	LONG.	PRIX
22¾	0.35	32¾	1.»
24—	0.45	35 —	1.10
26—	0.50	38—	1.40
28—	0.60	40—	1.60
30—	0.75		

Plat ovale creux, porcelaine à feu, bords dentelés, décor croûte.

Fig. 1347

LONG.	PRIX	LONG.	PRIX
19¾	1.15	27¾	2.10
22—	1.35	29—	2.55
24—	1.60	32—	2.80

Plat rectangulaire plissé, porcelaine à feu croûte ou vert.

Fig. 1348

Longueurs.	22	25	28¾
Vert, . . .	1.80	2.45	3.»
Croûte. . .	2.75	3.50	4.25

Croûte ronde porcelaine, imitation croûte pour timbales.

Fig. 1349

DIAM.	PRIX	DIAM.	PRIX
14¾	1.65	18¾	3.30
15—	2.»	20—	3.80
16—	2.55	21—	4.75

Timbale carrée, forme basse, avec couvercle porcelaine décor croûte.

Fig. 1350

LARG.	PRIX	LARG.	PRIX
12¾	2.45	16¾	4.50
13¾½	2.95	18—	5.60
15—	3.70		

La même sans couvercle.

LARG.	PRIX	LARG.	PRIX
11¾	1.70	16¾	3.40
13—	2.»	17¾½	3.90
14—	2.70		

Timbale Milanaise ronde, plissée faïence à feu croûte.

Fig. 1351

Personnes	PRIX	Personnes	PRIX
1	1.20	6	2.55
2	1.20	8	3.20
3	1.75	10	3.20
4	1.75		

Timbale Milanaise ronde, porcelaine à feu, décor croûte.

Fig. 1352

Personnes	Prix	Personnes	Prix
1	1.70	4	2.25
2	1.70	6	3.30
3	2.25	8	4.35

Plat à œufs à oreille, porcelaine blanche à feu.

Fig. 1353

Œufs	Prix	Œufs	Prix
1	0.30	6	0.85
2	0.45	8	1. »
4	0.60		

Plat ovale à oreilles, porcelaine à feu blanche unie sans côtes.

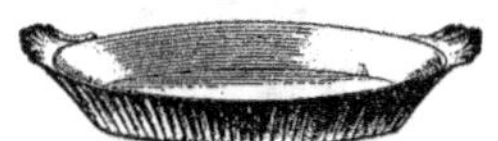

Fig. 1354

Long.	Prix	Long.	Prix
22½	0.85	36½	2.25
25—	1.05	40—	3. »
27—	1.15	42—	3.55
31—	1.50	45—	5.45
34—	1.90		

Caisse ronde ou soufflé plissé, porcelaine à feu blanche.

Fig. 1355

Long.	Prix	Long.	Prix
10½	0.75	16½	1.65
12—	0.90	18—	1.95
13—	1.10	20—	2.60
14—½	1.30		

La même porcelaine verte

Long.	Prix	Long.	Prix
10½	0.85	16½	1.80
12—	1. »	18—	2.25
13—	1.10	20—	2.75
14—½	1.40		

La même porcelaine croûte.

Long.	Prix	Long.	Prix
12½	1.05	16½	1.95
13—	1.20	18—	2.45
15—½	1.60	20—	3.30

Petite caisse ronde, porcelaine plissée.

Fig. 1356

Forme basse

%₀	6½	7½	8½
Blanche . . .	0.30	0.40	0.45

%₀	7	8	9
Verte ou brune	0.50	0.60	0.75

Forme haute

%₀	7	7½
Blanche	0.40	0.45
Croute ou Fleurette.	0.50	0.60

Moule ovale, pour œuf en gelée, terre à feu brun rouge, intérieur blanc.

Fig. 1360

9½. 0.55

La même plissés croûte. . 0.70

Bouchée ovale, porcelaine blanche plissée.

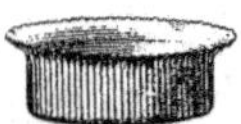

Fig. 1357

Long.	Prix	Long.	Prix
8½	0.35	10½	0.60
9—	0.45	11—	0.70

Bouchée ovale, porcelaine croûte ou fleurette

Fig. 1358

Longueurs	10	11½
Prix. . .	0.70	0.80

Moule ovale, pour caille et cocotte porcelaine à feu plissée verte ou brune.

Fig. 1361

9½. . . . . Prix 0.75

Cocottes à œufs diverses
Forme évasée pour 1 œuf

Fig. 1359

Porcelaine blanche   la douz. 4.85

Porcelaine brune ou verte   —   5.40

Timbale plissée, porcelaine blanche à feu, avec couvercle.

Fig. 1362

Longueurs	9½	10½	11½ ½
Prix. . .	1.05	1.15	1.45

Cocotte ronde, plissée à oreilles, porcelaine blanche verte ou brune.

Fig. 1363

Longueurs.	7½	9½
Sans couvercle.	0.65	0.95
Avec couvercle.	0.95	1.50

Plat rectangulaire bleu, terre de fer.

Fig. 1364

Long.	Prix	Long.	Prix
14°₀	0.60	24½	1.15
17—	0.70	27—	1.80
20—	0.80	29—	2.10
22—	1. »	32—	2.45

Le même, décor bleu foncé.

Long.	Prix	Long.	Prix
12½	1. »	15½	1.30
14—	1.10	16—	1.65

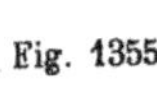

Terrine ovale, couverte à cailles, perdreaux etc.

Fig. 1364

	1 Caille	2 Cailles	1 Perd.
Terre à feu croûte	0.95	1.15	1.65
Porcelaine blanche	0.95	1.75	2.15
— verte.	0.95	1.90	2.35

Cafetière à filtre, grès fin à feu brun rouge.

Fig. 1365

Tasses	Prix	Tasses	Prix
1	0.70	6	1.50
2	0.85	8	1.80
3	1.05	10	2. »
4	1.15		

Cafetière avec filtre, porcelaine brune ou verte avec arrêtoir intérieur.

Fig. 1366

Tasses	Prix	Tasses	Prix
1	1.70	5	3.05
2	1.90	6	3.80
3	2.25	8	4.75
4	2.60		

Théière ronde, forme droite, porcelaine à feu brune ou verte.

Fig. 1367

Tasses	1	2	3	4
Prix.	1.40	1.80	2.35	2.75

Marmite basse à tripes et cassoulet terre à feu noire, intérieur jaune.

Fig. 1368

Personnes	Prix	Personnes	Prix
1	0.35	4	0.80
2	0.45	6	0.95
3	0.65		

Contenance	Prix	Contenance	Prix
2 lit. ¼	1.05	6 lit. ½	2.45
3 —	1.15	8 —	2.95
3 — ½	1.30	10 —	3.60
4 —	1.60	12 —	4.05
5 —	2. »	15 —	4.85

Daubière ovale terre fine brune avec grille intérieure porcelaine, pour poulet à l'étouffée.

Fig. 1369

Longueurs	Prix sans grille	Grille seule, *en plus*
22½	1.65	1.15
25—	2.10	1.40
27—	2.35	1.80
30—	3. »	2.35
32—	3.95	2.95
35—	4.95	3.95
38—	5.95	4.95

Terrine ronde, faïence blanche intérieur pour pâtisserie, hors-d'œuvre, beurre etc.

Fig. 1370

Longueurs	Prix	Longueurs	Prix
16½	0.50	22½	1. »
18—	0.60	25—	1.30
20—	0.70	27—	1.60

La même porcelaine renforcée

Longueurs	Prix	Longueurs	Prix
20½	1.40	25½	2.35
22—	1.80	28—	2.75

Terrine ronde, sans anses ni bouton, brun rouge intérieur blanc pour cassoulet, foie gras etc.

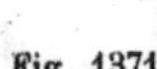

Fig. 1371

Diamètres	Prix	Diamètres	Prix
7½ ½	0.35	13½	0.85
8—½	0.45	14—½	1.05
9—½	0.55	15—½	1.30
11—½	0.70		

Terrine ronde, avec bouton brun rouge intérieur blanc pour tripes, cassoulet.

Fig. 1372

	1 Personne	2 Personnes
Diamètre..	11½	13½
Prix....	0.85	1.05

TABLE DES MATIÈRES

A

Aiguilles à brider	26
Allonges de boucherie	27
Appareil à couper le pain	22
Appareils pour water-closet	42
Appareils bain-marie	59
Arrosoir	42

B

Dac à sangler	103
Bahuts	7
Baignoires	41
Bains à potage	7
Bain-marie bi-métal	114
— champoreau	53
— cuivre	54
— de fourneaux	15
Bain à sauce cuivre	95
— de siège	41
Balances	38
Baquet argenterie	42
— cœur chène	131
— galvanisé	41
— à laver	42
Barres à casseroles	32
Bascules	38
Bassin anglais	41
— à blanc cuivre	94
Bassines acier brasées	12
— bi-métal	113
— à confiture cuivre	94
— à crème fer	94
— à friture	9-10
— à légumes et vaisselle	12
— à ragout cuivre	3
Batte à côtelettes	24
Bidet	41
Bidon à huile	38
Billot de mortier	13
— à découper	28
Blaireau soie	96
Boîte à allumettes émaillée	46
— à asperges cuivre	8
— fer	8
— pour café cuivre	17
— de cuisine	17
— à épices cuivre	17
— à épices fer	16
— à ficelle cuivre	18
— à ficelle fer	16
— à fusil et à pierre cuivre	18
— à lait	58
— à ordures	14
— — d'apppartement	43
— à pain	29
— à papier	42
— à provisions cuivre	18
— à sel émaillée	46
Bol à bouillon	115
— à potage argenté	125
Bouchée ovale porcelaine	136
Bougeoir cuivre	46
— émaillé	46
Bouilloire cuivre	55
— à thé cuivre	57
Bouillottes cuivre	55
— marabout cuivre	55
Boule à bifti porcelaine	17
— — étain	17
— à eau chaude	44
— à légumes	18
— à serviettes	43
Braisières cuivre	4
Brochettes à rognons	26
Brocs anglais	40
— cuivre	40
— émaillès	40
— à vin	131-132
Brûloir à café	59

C

Buanderie	44
Buire cuivre	45
Buisson d'écrevissses	93
Cache-pot cuivre	45
Cafetière grès	137
— du gourmet	55
— porcelaine	137
— russe	56
— turque	55-57
Caisse à cailles bi-métal	116
— ronde porcelaine	136
— à génoise cuivre	5
— à bain-marie cuivre	7-95
Calandreuse	43
Candissoir fer	90
Casier à monnaie	43
Casse-noix	47
Casserole cuivre	1-2
— pomme anna cuivre	2
— bi-métal	114
— ronde terre	133
— ronde porcelaine	134
— ovale —	134
Cassin	27
Cassolette bi-métal	116
Cave à glace	103
Chaînes de fusils	25
Chancelière	44
Chandelier	46
Champignons hêtre et buis	27
Chariot fer	30
Chaudières de fourneaux	15
Chaudrons à blanchir cuivre	6
Chauffe-plat de table	43
Chinois renforcés	9
— métalliques	94
Chocolatière cuivre	58
— bi-métal	115
Ciseaux de cuisine	26
Clayon osier	96
Cloches	8
Cocottes à cailles argentées	18
— à poulet porcelaine	133
— — faïence	133
— ovales porcelaine	134
— à œufs porcelaine	136
— rondes porcelaine	136
Conservateur à glace	102
Copettes cuivre	54
Corne à pâtisserie	91
Coupe-julienne à chariot	35
Coupe-pâtes en boîtes	87-88
Couperet acier	21
Couteaux à abattre	22
— de boucher	23
— cannelés	97
— coquille à beurre	97
— de cuisine	22
— à décorer les citrons	97
— économe	26
— à fromage	23
— à glace cuivre	112
— à huîtres	24
— à jambon	24
— à marrons	97
— mécanique	26
— d'office	22
— à racler les marbres	97
— de table	128-129
— tranche-lard	22
— à zester	97
Couvercle cuivre à queue	2
— poignée	5
Couverts argentés	117-118-119-122
— de cuisine fèr	26
— métal anglais	47
— à poisson	121-124
— à salade buis	48
— buffle	48

Crochets de boucherie ... 26
Croûte ronde ... 135
Cruche porcelaine ... 54
Cuillères à arroser cuivre ... 20
— bois ... 21
— à bouillon cuivre ... 19
— — fer ... 19
— en buis ... 20
— à café métal ... 47
— à compote argentée ... 120-123
— à dessert — ... 119-122
— à 2 fins cuivre ... 19-20
— étamine ... 21
— feuille à dresser cuivre ... 20
— à fraises argentée ... 124
— à glace — ... 119-122
— à glace cuivre ... 112
— à légumes ... 24
— à moutarde argentée ... 119-122
— à moutarde buis et os ... 20
— napolitaine ... 112
— à œufs argentée ... 119-122
— à olives — ... 121-123
— à ragoût argentée ... 119-122
— à ragoût cuivre ... 20
— à ragoût fer ... 20
— à ragoût métal ... 47
— à salade buis ... 20
— à sauce argentée ... 120-122
— à sel buis et os ... 20
— à sucre argentée ... 124
— a tremper ... 92
Cure-dents ... 51
Cylindre a vaisselle ... 15

D

Daubière bi-métal ... 114
— ovale terre ... 137
Découpoirs à caramel ... 93
— détachés ... 88-89
— en boîtes ... 88
Dénoyauteur à olives ... 99
Diable ... 30
Douilles à pâtisserie ... 89

E

Ecumoires fer ... 19
— à friture ... 10
— cuivre ... 19-97
Egouttoir à babas ... 90
— de cuisine bois ... 29
— — fer ... 16
— à vaisselle ... 29
Entonnoir à amidon ... 96
— de cave ... 131
— étain ... 132
— fer ... 9
Etal de boucherie ... 28
Etamine ... 13
Etouffoir-tôle ... 94
Etui à lardoires ... 26
— pèse-sirop ... 93
Etuve porte en ville ... 93
Evier fonte émaillée ... 30
— grès ... 30

F

Faitout bi-métal ... 113
Feuille à fendre ... 21
Filet à légumes ... 18
Filière à légumes ... 35
Filtre à café fer ... 53-54
Five-o-clock ... 58
Fouets manche fer ... 27-92
— — bois ... 92
— à manivelle ... 92
Fourchettes acier pour cuisiniers ... 20
— à cornichons argentées ... 121-124
— fil de fer ... 20
— à huître argentées ... 119-122
— maître-d'hôtel ... 20
— à sardines argentées ... 124-123
— à tremper ... 92
Fourneaux à gaz ... 95
— — à tremper ... 95
— à gaufres ... 100-101

Fourneaux de lessiveuse ... 44
— de cuisine ... 34
— à friture ... 34
Fusils à aiguiser ... 25

G

Gaîne de cuisinier ... 23
Galon en bois ... 17
Garniture seau et broc ... 40
— de toilette ... 40
Glacière à sucre fer ... 16-91
— — cuivre ... 18
Goupillon à bouteilles ... 132
— à carafes ... 132
Grappins fer forgé ... 19
Grattoir ce billot ... 21
Griffes à jambon ... 49
Gril à pain de mie ... 92
— forgés ... 11-12
Grilles à friture plates ... 10
— fil de fer pour plat ovale ... 11
— gratte pieds ... 45
— à pâtisserie ... 91-92

H

Hachettes ... 27
Hachoirs ... 21
Hatelets argentés ... 79-80
Hérissons galvanisés ... 130
Houlettes à glace ... 112

I

Intérieur de bassine à friture ... 10
Idéale (l') machine à passer à rouleaux ... 59 B

J

Jambonnière ... 8

L

Lampe à flamber ... 16
Lardoires ... 26
Légumier argenté ... 125
— bi-métal ... 114
— faitout fer ... 47
— fer ... 47
Lessiveuses ... 44
Louche argentée ... 120-122
— métal anglais ... 47

M

Machines à battre les blancs ... 98
— à boucher les bouteilles ... 130
— à broyer les amandes ... 98
— à broyer la glace, neige ... 103
— — — ... 104
— à couper les pommes frites ... 34
— — les pommes et légumes ... 34
— à couper le pain de mie ... 49
— à conteaux ... 36
— à effiler les amandes ... 98-99
— à glacer viennoises ... 102
— — ... 102 B
— — américaine ... 102 B
— à hacher ... 37
— à passer à l'étamine ... 34
— — à rouleaux ... 35 et 59 B
— à peler les légumes ... 34
— à peler les fruits ... 99
— — les pommes (fruits) ... 99
— à peler les pommes de terre ... 32
— à rincer les bouteilles ... 132
— à tailler le pain ... 33
Maillets de tonnelier ... 131
Main à denrées ... 17
Manchettes à côtelettes papier ... 51
Manche à gigot papier ... 51
Manne osier ... 96
Marbre de pâtisserie ... 100
Marmite cuivre ... 3
— fer ... 3
— à pommes de terre cuivre ... 4
— — — fer ... 4

Marmite à café cuivre ... 53
— — fer ... 53
— à eau cuivre ... 54
— bi-métal ... 143
— en terre ... 133-137
— en grès ... 133
— en porcelaine ... 133
— à pommes de terre, en terre ... 134
Mesures à vin étain ... 132
Mortier marbre ... 13
Moule à beurre ... 48
— ovale porcelaine ... 136
— — terre à feu ... 136
Moulin à café à manivelle ... 52
— — turc ... 57
— — à volant ... 52
— à fromage ... 32
— à poivre de table ... 48
— à sel de table ... 48
Mousseline ... 13
Moussoir à chocolat ... 58

MOULES

Aigrette cuivre ... 70
Amour — ... 70
Ananas étain ... 109
Aspics cuivre ... 60 à 63
Aspics fer ... 72-73-74
Babas cuivre ... 60-61-62-64
Babas fer ... 72-73-74-77
Bavaroises cuivre ... 60 à 64
Bavaroises fer ... 72-73-74-77
Biscuits brique ... 105
Biscuit cuivre ... 66
Biscuits fer ... 72-73-77-86-87
Biscuit glacé ... 107
Bombe cuivre ... 106
Bombes à glace fer ... 105
Bombe sphérique ... 107
Bordure cuivre garniture ... 66
Bordure ronde unie cuivre ... 65
— concave unie cuivre ... 65
— décorée ronde cuivre ... 65
— — ovale — ... 65
— décorée fer ... 77
Bordure ronde unie fer ... 77
Botte d'asperges étain ... 110
Bouteille de champagne glace ... 105
Brioche ... 76
Bûche ... 78
Brouette ... 69
Canard étain ... 110
Cascade cuivre ... 68
Cercles à flans ... 75
Charlotte bi-métal ... 114
Charlotte cuivre ... 63
— fer ... 63-76
Chien étain ... 110
Colonne cuivre ... 70
Console cuivre ... 70
Comtesse Marie ... 106
Coq sur poule étain ... 111
Coquilles à œufs ... 90
Corbeilles cuivre ... 67-68-69
Corne d'abondonce ... 67
Cornet à crème ... 76
Corne écaille ... 69
Coupe torse cuivre ... 68
Coupe tulipe cuivre ... 68
— ronde — ... 69
Couronne — ... 63
Coussin ... 90
Crème cuivre ... 62-63-64
Croquembouche ... 90
Croustades cuivre ... 63
Cygne — ... 70
Cygne étain ... 110
Daube ... 74-75
Darioles cuivre ... 64
Darioles fer ... 75
Dauphin cuivre ... 69
Dauphin étain ... 110
Dôme ... 70
Enfant cuivre ... 70
Esse — ... 70
Fromage glacé ... 105-106
Gâteau breton ... 73
Gâteau de riz ... 75
Gelées cuivre ... 60 à 64
Gelées fer ... 72-73-74-78-79
Glace d'eau cuivre ... 67
Glaces étain ... 107-108-109
Gougloff cuivre ... 66
Griffon — ... 70
Hatelets (à) ... 80
Lapin étain ... 111
Lion — ... 110
Macédoine cuivre ... 63
Madeleines ... 82-83
Manqué cannelé rond ... 75
— carré ... 76
— uni rond ... 76
Melon étain ... 110
Mousse ... 106
Nid étain ... 111
Nougat fer ... 77
Pain de Gênes ... 75
Pain de mie ... 79
Paniers cuivre ... 67
Parapluie ... 70
Parfait glacé ... 105-106-107
Pâtés-bordure ... 72
— carré ... 72
— Châtillon ... 71
— corbeille ... 71
— ovale ... 71
— rectangulaire ... 71
— rond ... 71
— Strasbourg ... 72
Petit panier ... 70
— dauphin ... 70
Petits fours ... 84-85
Plum-cake ... 70-71
Plum-Pudding ... 106-107
Poule étain ... 111
Poulet ... 74
Poisson étain ... 111
Sabot étain ... 111
Sabot fer ... 90
Savarin cuivre ... 66
Savarin fer ... 78
Sirène cuivre ... 70
Strakine étain ... 109
Tartelettes ... 80-81-82
Timbale cuivre ... 63
— fer ... 63
Trois-Frères cuivre ... 66
Trois-Frères fer ... 78
Vol-au-Vent ... 76

O

Ouvre-boîte ... 24

P

Palette acier ... 24
Panier à argenterie ... 10
— à beurre cuivre ... 18
— à bouteilles ... 130
— à friture ... 10
— à os ... 27
— pomme-nid ... 11
— à salade ... 11
Papiers dentelle ... 50-51
Passoires cuivre à poignées et fer ... 8
— cuivre à queue ... 9
— fer à pieds ... 9
Passe-bouillon fer ... 9
Pelle Angoulême ... 14
— à beurre argentée ... 121-123
— de chauffeur ... 14
— à charbon ... 15
— à feu ... 15
— à poussière ... 43
— à sel argentée ... 119-122
— à tarte argentée ... 120-123
— à thon — ... 121-123
Percolateurs à café ... 52
Pèse-sirop ... 93
Pics à glace ... 112
Pilons de mortier ... 13
— à glace ... 112

Pince à pâte ... 97
— à sucre argentée ... 121-123
Pinceau à dorer ... 96
Pincettes ... 15
Pique feu ... 15
Planche à découper ... 29
— julienne ... 35
— pomme Anna ... 35
Plaques à debarrasser tôle étamée ... 6
— à pâtisserie cuivre ... 95
— — fer ... 95
— à rôtir cuivre ... 5
— — tôle étamée ... 6
Plats argentés ... 127
— à escargots ... 7
— à œufs porcelaine ... 136
— ovale bi-métal ... 115
— — cuivre ... 5
— — fer ... 46
— — d'office bi-métal ... 116
— — porcelaine ... 135-136
— — terre à feu ... 135
— — terre brune ... 135
— rond bi-métal ... 115
— — à débarrasser fer ... 6
— — cuivre ... 5
— — fer ... 46
— — grès ... 135
— — d'office bi-métal ... 116
— — porcelaine ... 135
— rectangulaire porcelaine ... 135
— — terre de fer ... 136
— à sauter bi-métal ... 114
— — cuivre à poignées ... 4-5
— — — à queue ... 1
— de service ovales fer ... 46
— — ronds fer ... 46
Plateaux de buire ... 45
— de service ... 39
Poche molleton ... 29
Pochons cuivre ... 19
— fer ... 19
Pocheuse à œufs ... 92
Poches à pâtisserie ... 90
— à sirops ... 92
Poêle à frire acier et bi-métal ... 11-115
— à frire cuivre ... 2
— à pannequets ... 11
— à truites ... 11
Poêlons cuivre ... 94-95
Poids à peser cuivre ... 38
— — fonte ... 38
Poissonnière cuivre ... 6
— fer ... 6
— pour truites ... 7 et 116
— — bi-métal ... 116
Pompe à soutirer ... 131
Porte balai ... 42
— bouillon ... 7
— bouteilles ... 130
— chapeaux ... 45
— fût ... 132
— en ville ... 93
— manger ... 7
Pots à café grès ... 53
— à crème argenté ... 127
— à cuillères ... 5
— à lait ... 40
— à persil cuivre ... 18
Poudre à couteaux ... 36
Presse citron ... 48
— à fruits ... 98
— à graisse ... 33
— à jus ... 33
— purée ... 9
— à volaille ... 33

R

Raclette à pâte étamée ... 90
— ramasse tout ... 91
Râpe ... 9
— à fromage (moulins) ... 32
Ramasse couverts ... 42
Règle fer poli ... 97
Ronds de serviettes buis ... 45
— — argentés ... 125
Rouleau à caramel ... 96

Rouleau à ravioli ... 96
— à pâtisserie ... 96
Roulette à pâte ... 97

S

Saladier fer ... 47
Salamandre à gaz ... 59
Samovar cuivre ... 56
Saucière argentée ... 125
Saupoudreuse argentée ... 125
Saupoudrière bi-métal ... 115
Sauteuses cuivre ... 1
Seaux émaillés ... 40
— à glace ... 102 B-126
— galvanisés ... 14
Sébille bois ... 17
Seringue à beurre ... 91
— à pâtes ... 99
Services à découper acier ... 47
— à découper argenté ... 120-123
— à glace argenté ... 120-123
— à poissons — ... 121-124
— à salade ... 120-123
— de table cuivre ... 17-18
— à thé cuivre ... 58
Serviette japonaise ... 51
Scies de boucherie ... 22
Sorbetière étain ... 103
Soufflé bi-métal ... 113
Soupière argentée ... 126
— bi-métal ... 113
— fer ... 46-47
Spatule acier ... 20-24
— buis ... 21
— cuivre ... 19
— à glace buis ... 112
— — fer blanc ... 112
— à poisson fer ... 20
Sucrier argenté ... 126

T

Table de cuisine ... 28
Tabouret de cuisine ... 29
— à gelée ... 29
Taille légumes à filières ... 35
Tambour à sucre ... 93
Tamis bois ... 12
— casquette ... 94
— à crème ... 94
— cuivre ... 12
— office ... 42
— soie ... 93
Terrines faïence ... 137
— á pâtés terre ... 134
— — porcelaine ... 134
— — terre fine ... 134
— ronde en terre ... 137
Théière argentée ... 127
— cuivre ... 57
— métal anglais ... 57
— porcelaine ... 137
Timbale argentée ... 125
— bi-métal ... 115
— carrée porcelaine ... 135
— fer ... 48
— milanaise faïence ... 135
— — porcelaine ... 136
— plissée porcelaine ... 136
Timbre de table ... 47
Tire-bouchons ... 48-49
Tire-vis ... 97
Tisonnier ... 15
Toiles de tamis (rechange) ... 12
Triangles bois ... 27
Truelles à poisson argentée ... 121-124
Turbotières cuivre ... 6
— fer ... 6
Tuyaux d'arrosage ... 30

V

Verges osier ... 96
Verseuses argentées ... 126
— bi-métal ... 115
— métal ... 57
Vide citron cristal ... 48
Vide-pommes ... 89

DLP 25-04-14-005614

« Tout au long de ces prochaines semaines, je vous invite à découvrir les différents thèmes de notre programme, à travers ce que nous faisons et ce que nous vous proposons. »

Jean-Paul BOSLAND

FICHE N°1

Parce que l'Avenir se construit tous les jours,
Parce que « La famille sera toujours la base des sociétés » (Balzac)

TRANSMETTRE ET INNOVER

Des services professionnels diversifiés et adaptés aux âges de la Petite Enfance et de l'Enfance

Ce que nous faisons

Les modes de garde de vos enfants :
- La Crèche municipale
- La création d'une deuxième crèche
- La réservation de 17 berceaux dans la crèche inter-entreprises Babylou
- Le Relais d'Assistantes Maternelles Agréées

Les accueils de loisirs périscolaires adaptés aux nouveaux rythmes scolaires.

Ce que nous proposons

Poursuivre la diversification et la dynamique de la politique Famille sur notre commune.

Diversifier l'offre d'accueil de vos enfants par la création d'une **Maison d'Assistantes Maternelles Agréées.**

Ce que nous faisons

Le secteur Enfants du Centre de loisirs

Le soutien à la parentalité
- Le Lieu d'Accueil Enfant Parents (LAEP)
- Le Programme de Réussite Educative

Gaillard, classée en Zone de Réussite scolaire
Création, en partenariat avec l'Education Nationale, **d'une classe pour les moins de trois ans.**

La valorisation des sites d'accueil extérieurs avec le **réaménagement du skate parc.**

Ce que nous proposons

Valoriser les actions de soutien à la parentalité avec la création par sites stratégiques d'autres **LAEP ou cafés des parents.**

Poursuivre l'action visant à l'égalité des chances.

Construire un nouveau Centre de loisirs répondant aux normes d'accessibilité.

Faciliter l'accès à l'information sur les services et prestations existants.

Continuer la valorisation des sites d'accueil extérieurs avec le réaménagement du **parc du Petit Vallard.**

@ e.mail : gaillardlavenirensemble@orange.fr
Site web : http://www.gaillardlavenirensemble.fr
Facebook : Gaillard l'avenir ensemble

« Tout au long de ces prochaines semaines, je vous invite à découvrir les différents thèmes de notre programme, à travers ce que nous faisons et ce que nous vous proposons. »

Jean-Paul BOSLAND

DLP 25-04-14-005608

FICHE N°2

« L'avenir : il ne s'agit pas que de le prévoir, mais de le rendre possible » *Antoine de Saint Exupéry*

TRANSMETTRE ET INNOVER

Ce que nous faisons

Mairie rénovée aux normes « Haute Qualité Environnementale ».

Mairie exemplaire : tri, réduction des déchets, marchés publics avec clauses environnementales qui prennent en compte les objectifs de développement durable en conciliant le développement économique, social, la protection et la mise en valeur de l'environnement.

Bilan et transition énergétique pour les bâtiments publics (Espace Louis Simon, écoles).

Préconisations paysagères pour les permis de construire afin de maintenir la biodiversité en ville.

Ce que nous proposons

Optimiser l'éclairage public : plus faible consommation et meilleure visibilité.

Poursuivre la transition énergétique sur l'ensemble des équipements publics. Construire tout nouvel équipement public aux normes BBC.

Couvrir l'autoroute : un projet qui répond aux exigences du « Développement Durable »
  - Lutte contre les nuisances visuelles et sonores
  - Parking relais (au sous-sol)
  - Eco-quartier
  - Intégration de « Clauses d'insertion » dans les marchés publics (embauche d'habitants de la commune)

Réaménager dans le cadre du SIFOR (contrat de rivière du Foron)
les berges du Foron
  > rue du Lieutenant Genot
  > rue de Genève
Dans l'objectif de protection des biens et des personnes et de renaturation.

Ce que nous faisons

Actions pédagogiques pour les gaillardins (les p'tites ballades de l'équinoxe, des interventions dans les écoles, informations sur le compostage).
Plan de mobilité douce
Lutte contre le bruit

Préservation et renouvellement de la forêt périurbaine avec l'Office National des Forêts.

Protection de la zone agricole.

Développement des politiques de protection de la nature et du respect des zones vertes et des rivières.
Membre des syndicats de l'ARVE et du FORON.
Obtention de différents labels (Natura2000, Biotope et ZNIEFF).

Installation de ruches.

Action d'économie solidaire
- Chantier d'insertion
- Jardins familiaux
- Soutien à l'AMAP (Association pour le Maintien de l'Agriculture de Proximité)

Production des plantes par les serres Communales, gestion du fleurissement de la Ville.

Ce que nous proposons

Développer les rencontres sur les thèmes d'économie d'eau et d'électricité « Truc et astuces ».

Améliorer les pistes cyclables et **ajouter** des parkings pour les vélos.

Etre moteur dans la mise en place
• Du Plan Prioritaire du Paysage (plan transfrontalier)
• Des contrats Corridor

Obtenir la troisième fleur et
Poursuivre nos efforts dans la « gestion différenciée » de tous les espaces verts.

Gestion différenciée : Plantation adaptée à la nature du sol, gestion de l'arrosage, réduction de l'utilisation de traitements phytosanitaires...

@ e.mail : gaillardlavenirensemble@orange.fr
Site web : http://www.gaillardlavenirensemble.fr
Facebook : Gaillard l'avenir ensemble

Impression : Repro Copy - RSC 793 254 672 - Ne pas jeter sur la voie publique

« Tout au long de ces prochaines semaines, je vous invite à découvrir les différents thèmes de notre programme, à travers ce que nous faisons et ce que nous vous proposons. »

Jean-Paul BOSLAND

FICHE N°3

« L'âge de tous les possibles »

TRANSMETTRE

Ce que nous faisons, une politique dédiée à tous les jeunes :
En 2013 Gaillard a reçu le **label « Collectivité Engagée en faveur de la Jeunesse »** pour la pertinence de son développement d'actions en direction des jeunes adultes et des adolescents.

Ce qui a été construit depuis 6 ans :

- Le développement d'un **Service Jeunesse** avec une offre d'activités diversifiées pour tous les jeunes de la commune (activités hebdomadaires, séjours, etc.).

- La création d'un **Point Information Jeunesse** avec la mise en place d'un suivi individualisé des jeunes rencontrant des difficultés dans leurs recherches de formations et d'emploi.

- L'organisation de la **Journée de l'apprentissage** permettant aux jeunes de trouver plus facilement une formation en alternance.

- La création de 7 postes en **emploi d'avenir** pour les jeunes de la commune.

- La mise en place d'une aide financière pour les jeunes qui souhaitent passer le BAFA.

- La création du **chèque sport** pour bénéficier d'une aide à l'inscription dans un club sportif.

- L'organisation de « **Gaillard Cultive ses Talents** » donnant la possibilité aux jeunes de créer eux-mêmes leurs spectacles.

- La création et l'organisation de la **semaine de l'adolescence** réunissant actions de préventions, manifestations sportives et artistiques dans toute l'agglomération.

- La rénovation du **Skate Park**.

- Le soutien aux associations pour favoriser le développement de leur activité en direction des jeunes.

INNOVER

Ce que nous vous proposons :

- **Construire** un nouveau Centre de loisirs.

- **Créer** un véritable « Espace jeunes » pour les jeunes de la commune leur permettant de construire leurs projets (sorties, évènements, etc.) en étant accompagnés par des adultes référents.

- **Etre présents** auprès des jeunes qui rencontrent des difficultés pour trouver un emploi, une formation : PIJ, journée de l'apprentissage, emplois d'avenir, service civique etc...

- **Développer** l'accès à des petits jobs pour les mineurs : Jobs d'été.

- **Aider** les jeunes à partir se former à l'étranger.

- **Créer** une aide financière pour des projets portés par des jeunes (projets de solidarité ou d'animation communale).

- **Faciliter** l'accès à un premier logement pour les jeunes de Gaillard.

- **Donner** la parole aux adolescents pour qu'ils soient entendus et force de proposition dans leur commune : création d'un conseil des jeunes.

- **Etendre** le chèque sport aux activités culturelles.

- **Réaliser** une « programmation artistique jeune » dans la commune.

- **Développer** dans la commune les espaces sportifs de proximité.

@ e.mail : gaillardlavenirensemble@orange.fr
Site web : http://www.gaillardlavenirensemble.fr
Facebook : Gaillard l'avenir ensemble

Impression - Repro Copy - RSC 793 264 672 - Ne pas jeter sur la voie publique

« Tout au long de ces prochaines semaines, je vous invite à découvrir les différents thèmes de notre programme, à travers ce que nous faisons et ce que nous vous proposons. »

Jean-Paul BOSLAND

FICHE N°4

« Il est trop facile de faire des suggestions et d'essayer par la suite de se soustraire à leurs conséquences. » Nehru

L'excellente santé financière de GAILLARD nous permet d'envisager le financement de chacun des projets ambitieux que nous développons dans notre programme.

TRANSMETTRE ET INNOVER

Ce que nous faisons

Nous avons maintenu les taux d'imposition communaux (0% d'augmentation des taux en 6 ans).

Nous avons consacré les dotations du Fonds de Rétrocessions Genevois (fonds frontaliers) aux dépenses d'investissement.

Nous avons maîtrisé la dette (elle est trois fois inférieure à la moyenne des communes de même taille).

Nous soutenons les associations locales culturelles et sportives.

Ce que nous proposons

Maintenir l'objectif de stabilité des taux d'imposition communaux.

Maîtriser le coût du service public.

Réaliser des investissements dans le domaine de la famille (enfance, jeunesse, équipements publics).

Maintenir la qualité et le niveau des services à la population.

Soutenir le tissu associatif gaillardin.

Promouvoir un esprit responsable en terme budgétaire au niveau intercommunal

@ e.mail : gaillardlavenirensemble@orange.fr

Site web : http://www.gaillardlavenirensemble.fr

Facebook : Gaillard l'avenir ensemble

« Tout au long de ces prochaines semaines, je vous invite à découvrir les différents thèmes de notre programme, à travers ce que nous faisons et ce que nous vous proposons. »

Jean-Paul BOSLAND

FICHE N°5

« La sécurité n'est pas le fruit du hasard,
mais d'un travail de prévention et d'anticipation. »

TRANSMETTRE ET INNOVER

Ce que nous faisons

Extension de la vidéoprotection.

Classement en Zone
de Sécurité Prioritaire.

Augmentation de l'effectif de la
police municipale.

Sensibilisation des jeunes
et des aînés.

Gestion non payante du
stationnement.

Ce que nous proposons

Poursuivre une politique affirmée de
la vidéoprotection.

Sécuriser les abords des lieux
publics.

Assurer la tranquillité publique par
une police municipale de proximité.

Créer des séances d'informations
aux gestes de premiers secours
pour le citoyen.

Cultiver le travail partenarial avec les
services de l'état en matière de
sécurité.

@ e.mail : gaillardlavenirensemble@orange.fr
Site web : http://www.gaillardlavenirensemble.fr
Facebook : Gaillard l'avenir ensemble

DLP 25-04-14-005611

« Tout au long de ces prochaines semaines, je vous invite à découvrir les différents thèmes de notre programme, à travers ce que nous faisons et ce que nous vous proposons. »

Jean-Paul BOSLAND

FICHE N°6

Parce que l'avenir se construit tous les jours,
notre volonté est de mettre toutes les chances de leur côté.

TRANSMETTRE ET INNOVER

Ce que nous faisons

Nous avons pu :

- créer une classe pour les moins de 3 ans,
- obtenu plus de maîtres que de classes et des moyens supplémentaires,

grâce au classement de Gaillard en **Réseau de Réussite Scolaire.**

Nous allons au-delà des demandes de l'Education Nationale en offrant les services d'une ATSEM par classe de maternelle.

Ce que nous proposons

Renforcer toutes les actions favorisant l'égalité des chances

Maintenir un accompagnement de qualité pour chaque enfant quelque soit son parcours et lui apporter individuellement, ou en groupe, les meilleures conditions d'épanouisse-ment.

Ce que nous faisons

Nous avons mis en place des activités périscolaires gratuites, des clubs coup de pouce CLE et langage, des aides aux devoirs ainsi que différents dispositifs d'accompagnement à la scolarité pour les enfants ayant des difficultés d'apprentissage.

Accueil des enfants aux restaurants scolaires et à l'accueil périscolaire quelle que soit la situation familiale. Les tarifs sont adaptés en fonction des revenus des familles.

Création d'un guichet unique afin de permettre le paiement en ligne

Une cuisine familiale de qualité dans les restaurants scolaires avec des produits frais locaux (agriculture raisonnée) et de saison.

Nous avons investi plus de 1,2 millions d'euro en 6 ans pour l'amélioration des bâtiments (énergétique, phonique, mise aux normes handicap) et la maintenance (achat de mobilier et de matériel informatique).

Nous avons mis en place les bibliothèques au sein des écoles et nous offrons les services d'une bibliothécaire formée à la découverte de la lecture.

Ce que nous proposons

Maintenir les activités périscolaires gratuites.

Continuer l'amélioration qualitative des activités dans le cadre du réaménagement des rythmes scolaires.

Valoriser les actions de formations professionnelles des personnels dédiés à l'enfance.

Maintenir un niveau de service de qualité.

Développer les achats de proximité et l'agriculture raisonnée.

Créer un 3ème restaurant scolaire à proximité de l'école des Bossonnets.

Poursuivre les travaux notamment de mise aux normes et d'accessibilité pour les personnes handicapées (bâtiments et cours de récréation).

Poursuivre le renouvellement du mobilier scolaire adapté à l'âge de l'enfant.

Poursuivre l'acquisition de classes mobiles et de tableaux numériques en fonction du souhait des équipes enseignantes.

Continuer à développer les Bibliothèques Centre de Documentation au sein des écoles.

Etudier la construction d'une école intercommunale (compte-tenu de l'augmentation de la population).

@ e.mail :   gaillardlavenirensemble@orange.fr

Site web :   http://www.gaillardlavenirensemble.fr

f Facebook :   Gaillard l'avenir ensemble

Impression : Repro Copy - RSC 7/93 264 872 - Ne pas jeter sur le voie publique

« Tout au long de ces prochaines semaines, je vous invite à découvrir les différents thèmes de notre programme, à travers ce que nous faisons et ce que nous vous proposons. »

Jean-Paul BOSLAND

FICHE N°7

Parce que nous sommes convaincus que l'on ne vit bien que dans une ville à taille humaine.

TRANSMETTRE ET INNOVER

Ce que nous faisons

La défense de la qualité de vie grâce à un plan local d'urbanisme communal sur mesure.

Du partenariat actif avec le secteur privé pour la production de logement à prix maîtrisé.

Le soutien aux copropriétés en difficulté et à leurs habitants dans les démarches d'amélioration de leur habitat (Plan de sauvegarde).

Le programme local de l'habitat (PLH) de l'agglomération avec l'engagement de construire 360 logements en 6 ans.

Ce que nous proposons

Continuer la maîtrise de notre urbanisation pour garantir un cadre de vie de qualité.

Poursuivre la réfection et l'aménagement des voiries (avec l'Agglomération).

Renforcer la protection des zones végétalisées (milieu urbain), naturelles, agricoles.

Implanter sur la commune des équipements utiles à la population (salle des fêtes familiales, Centre socioculturel, ...).

Favoriser une offre de logements permettant aux classes moyennes de se maintenir sur la commune (prix, surface).

Adapter l'offre de logements aux besoins de notre population.

LE PARC SOCIAL GAILLARDIN

L'essentiel du parc social de la commune est géré par la SIGEM dont la **Ville de GAILLARD** est à l'origine de sa création, demeure et restera **l'associée majoritaire.** Son parc étant composé majoritairement de moyens et grands logements à loyers modérés, il est très attractif et nécessaire à notre zone frontalière.

Depuis 2010, la ville s'est associée à Haute Savoie Habitat, l'office départemental de l'habitat, reconnu pour son professionnalisme.

Ce rapprochement a permis de présenter et d'obtenir les financements pour un **programme ambitieux d'amélioration du patrimoine** de la société (dont l'essentiel concerne des réhabilitations thermiques qui bénéficieront directement aux locataires).

Ce que nous faisons

Nous soutenons la production de logements sociaux conformément à notre obligation légale.

Nous présidons le Conseil d'Administration de la SIGEM et orientons la politique de la société.

Nous présidons la commission d'attribution des logements de la SIGEM.

Nous contribuons financièrement à la mise en conformité thermique du parc social.

Ce que nous proposons

Soutenir une production constante de logements sociaux publics ou privés de qualité (surface, type, faible consommation énergétique), dans des immeubles de petites et moyennes tailles pour demeurer dans le respect des obligations légales.

Préserver la mixité sociale conformément à la loi (Loi Solidarité Renouvellement Urbain).

Faciliter le parcours résidentiel dans le logement social aux différents âges et besoins de la vie.

Développer des projets d'accession à la propriété.

@ e.mail : gaillardlavenirensemble@orange.fr

Site web : http://www.gaillardlavenirensemble.fr

Facebook : Gaillard l'avenir ensemble

« Tout au long de ces prochaines semaines, je vous invite à découvrir les différents thèmes de notre programme, à travers ce que nous faisons et ce que nous vous proposons. »

Jean-Paul BOSLAND

FICHE N°8

« Les bonnes idées n'ont pas d'âge, elles ont seulement de l'avenir » R. Mallet

L'excellente santé financière de GAILLARD et notre capacité d'investissement nous permettent d'envisager le financement de ces projets sans augmentation des impôts.

LA CRÉATION D'UN CENTRE SOCIOCULTUREL
« CULTURE ET SOLIDARITÉS : LES DEUX FILS ROUGES DE NOTRE ACTION »

Au coeur de Gaillard

- Un lieu ressources d'accueil, d'écoute et d'informations pour tous les habitants et les associations.

- Un lieu de proximité à vocation culturelle et solidaire, familiale et intergénérationnelle.

- Un lieu central rayonnant sur la commune et s'appuyant sur des espaces de vie sociale existant ou en création.

- Un lieu encourageant la pratique artistique amateur de qualité (théâtre, musique...).

Nos objectifs

- Animer des lieux dédiés à la culture dans les quartiers et dans l'espace public, les faire vivre en partenariat avec tous les acteurs de la culture de la commune (lieu d'exposition amateur, café littéraire, petits concerts).

- Développer une culture d'initiatives et de projets avec les habitants.

- Valoriser une expression partagée et cultiver des actions qui encouragent le lien social (ateliers manuels, couture, cuisine...).

- Développer la transmission et l'acquisition de savoirs.

- Organiser des Conseils de citoyens pour permettre à chacun d'être associé aux projets qui concernent son quartier.

LA CONSTRUCTION D'UN NOUVEAU CENTRE DE LOISIRS

« Jouer c'est apprendre...à vivre ensemble »

Le Centre de Loisirs a accueilli des milliers d'enfants depuis son ouverture en 1972.

L' enfance a toujours été une priorité pour Gaillard. Le Centre de Loisirs a toujours pu s'adapter à la demande sans jamais refuser d'enfant.
Renforcer et développer ce choix politique passe par la construction d'un nouveau bâtiment public qui donne une ambition supplémentaire au **Projet Educatif Local** de la Ville.

Ce nouveau Centre de Loisirs permettra d'offrir aux enfants :
- Une capacité d'accueil plus importante
- De nouvelles activités
- Des espaces extérieurs de qualité

Cette construction répondra :
- Aux nouvelles normes d'accessibilité
- Aux enjeux du développement durable (Bâtiment Basse Consommation)

LA COUVERTURE DE L'AUTOROUTE

« Retrouver l'unité de Gaillard »

Avec la construction, décidée par l'Etat, de l'autoroute dans les années 60, Gaillard a été scindée en deux par une tranchée ouverte. Cette méthode de construction a fortement impacté le développement de notre commune, le nord et le sud ne restent reliés que par trois ponts.
Un projet de ce type serait aujourd'hui pensé autrement. Pour répondre aux préconisations du Grenelle 2 (développement durable), il ferait l'objet d'une **tranchée couverte**.
C' est ce nouveau regard que nous vous proposons de porter sur l'autoroute.

La couverture de l'autoroute permet d'atteindre les objectifs suivants :
Créer un parking relais en sous-sol offrant aux frontaliers de réelles capacités de stationnement et un accès facilité aux Transports Publics Genevois.
Pour Gaillard : une diminution des parkings sauvages.
Supprimer les nuisances sonores et visuelles.
Recréer le continuum communal en renforçant l'identité et l'attractivité de Gaillard.
Imaginer sur l'espace retrouvé un nouvel éco-quartier composé de logements, d'équipements publics et de jardins.

La couverture de l'autoroute, **un projet sur le long terme**, qui demande un travail partenarial avec :
- l'Etat
- la Confédération Suisse, la République et Canton de Genève
- Annemasse-Les Voirons Agglomération, La Région, L'ARC...
- Des Entreprises (ATMB, TPG...)

Pour plus d'informations, vous pouvez nous contacter :

@ e.mail : gaillardlavenirensemble@orange.fr
Site web : http://www.gaillardlavenirensemble.fr
Facebook : Gaillard l'avenir ensemble

9 782329 808659